Existenzphilosophie

von

Wolfgang Janke

1982

Walter de Gruyter · Berlin · New York

SAMMLUNG GÖSCHEN 2220

Wolfgang Janke
o. Professor an der Universität – 6 H – Wuppertal

CIP-Kurztitelaufnahme der Deutschen Bibliothek

Janke, Wolfgang:
Existenzphilosophie / von Wolfgang Janke. – Berlin ;
New York : de Gruyter, 1982.
 (Sammlung Göschen ; 2220)
 ISBN 3-11-008246-2
NE: GT

© Copyright 1982 by Walter de Gruyter & Co., vormals G. J. Göschen'sche Verlagshandlung, J. Guttentag, Verlagsbuchhandlung, Georg Reimer, Karl J. Trübner, Veit & Comp., 1000 Berlin 30 – Alle Rechte, insbesondere das Recht der Vervielfältigung und Verbreitung sowie der Übersetzung, vorbehalten. Kein Teil des Werkes darf in irgendeiner Form (durch Fotokopie, Mikrofilm oder ein anderes Verfahren) ohne schriftliche Genehmigung des Verlages reproduziert oder unter Verwendung elektronischer Systeme verarbeitet, vervielfältigt oder verbreitet werden – Printed in Germany – Satz und Druck: Kupijai & Prochnow, Berlin – Bindearbeiten: Lüderitz & Bauer, Buchgewerbe GmbH, Berlin.

Vorwort

Die vorgelegte Untersuchung zur ‚Historie' und ‚Systematik' der Existenzphilosophie versteht sich als eine apologetisch-kritische Propädeutik postmetaphysischen Denkens. Mitthematisch ist sie eine Apologie; denn die gegenwärtig vorherrschende Denkart faßt den ‚Existenzialismus' abwertend als einen heroischen Pessimismus und Tragizismus, als Philosophie der Angst und Metaphysik des Scheiterns, als Verabsolutierung der Endlichkeit, Übersteigerung der Subjektivität, Aufstand trotziger Freiheit und endlich als moderne Magie und Gnosis auf. Die Tendenzen der Zeit nach logischer Überprüfbarkeit und sprachlicher Exaktheit mitteilbarer Gedanken haben den existenziellen Appell, die indirekte Mitteilung, die orakelhafte, Dichten und Denken verwebende Dunkelheit eines begriffsmythologischen Sinnens über Existenz und Sein aus dem Gebiet strenger philosophischer Wissenschaft ausgewiesen. Um überhaupt wieder vorbehaltlos auf die Sache selbst eingehen zu können, müssen vor allem die vier schwerwiegenden, im Namen des Positivismus, des Marxismus und einer christlichen Philosophie erhobenen Anklagen geprüft werden, die moderne Existenzphilosophie sei ‚atheistische Anthropozentrik', ‚irrationaler Agnostizismus', ‚bürgerlicher Solipsismus' und logisch verstiegene ‚Mystik'. In solchen Stich- und Schlagworten spiegelt sich das zerrissene Relief unseres Weltalters wider. Die Affekte auslösenden Schlagworte gegen den ‚Existenzialismus' dienen letztlich der Durchsetzung von Glaubenspositionen, die jeden Dialog für abwegig halten. Solche Polemik verliert an Überzeugungskraft, sobald ihre Einfachheit als Simplifikation nachgewiesen wird. Das kann allein im Rückgang auf die Quellen der Existenzphilosophie geschehen.

Dabei sucht die Darstellung die geläufigen Einteilungen in einen atheistischen und einen christlichen Existenzialismus und die schroffe Abgrenzung des Existenzialismus von einer Philosophie der Ek-sistenz zu relativieren. Daß die Zuweisungen zu einem atheistischen bzw. christlichen Existenzialismus einander durchkreuzen, liegt zutage. (So rechnet Sartre bekanntlich Heidegger der konsequent atheistischen, O. F. Bollnow dagegen einer christlich-theologischen Richtung zu.) Offenbar bleiben Kriterien wie christlich – nichtchristlich, theistisch – atheistisch den Ansprüchen der existenzialen Analytik unangemessen. Ebenso plakativ wirkt die Unterscheidung zwischen dem Existenzialismus im engeren Sinne und einer Ontologie der Ek-sistenz. Sicherlich hat Sartres vielzitierte programmatische Rede über den existenzialistischen Humanismus als Lehre vom Vorrang der Existenz vor der Essenz solche Abhebungen provoziert. Aber Sartres phänomenologische Ontologie reicht tiefer in das Fundierungsverhältnis von Dasein, Sein und Nichts hinein als jene vorläufige, journalistische Worterklärung. Im Ernst gibt es den ‚Existenzialismus', der die traditionellen Seinsverhältnisse von essentia und existentia einfach umkehrt und so dem Gefüge der Metaphysik verhaftet bleibt, gar nicht. Existenzphilosophie ist der seit Kierkegaard angebahnte Weg ‚subjektiver Denker', der die Erhellung eigentlichen Existierens mit einer Erörterung des unvordenklichen Seins verbindet. Dieser Denkweg kommt aus der Not eines Zeitalters her, in welchem die Reflexionsphilosophie des spekulativen Idealismus und der Wissenschaftsglaube des Positivismus das Existieren vergessen haben. Seitdem bestehen Ernst und Interesse einer unzeitgemäßen Betrachtung darin, im Bedenken der Existenz- und Seinsvergessenheit den Grundfragen nachzugehen: Was ist das Sein des Daseins, dem es in seinem Existieren um sein Sein geht? Wie gehören Eigentlichkeit und Entfremdung der Menschenwelt mit der Entbergung und Verbergung der Wahrheit zusammen? Wie ‚braucht' der Mensch das Sein und das Sein den Menschen? An diesen Klippen strandet ein interesseloses Kategoriensystem, welches das Seiende als Vorhandenes im ganzen durchgliedert. Die Existenzphilosophie dringt auf Bescheide über Angst und Tod, Existenz und Sein, Gott und Nichts, welche die ‚spezifische', fundamentale Wirklichkeit des Menschen betreffen. Gerade darum ist sie etwas anderes als eine Anthropologie und mehr als eine hermeneutische Phänomenologie der Existenz. In ihr steckt die hundertfünfzigjährige Leidenschaft einer Geistesarbeit, welche die klassischen metaphysischen Themen von Welt und Mensch, von Gott und dem Sein des Seienden aus einer postmetaphysischen Durchdringung von Wirklichkeit und Wahrheit ursprünglich zu entfalten sucht. Die Tragweite dieses Experiments ist kritisch verfolgt worden.

Hierbei konnten die immensen Forschungen über die Herkunft der Existenzphilosophie nicht diskutiert werden. Das gilt nicht nur für die weitverzweigten philosophiegeschichtlichen Aufhellungen im einzelnen, z. B. für den Rückgriff auf den unausgeschöpften ‚humanistischen Existenzialismus' des italienischen Humanismus (H. Knittermeier), für die Besinnung auf Pascal (W. Weischedel), die detaillierte Bestandsaufnahme von Kierkegaards Verhältnis zu Hegel (N. Thulstrup), die Auseinandersetzung der Sartreschen Ontologie mit Hegels Logik (K. Hartmann), für Marcels Bergson-Rezeption (V. Berning), für die Aneignung Hölderlins durch Heidegger (B. Allemann), die Radikalisierung von Husserls phänomenologischer Fragestellung in der Position Heideggers (E. Tugendhat), für Camus' Aufbruch aus dem Neuplatonismus (H. R. Schlette) usf. Ausgespart wurden auch die bedeutenden Unternehmungen, den geschichtlichen Ort der Existenzphilosophie freizulegen, z. B. als sinnhafte Vollendung des Vorgangs der Entsubstanzialisierung der Substanz in der Philosophie der Subjektivität (W. Schulz), als Radikalisierung des ursprünglichen lebensphilosophischen Ansatzes (O. F. Bollnow, A. Metzger), als zweideutigen Aufstand gegen die Wesensmetaphysik des Abendlandes (Max Müller), als wachsende Erfahrung einer durch den Deutschen Idealismus und Schopenhauer vorbereiteten, mit Nietzsche beginnenden Umwendung der metaphysischen Transzendenz zur Reszendenz (K. H. Volkmann-Schluck).

Unbestreitbar beginnt die existenziale Kritik der vergessenen und entfremdeten Wirklichkeit mit Kierkegaard und Marx in einer nachidealistischen Epoche, in welcher das ‚Selbst' jenes entsubstanzialisierte Subjekt ist, zu dem immer Welt gehört. Es leuchtet auch ein, wie sich ein Umschwung zum Sein als endlicher Faktizität schon mit den Mitteln der Selbstreflexion (im Spätwerk Schellings) vollzieht. Und unausweichlich ist in Rücksicht auf die ‚Destruktion' der gesamten Substanzmetaphysik der Übergang zu Heideggers Frage nach dem Sein-selbst am Ende der Tradition, bei Hegel, neu zu diskutieren (W. Marx). Die gespannte Auseinandersetzung zwischen Existenzphilosophie und Deutschem Idealismus ist trotz Kierkegaards vehementer Absage an ‚absoluten Geist', ‚Weltgeschichte', ‚Mediation' und trotz der vielberufenen Marxschen Umstülpung der heillosen spekulativen Dialektik nicht zu Ende. (Das zeigt z. B. die von G. Krüger inaugurierte Zuordnung Heideggers zum gescheiterten Titanenaufstand Hegels.) Und natürlich gibt es lebensphilosophische Anstöße: Diltheys Absetzung des ‚vivo' vom ‚cogito' und die Zuordnung der geschichtlich-gesellschaftlichen Wirklichkeit personenhaften Lebens zu einer Wissenschaft vom ‚Verstehen', Bergsons Zusammengriff von universalem Leben (dem Kontinuum versinkender Augenblicke in dynamisch-schöpferischer Ganzheit) und ‚Intuition', William James' Rückgang auf die ‚Erfahrung' (experience) der chaotischen Fülle des Wirklichen, der unabschließbaren Existenz des Einzelnen, der sich entziehenden Gottheit. Die durchgängige Frontstellung der Lebensphilosophie gegen die positivistische Trennung von Wissenschaft und Leben hat die existenziale Hermeneutik unzweifelhaft mit auf die Bahn gebracht. Vor allem aber durchzieht die Umwertung des Lebens durch Nietzsche die Selbstfindung existenzialer Positionen. Keine der gegenwärtigen Philosophien hat es mit dem weltgeschichtlichen Ereignis des Nihilismus ernsthafter aufgenommen als die Existenzphilosophie. An der Weise, wie die einzelnen existenzphilosophischen Ansätze den pathologischen Zwischenzustand des passiven Nihilismus (das Gefühl der Ziel- und Wesenlosigkeit des Werdens und das Leiden an der Sinnlosigkeit eines Daseins in der Welt ohne Gott) überwinden, bemißt sich deren Rang. Und ihre Tiefe ergibt sich aus der Kraft, die metaphysische Prägung des Lebens, dessen Sein Nietzsche in der göttlichen Einheit des Schaffens und Zerstörens, in Dionysos, erblickte, auf ihren postmetaphysischen Ursprung hin zu durchstoßen.

Existenzphilosophie zeigt sich uns so als vielstämmiger Aufbruch eines postmetaphysischen Denkens, das aus dem Schatten der Dialektik, des Positivismus und des Nihilismus heraustritt. Sie markiert weder einen originalgenialischen Neuanfang, noch überspitzt sie lediglich vereinzelte Traditionsbestände. Sie sucht vielmehr zum Ursprung der Metaphysik am Leitfaden der Frage zurückzufinden: Wie können die Wirklichkeit der in ihre Welt geworfenen Existenz und das (paradoxe, absurde, im Geheimnis verschleierte, verborgene) Sein einander in Wahrheit entsprechen? Diese Leitfrage greift immer entschiedener über die Bestände der Metaphysik hinaus. Sie entnimmt den Sinn des Daseins nicht mehr ontotheologisch dem Sein des höchsten Seienden (Gott), sondern erfährt durch das Verfallen des nivellierten, uneigentlichen Daseins in einer entfremdeten, zerbrochenen Welt den Entzug des Seins und der Unverborgenheit. In der wachsenden Betroffenheit über die Wesenlosigkeit der Dinge bricht endlich die offene Frage durch: Wie ist das Sein zu denken, wenn es als Unterschied zum Seienden in Präsenz und Absenz die Existenz angeht? Die von der Metaphysik ständig vollzogene, aber nie eigens erörterte Unterscheidung von Seiendem und Sein und der Aufenthalt des Menschen im Geschehnis dieser Unterscheidung sind von Heidegger als die Sache des Denkens zur Sprache gebracht worden. Freilich achtet (nach Gadamer) eine mit der Seinsvergessenheit einherziehende Sprachvergessenheit die Sprachnot angesichts des neuen, unerhörten ‚Sachverhalts' nicht als nötige Not der Sprache. Aber hinter den postmetaphysischen Standort kann nicht zurückgegangen werden, ohne in eine vergangene Position der Metaphysik bzw. der Metaphysikfeindlichkeit zurückzufallen.

Der Endstand der existenzialen Frage gibt den Maßstab für eine Binnenkritik ab. Die Stadien der Existenzphilosophie lassen sich offenkundig daran messen, wie weit ihre Durchklärung von Wirklichkeit und Sein die metaphysischen Felder von Seele, Welt und Gott ursprünglich zugänglich machen. Von Anfang an beansprucht die thematische Zuwendung zur Existenz, die menschliche Psyche in ihrer Angst und Sorge, Langeweile und Zerstreuung, Unwahrhaftigkeit und Entschlossenheit, Faktizität und Freiheit ontologisch neu (also nicht vom Sein des Bewußtseins aus) aufgehellt zu haben. Die Existenzanalyse erklärt Welt und geschichtliche Situation als Weisen menschlichen In-der-Welt-Seins: die zerfallene Welt des Glaubens, die entfremdete Welt der Arbeit, die nihilistische Sphäre des Absurden, die Hölle der Mitwelt, den dinglosen Bestand des von der Technik herausgeforderten Universums. Und sie läßt sich an der Grenze menschlicher Existenz – in der ‚Krankheit zum Tode', in sisyphoshafter Arbeit, in ‚dyadischer' Liebe, in den ‚Grenzsituationen' von Kampf, Leiden und Schuld, im entschlossenen Vorlaufen zum Tode – auf ein Sinn und Zeit gebendes Sein (Gott) verweisen. Dabei geht es jeweils um einen immer durchdringenderen Zugang zur Wahrheit (als Offenbarung des absoluten Paradox, als Urteil der Geschichte, als Mysterium der Liebe, als Chiffre der Transzendenz, als Entbergung der Lethe). Und endlich sieht sich die Existenzphilosophie vom Sein selbst gestellt, sofern dieses den Raum freigibt, in welchem sich unser Fragen nach dem Sinn und der Zeithaftigkeit endlichen Daseins, nach der geschichtlichen Welt, nach dem Heiligen und nach Gott bewegt. Die unterschiedlichen Stadien der Existenzphilosophie dringen auf diesem Denkweg verschieden weit vor. Aber die hier unternommenen Einschätzungen wollen nicht besserwisserisch Denkfehler und Methodendefizite ankreiden. Die Ausfaltung der existenzialen Frage ist ein Ereignis, das nicht vom Denken ins Werk gesetzt wird. Das Denken kann dem Ereignis nur soweit entsprechen, wie es geschieht. Darum sind die Abmessungen der einzelnen Phasen in der Heraufkunft der Existenzphilosophie wesentlich propädeutisch gemeint. Freilich will solche Propädeutik keinesfalls die ‚Summe‘ (‚contra gentiles‘) einer Heidegger-Scholastik vorbereiten. Sie ist nichts als die Vorschule für ein Philosophieren, das nach den großen Systemen und jenseits der absoluten Vernunftgewißheit die alten Problemkreise von Welt, Gesellschaft, Zeit, Geschichte, Technik, Natur, Sprache, Dichtung, Gott, Offenbarung, Wahrheit und Sein ontologisch neu erwägt. Verschließt sich dieser Weg der Philosophie, dann bleibt nichts als ein verdämmerndes Andenken an die abendländische Theologie und Metaphysik ohne geschichtsbildende Kraft.

Februar 1982 *Wolfgang Janke*

Inhaltsverzeichnis

I. *Existenz und Glaube (Kierkegaard)* 11
   1. Der Einzelne 11
   2. Teleologische Suspension des Ethischen 16
   3. Der Schwindel der Freiheit: Angst 21
   ✗ 4. Krankheit zum Tode. Schematisierung der Hauptgestalten menschlicher Existenz 26
   5. Bewußtsein und Existenz im Aufriß einer Phänomenologie des existierenden Geistes 30
   6. Das theologische Selbst und die Sache mit Christus 34
   7. Existenzvergessenheit. Die Vermengung der ästhetischen, ethischen und religiösen Sphäre 37
   8. Ästhetisches Stadium. Die Idee Don Juans 41
   9. Ästhetisches Stadium II. Wechselwirtschaft. Zur existenzialen Analyse der Langeweile 43
   10. Die Kategorie der Wahl in ethischer Wirklichkeit 47
   ✗ 11. Dialektik des Glaubens. Die Geschichte von Abraham ... 52

II. *Existenz und Arbeit (Marx und der Marxismus)* 60
   1. Von der Mystik und Ich-Einsamkeit in einer Metaphysik des Daseins. Metakritik der marxistischen Existenzialismuskritik 60
   2. Existenzialanalytische Ansätze im ‚Vollendeten Humanismus' des frühen Marx 67
   3. Tod und begriffene Geschichte. Barrieren marxistischer Existenzerhellung 72

III. *Existenz und das Absurde (Camus)* 78
   1. Die absurden Mauern 78
   2. Der philosophische Selbstmord des Existenzialismus 84
   3. Die absurde Freiheit im Mythos des Sisyphos 88

IV. *Existenz und Freiheit (Sartre)* 93
   1. Katharsis der Reue („Die Fliegen") 93
   2. Herleitung des Satzes: Die Existenz geht der Essenz voraus 99
   3. Unwahrhaftigkeit. Die regressive Analyse alltäglichen Bewußtseins 106

4. Die Furcht, Furcht zu haben. Von Angst und Tod des freien Sterblichen 111
   5. Der Blick 117
   6. Die Hölle, das sind die Anderen 122
   7. Praxis und faktische Freiheit 126
   8. Das Nichts im Herzen des Bewußtseins 130
   9. Der Zirkel von Nichts und Freiheit 135
V. *Existenz und Liebe (Marcel)* 138
   1. Haben und Existenz. Destruktion des Ich-habe 138
   2. Problem und Geheimnis. Eröffnung einer metapositivistischen Fragestellung 142
   3. Formen der possessiven Liebe (Marcel, Kierkegaard, Sartre) . 146
   4. Die Existenzialien der Kommunikation im Aufriß einer ‚konkreten Philosophie' 150
   5. Amour oblatif. Die Existenz in der Achse christlicher Wahrheiten 152
   6. Christlicher Existenzialismus? 154
VI. *Existenz und Grenzerfahrung (Jaspers)* 158
   1. Grenzen der Weltorientierung 158
   2. Existenzerhellung in Grenzsituationen 162
   3. Transzendenz. Der philosophische Glaube und das Scheitern der Ontologie 167
VII. *Ek-sistenz und Sein (Heidegger)* 172
   1. Existenz und Inständigkeit. Zur Reichweite des existenzphilosophischen Ansatzes 172
   2. Die Unwahrheit des Man und die Entdeckung der Entfremdung 178
   3. In-der-Welt-Sein. Erschließungen der Welt 183
   4. Die Angst und das Nichts 188
   5. Ausdauern im Äußersten (Sein zum Tode) 193
   6. Sinn der Sorge: die ursprüngliche Zeit 197
   7. Das Ereignis von Zeit und Sein 202
   8. Gestell, Geschick, Gefahr. Die Seinsvergessenheit im Zeitalter der Technik 206
   9. Die Kehre. Einblick in das, was ist 212
   10. Vom Wesen der Wahrheit im Werk der Kunst 216

Namenverzeichnis 223

Sachverzeichnis 225

Verzeichnis von Bibliographien und Literaturbesprechungen ... 231

Abkürzungsverzeichnis 234

I. Existenz und Glaube (Kierkegaard)

1. Der Einzelne

Existenzialismus ist dem Namen nach diejenige Auslegung des Seienden im ganzen, welche die menschliche Existenz zum Anfangsgrund für das Verstehen von Sein erhebt. Der Existierende nämlich hat vor allem, was bloß vorhanden ist – den Gewächsen der Natur, den ‚Gemächten‘ der Technik, den Werken der Kunst, den Zahlen und Figuren des Mathematischen – einen eindringlichen Vorrang. Es geht ihm in seinem Sein um sein Sein; denn durch die Weise seines Existierens kann der Mensch sich selbst gewinnen oder – vielleicht auf ewig – verlieren. Weil nun das Sein, darum es mir als Existierendem geht, je meines ist, beginnt der Existenzialismus mit einer anstößigen Arbeit. Er rehabilitiert die verachtete Kategorie des Einzelnen. Es ist Kierkegaard, der das Bewußtsein, selbstverantwortlicher Einzelner zu sein, als „das Grundbewußtsein in einem Menschen" (18. Abt., 141) aufgedeckt hat. Er hat es aus der Verdeckung in der Menge herausgehoben und in das Urverhältnis zurückgestellt, als Einzelner vor Gott zu sein. Und er hat schließlich die Weise des Gottesbezugs als eine durch nichts vermittelte Unmittelbarkeit kritisch behauptet. So macht sich die Ausgangsstellung des Existenzialismus in der Formel fest: Da sein (at være til) heißt, als Einzelner unmittelbar vor Gott zu sein. Von dieser seiner geschichtlichen Wurzel her ist der Existenzialismus also keineswegs eine gottlose Anthropozentrik, vor der sich jeder, der religiös denkt und christlich lebt, zu hüten hätte wie vor einer modernen Pest. Er beginnt vielmehr als entschiedener Versuch, jeden Einzelnen inmitten der geschichtlichen Glaubenskrise des Christentums in eine existenzielle Entscheidungssituation zu zwingen: entweder seine Existenz auf das absolute Selbstverhältnis der Freiheit zu stellen oder auf das paradoxe Gottesverhältnis des Glaubens zu bauen. Für dieses Entweder/Oder legt Kierkegaards Existenzformel den Grund. Um ihr sachgemäß zu entsprechen, ist zunächst die zweifache Aufgabe zu verfolgen, unser durchschnittliches Vermengtsein in die Menge zu durchdringen (1) und das Vereinzeltsein vor Gott existenzial zu entfalten (2).

1. Unser alltägliches Existieren ist durch Kategorien wie Menge, Nivellierung, Publikum, Presse geprägt. Kierkegaard hat diese ‚Existenzialien' vor allem in den 1846/47 entworfenen „Zwei Noten" über den Einzelnen in „Die Schriften über sich selbst" (33. Abt., 96–118) und in der 1846 erschienenen „Literarische Anzeige", vorzüglich in den Abschnitten „Die Revolutionszeit" und „Die Gegenwart" (17. Abt., 64–120) thematisch im Zuge einer durchdringenden Gegenwartskritik untersucht. Ausgang der Existenzialanalyse ist unser durchschnittliches Weltverhalten nach der Maxime: Die Menge ist die Wahrheit. Menge (Mængde) meint dabei nicht einen bestimmten Stand oder eine Klasse von Menschen, etwa die Plebs im Unterschied zur Nobilität. Menge ist nicht der Titel für eine wirkliche Anzahl von Seienden, sondern für die mögliche Seinsweise jedweden Daseins. Jene innere Tendenz alltäglichen Existierens, so zu leben und so zu reden, wie die große Menge lebt und redet, hat sich durch ein epochales äußeres Ereignis verstärkt, die Nivellierung (Nivellering). Durch sie wird die Moderne eine Zeit radikaler Auflösung. Sie löst den unvergleichlich Einzelnen aus seinem genuinen Gottesbezug heraus und ebnet ihn in die weltlich-geschäftige Menge ein. So kommt der Einzelne nurmehr als Bruchteil einer Menge vor, in welcher der Unbedeutendste wie der Hervorragendste dieselbe Teilmenge bilden. Dabei zählt der Einzelne als solcher nicht. Er bleibt gegenüber der Stimmenmehrheit der Menge ohnmächtig und fällt der Verachtung durch die Mächtigen anheim. Die einzige weltliche und zeitliche Größe, die zählt, ist die Menge, und Macht gewinnen heißt, die große Anzahl durch Propagierung einer der Menge wohlgefälligen Lebensweise für sich gewinnen. Wo immer politische Macht, gesellschaftliche Ehre, ökonomischer Gewinn und überhaupt irdische Annehmlichkeit der größten Zahl zum Sinn und Zweck menschlichen Daseins gemacht werden, da herrscht das Axiom: Die Menge ist die Wahrheit.

Diese Wahrheit wird von einer ihr adäquaten Instanz verwaltet, dem ‚Publikum' und der ‚Presse'. Beides sind existenziale Titel. Publikum und Presse nivellieren alles ernsthafte Reden und Schweigen zum verantwortungslosen Gerede und lösen das Private in seinem heilsamen Abstand zum Öffentlichen in eine privatöffentliche Transparenz auf.

Als Seinsweise des Geredes und der öffentlichen Meinung üben sie eine unangreifbare Macht aus, indem sie den Einzelnen in seinem Tun und Lassen nach den Maßstäben der Menge auslegen, richten und vernichten.

Kierkegaards Antithese lautet: Die Menge ist die Unwahrheit; denn sie existiert in Anonymität und Verantwortungslosigkeit. In der Menge trägt der Einzelne keinen Eigennamen mehr, sein Name wird durch eine Ziffer ersetzt. Namenlos und anonym sein aber bedeutet, unwahr oder ‚uneigentlich' zu existieren. Dabei ist Anonymität durchaus angenehm. Sie entlastet von dem Druck, allein Verantwortung tragen zu müssen. Indem jeder jeden Tag auf ‚die Anderen' verweist, verwandelt sich das ganze menschliche Leben in eine einzige große Entschuldigung. In die Menge flüchtet das Dasein wie in einen Urwald der Ausflüchte. Und in Menge erst scheint der Einzelne den Mut für eine gewaltige Tat zu finden, z. B. den großen Marius mit eigenen Händen umzubringen. Aber das ist doppelte Unwahrheit. Das Tun in Menge hat nicht Mut und ist kein Tun. Es kaschiert die Feigheit des Einzelnen, der nicht den Mut findet, sich als feige zu bekennen. So tötet nicht der Mut der händelosen Menge, sondern die Feigheit des in der Menge sich verstecken den Einzelnen. Und in eben solcher verantwortungslosen Anonymität urteilen, richten und exekutieren das Publikum und die Presse. Letztlich aber suchen die Mächte der Menge, des Publikums und der Presse die ethische und religiöse Existenzform zu zersetzen; denn eben die ‚kritische' Auflösung dieser Seinsweisen bahnt der Einebnung des Einzelnen und einer Diktatur der Menge den Weg. Davor nämlich, als Einzelner in ewiger Selbst-Verantwortung vor einem persönlichen Gott zu stehen, flieht der aufgeklärte Mensch in die ihn verdeckende Menge – so wie schon Adam sich zwischen den Bäumen des Paradieses verbarg.

2. Wie aber kommt das Vereinzeltsein unseres Daseins zum Ausdruck? Darüber gibt Kierkegaard vorzüglich in den „Erbaulichen Reden" von 1847, Abschnitt III „Aus Anlaß einer Beichte" (18. Abt., 129–160) Auskunft. Ausgangspunkt ist nunmehr der Mensch, sofern er nicht dem Zeitgeiste dient und danach strebt, durch die Menge zur Macht im Sinnlichen und Zeitlichen zu werden. „Als ‚der Einzelne' ist er allein, allein in der ganzen Welt, allein – Gott gegenüber" (33. Abt., 117). Der Einzelne (den Enkelte) meint wiederum nicht einen wirklich vereinzelt Existierenden, sondern eine existenziale Möglichkeit. Die

Wahrheit dieser Seinsweise erfüllt sich nicht etwa im Eremitentum und schon gar nicht im absoluten Egoismus des ‚Einzigen' im Sinne Max Stirners. Nach Stirner bleibt der Existierende in seiner ‚Essenz' (als Mensch, als Geist, als Christ) bestimmungslos und hat nur einen einzigen konkreten Inhalt, die je eigene Welt als sein Eigentum. Für Kierkegaard dagegen bemißt sich konkretes Existieren an der Weise, wie jeder Einzelne, König wie Bettler, im Vorlaufen zum Gericht der Ewigkeit vor Gott besteht. Dabei meint Ewigkeit die Stille, in der das Gewissen nur mit dem Einzelnen spricht und in der das Gericht nur mich allein betrifft. Mehr noch als Gewissensanruf und Sein zum Tode vereinzelt das ewige Gericht den Menschen. Mag mich in weltlichen Verhältnissen der Richterspruch des Publikums nach den Kriterien der Menge beurteilen, der alles durchdringende Blick Gottes scheidet die Menge auseinander. Vor Gott gibt es keinen gemeinsamen Schiffbruch, es gibt auch kein Gericht en masse. Zwar kann man Massen von Menschen hinrichten, aber so schlachtet man sie ab wie Vieh, und Vieh kann man nicht richten. Gottes Gericht trifft den Einzelnen als Einzelnen. Darum waltet über der Existenz desjenigen Seienden, dem es um sein Sein (seine ‚ewige Seligkeit') geht, ein furchtbarer Ernst (Alvor).

Freilich muß der Prozeß existenzialer Vereinzelung von Anfang an ‚dialektisch', d. h. in seiner Rückbewegung zur Mitwelt und Gesellschaft, gesehen werden. Darüber kann ein Blick auf Kierkegaards bahnbrechende Existenzialanalyse des Todes belehren (vgl. „Erbauliche Reden" 1844/45: „An einem Grabe", Abt. 13/14, 173–205). Der Tode macht einsam, die Menge der Toten bildet keine Gesellschaft. Und der Tod vereinzelt, seine ungewisse Gewißheit läßt jeden Einzelnen an seinen je eigenen Tod denken. Zugleich aber wird der Tod zum Lehrmeister für den Ernst mitweltlichen Lebens. Dafür muß sich unser Sein zum Tode vom Unernst schwebender Stimmungen scheiden: von der Schwermut, die aus dem Leben fortflieht, vom Überschwang, der sich nach dem Tode sehnt, vom Mißmut, der das Leben zur Eitelkeit macht, von jeglichem Seufzen über des Lebens Hohn. Wer dagegen im Ernst an den Tag denkt, an dem es ohne weiteren Aufschub vorbei sein wird, für den gewinnt das Vorlaufen in den Tod eine rückwirkende Kraft. Der Ernst des Todes bildet das Leben um. Er läßt die irdische Verschiedenheit zwischen den Menschen verschwinden und den Betroffenen ‚wesentlich' arbeiten, solange der

Tag in seinem unendlichen Wert noch dauert. „So wird es denn der Ernst, jeden Tag zu leben als wäre es der letzte und zugleich der erste in einem langen Leben; und die (wesentliche – Vf.) Arbeit zu wählen" (Abt. 13/14, 199). Unwesentliche Arbeit betreibt das Zeitgemäße und vergeudet die Zeit in Geschäftigkeit. Geschäftigkeit (Travlhed) heißt eben, so der Welt zugewandt sein, daß das, womit man sich beschäftigt, den Beschäftigten zerteilt und zerstreut. Solche Zerstreuung (Adspredelse) ist Flucht vor dem Ernst (vgl. Pap. VIII, 1 A 63). Der im Ernst des Todes Versammelte dagegen wird frei davon, sich in atemloser Besorgung von Annehmlichkeiten zu zerstreuen. Das ermächtigt ihn, das häusliche Leben der Familie wie die öffentlichen Tätigkeiten in Gesellschaft und Staat gelassen und furchtlos zu führen. Das Bewußtsein, als Einzelner ewig verantwortlich vor Gott zu sein, verleiht dem Dasein Unerschrockenheit in weltlichen Dingen (vgl. 17. Abt., 92).

Seiner Wahrheit nach existiert der Einzelne im Ernst der Verantwortung gegenüber seinem Nächsten in konkreter geschichtlicher Welt und Gesellschaft. Darum hat das Existenzial des Einzelnen nichts mit Hegels Kategorie des unglücklichen Bewußtseins gemein, unter der das Dasein seine ärmliche Persönlichkeit darin erschöpft, über sich selbst und seine geschlechtliche Verworfenheit vor Gott zu brüten. Der in Tod, Gewissen und Gericht Vereinzelte verharrt nicht darin, fruchtlos grübelnd über der eigenen Rechenschaft zu sitzen (vgl. 18. Abt., 144). Gerade er ist unerschrocken genug, den Sinn der Revolutionszeit (Revolutions-Tiden) zu erfüllen. Kierkegaard, der politisch hellsichtige Zeitgenosse von Stirner, Feuerbach und Marx, hat die dialektischen Verhältnisse zwischen Revolution, Einzelnem und Menge präzise analysiert. Revolution ist wesentlich Leidenschaft, die sich zur Idee verhält. Das Verhältnis zur Idee, z. B. der Gleichheit oder Freiheit, aber ist zweiseitig. Es vereinzelt; denn jeder Einzelne muß sich im Besonderen zur Idee verhalten, indem er sich auf sich selbst besinnt. Und das revolutionäre Verhältnis vereinigt; denn es schafft die einträchtige Verbindung eines Ganzen, in welchem die Zufälligkeiten des Einzelnen verschwinden. Sonach kann jede Revolutionszeit zweifach verderben. Verhält sich der Einzelne lediglich in der Menge zur Idee, dann wird die umstürzende Energie zügellos. Verhält sich das Individuum en masse überhaupt nicht zur Idee, dann wendet sich die revolutionäre Leidenschaft in rücksichtsloser Nivellierung gegen den Einzelnen selbst. Bleibt dagegen in der Revolutionszeit der Einzelne sich selbst und der gemeinsamen Idee treu, dann läßt sich der versteinerte Formalismus der alten Zeit überwinden; denn diese ist durch den Verlust ethischer Ursprünglichkeit hinfällig geworden. Dann setzt die Revolution die Naturverhältnisse wieder ein, wenn sie das natürlichste Verhältnis, das des Einzelnen zum Heiligen und zu Gott, wiederherstellt. Freilich steht dieser Prozeß in der höchsten Gefahr, den Fortschritt anzubeten, die Weltgeschichte zu vergötzen und das ‚Assoziationsprinzip' für heilig zu halten. Vor allem die ‚kommunistische' Durchsetzung der Unterschiedslosigkeit aller in der Welt schwächt den Einzelnen und ebnet alle unterschiedslos ein; denn „alle Menschen sollen gleich sein wie Arbeiter in einer Fabrik, wie Tagelöhner, sie sollen gleichartig gekleidet sein und einerlei Mahlzeit essen, zubereitet in einem ungeheuren Kessel, auf denselben Glockenschlag, nach einerlei Maß usw. usw." (36. Abt., 208). Die Heiligung falscher Götzen liegt im Wesen der politisch-sozialen Revolutionen; denn diese sind dem Heiligen gegenüber aufgeschlossen. Dafür bürgt ihre Leidenschaft (Lidenskab). „Die wesentliche Leidenschaft ist im letzten Grunde selber die Bürgschaft dafür, daß da ein Heiliges ist" (17. Abt., 67). Ins reine kommt die revolutionäre Leidenschaft erst dadurch, daß die politische und soziale Revolution in eine religiöse umschlägt. Darum zielt Kierkegaards leidenschaftliche Kritik der bürgerlich-christlichen Welt auf eine Umwälzung des Christentums ab, das zur Masse geworden und seiner ethisch-religiösen Ursprünglichkeit entfremdet ist. Daher sucht Kierkegaards Rehabilitierung der Kategorie des Einzelnen, mit der die Sache des Christentums steht und fällt (33. Abt., 117), im Grunde das Christentum wieder in die Christenheit einzuführen. Und darum heißt der Kierkegaardsche Existenzialismus, der die Auslegung des Seienden im ganzen auf das Dasein (Tilværelse) des Einzelnen zurückgründet, christlich.

2. *Teleologische Suspension des Ethischen*

Die einschneidende Frage des christlichen Existenzialismus im Zeitalter der dialektischen Systeme lautet: Existiert der Einzelne wirklich unmittelbar vor Gott, oder ist ein Verhältnis zum Absoluten durch das Allgemeine (das Ethische) vermittelt? Kierkegaard hat diese

Grundfrage in seiner 1843 erschienenen Schrift „Furcht und Zittern" thematisch aufgenommen: Gibt es ein teleologisches Außerkraftsetzen des Ethischen (teleologisk Suspension af det Ethiske) (4. Abt., 67–83)? Diese Fragestellung exponiert zunächst das Verhältnis von Einzelnem, Allgemeinem und Telos, wie es sich in Hegels Dialektik des Ethisch-Sittlichen im Rahmen seiner Rechtsphilosophie (vgl. insbesondere § 140) darstellt, um es im höheren Verhältnis des Glaubens zu suspendieren (1). Sie geht danach in eine Auslegung der alttestamentlichen Geschichte von Abraham über, um eine solche teleologische Suspension des Sittlichen vor Augen zu führen (2).

1. Das Ethische ist seinsmäßig das Allgemeine im Sinne des Allgemeingültigen, das zu jeder Zeit für jedermann verbindlich ist. Im ethisch Allgemeinen hat der Einzelne sein Telos, insofern seine ethische Bestimmung darin liegt, die schlechte Einzelheit aufzugeben, um das Allgemeine zu werden. So gesehen, steht das Allgemeine höher als der Einzelne, und das Ethische erweist sich als dasjenige Telos im Dasein des Menschen, das nicht wiederum Mittel für einen weiteren Zweck außer ihm, sondern der höchste Zweck selber ist. Solche (aristotelische) Teleologie ethischer Lebensführung hat mit Hegels Scheidung von subjektiver Moralität und objektiver Sittlichkeit ihre neuzeitliche Konkretisierung gefunden. Hegel läßt – nach Kierkegaards Formeln – den Menschen im Guten und im Gewissen nur als den Einzelnen bestimmt sein und betrachtet diese Bestimmtheit als eine „moralische Form des Bösen", welche in der Teleologie des Sittlichen aufgehoben werden soll (4. Abt., 68). Und in der Tat ersteigt nach Hegel die (einseitige) Subjektivität mit dem durch Gesinnung, Reflexion und Willkür geprägten moralischen Standpunkt ihren Gipfel. Das Gute wird so entweder bloß in die Gesinnung, d. h. die bloße Form der Überzeugung im Bewußtsein des Einzelnen, gesetzt oder gar in romantischer Ironie willkürlich mit dem Bösen ausgetauscht. Gegenüber dieser subjektiven Seite moralischen Handelns umgreift das Sittliche die objektiven Geistesgestalten der Familie, bürgerlichen Gesellschaft und des Staates. Erst in deren sittlicher Substanz vereinigt sich die subjektive Gesinnung des Einzelnen mit der Allgemeinheit vernünftigen Willens. Und es ist die Lebendigkeit des Staates in den Individuen, in der sich die Sittlichkeit dialektisch und weltgeschichtlich vollendet; denn daß der Staat unter guten Gesetzen sei, das ist der Gang Gottes in der Welt. Als das Göttliche in

seiner weltlichen Realität also bildet das Ethisch-Allgemeine das höchste Telos des Daseins und die mächtigste Vermittlung zwischen der Wirklichkeit des Einzelnen und dem Geiste des Absoluten.

Kierkegaard kreidet der Teleologie des Ethischen nur einen einzigen, freilich verhängnisvollen Fehler an: Sie wird mit der Realität des Glaubens nicht fertig, solange sie auf die Grundsätze baut: ‚Das Allgemeine ist höher als das Einzelne' und ‚Durch das Allgemeine ist der Einzelne mit dem Absoluten vermittelt'. Dem widerspricht ein Existieren im Glauben. „Der Glaube ist eben dies Paradox, daß der Einzelne als Einzelner höher ist denn das Allgemeine...; daß der Einzelne als Einzelner in einem absoluten Verhältnis zum Absoluten steht" (Abt. 4, 69). Der ungeheure Anspruch des Glaubens isoliert den Einzelnen, da das Ethisch-Allgemeine, in dem der Einzelne aufgehoben und gesichert schien, versagt. Der Glaubende tritt aus dem Kreise von Familie, Gesellschaft und Staat und den Allgemeinheiten sittlicher Gebote heraus und steht ungeschützt in seinem ewigen Selbst als Einzelner unter der Herausforderung Gottes. Die Wirklichkeit des Einzelnen ist so nicht mehr – wie bei Hegel – die besondere Bestimmtheit des Allgemeinen im Geiste der Sittlichkeit. Der Einzelne erscheint vielmehr als die Wirklichkeit, in welcher alle Vermittlungen mit dem Allgemeinen gleichgültig werden. Somit suspendiert die Position des Glaubens das Ethisch-Allgemeine, und zwar ‚teleologisch': Sie setzt es als höchste Bestimmung des Daseins ab, um es als Durchgangsstadium zur Bestimmtheit des Glaubens einzusetzen. Was so außer Kraft gesetzt wird, ist nicht bloß die Subjektivität als moralische Form des Bösen, sondern der Vermittlungsanspruch des objektiven Geistes in den Gestalten von Gesellschaft, Staat und Weltgeschichte. Zwar sucht Hegels geistvolles System der Sittlichkeit die bürgerliche Gesellschaft mit dem Staat, den Staat mit der Christenheit und die Christenheit mit dem Einzelnen zu versöhnen, aber es läßt für das höchste Telos menschlichen Seins, den Glauben, keinen Raum; denn dessen Standpunkt kann, sofern alle Vermittlung (Mediation) im Medium des Allgemeinen geschieht, nicht vermittelt werden. Darum kündigt sich die Existenzweise des Glaubens als ein Paradox an. Das ist seine erste Kennzeichnung, dem Denken unzugänglich zu sein und sich dem alltäglichen wie dem spekulativen Begreifen und Sprechen zu entziehen. Daher kann kein Verständiger den, der im Glauben existiert, begreifen, und keiner, der in seinem Existieren auf das Paradox des Glaubens setzt, vermag sich redend verständlich zu machen. Daher muß die Mitteilung des Glaubens eigentlich ins Schweigen zurückgenommen werden. (Kierkegaards pseudonymer Verfassername von „Furcht und Zittern" heißt Johannes de Silentio.)

2. Was für die Spekulation des Begriffs unfaßlich bleibt, macht der Mythos offenbar. Da ist die unausdeutbare biblische Geschichte von Abraham (1. Mos. 22, 1.2). „Und Gott versuchte Abraham und sprach zu ihm: Nimm Isaak, deinen einzigen Sohn, den du liebst, und gehe hin in das Land Morija und opfere ihn daselbst zum Brandopfer auf einem Berge, den ich dir zeigen werde" (4. Abt., 18). Diese Geschichte bringt eine Suspension des Ethischen zur Sprache. In ihr wird ein sittliches Verhältnis, die Vaterliebe, außer Kraft gesetzt. Aber wird dadurch der Bereich des Ethischen im ganzen überschritten, oder kommt dessen Teleologie gerade in einem Konflikt sittlicher Mächte zum Vorschein? Darüber gibt die herangezogene Analogie zur griechischen Tragödie „Iphigenie in Aulis" Auskunft. (Kierkegaard hält sich dabei an Euripides, den Hegel als Übergang zum subjektiv Rührenden schmäht.) Agamemnon, der Heerkönig, opfert seine Tochter Iphigenie um der von der erzürnten Gottheit bedrohten Sache der Griechen und des trojanischen Zuges willen. Er zerreißt das Band der Liebe zu Tochter und Gattin, um das Interesse eines ganzen Volkes zu wahren. Das ist – nach den Grundzügen Hegelscher Tragödienlehre – ein für alle Zeiten gültiger Inhalt. Er behandelt den tragischen Hauptgegensatz zwischen dem Staat, d. h. dem sittlichen Leben in seiner Allgemeinheit, und der Familie als der natürlichen Sittlichkeit. Dabei führt die eine sittliche Macht (das Staatsleben) ihren berechtigten Zweck nur als Negation einer anderen, gleichfalls berechtigten Macht (der Familienliebe) durch. Die Schuld der Individualität besteht im Ruhm, für eine sittliche Macht eingestanden zu sein, selbst im Verletzten einer anderen. Und die Lösung dieses Zwiespaltes zeigt die Versöhnung der zerspaltenen sittlichen Sphäre, d. h. die Wiederherstellung des Göttlichen in seiner weltlichen Realität, und zwar im Untergang des tragischen Helden. Im Lichte dieser Tragödienkonzeption bleibt der tragische Held der Idee des Sittlichen verhaftet. „So kann denn hier nicht die Rede sein von einer teleologischen Suspension des Ethischen" (4. Abt., 73). Abraham dagegen ist keinen Augenblick ein tragischer Held. Seine Tat erregt weder Bewunderung noch Mitleid, sondern etwas ganz anderes: den horror

religiosus. Er opfert ja Isaak nicht, um ein Volk zu retten oder die Idee des Staates zu behaupten. Sein Unternehmen steht in keinem Verhältnis zum Sittlich-Allgemeinen als dem Göttlichen selbst. Abraham gerät vielmehr in ein reines Privatverhältnis zu Gott.

Welches aber ist der höhere Lebenssinn, der Abraham ergreift? Warum entsagt er der sittlich gefügten Welt ohne jeden begreifbaren ethischen Zweck und in Furcht und Zittern, die Gottheit mißverstanden zu haben und nichts als ein Mörder zu sein? Die Antwort des Alten Testaments ist merkwürdig: weil eine Versuchung, eine Anfechtung (Anfægtelse) ausgestanden sein muß. Wodurch Abraham versucht wird, ist gerade die Allgemeingültigkeit des Ethischen. Er könnte sich nämlich dem göttlichen Anspruche ‚Opfere dein Liebstes' entwinden, indem er dem ethischen Gebote folgt: ‚Du sollst nicht töten'. Diese Art Anfechtung übersteigt alle sittlichen Versuchungen. Was den Einzelnen alltäglich ethisch in Versuchung führt, ist die Verlockung, sich aus seiner sittlichen Verpflichtung herauszureden. Abraham dagegen wird dazu versucht, das Ethische zu erfüllen, um dem Absurden zu entkommen. Die Sittlichkeit legt Abraham nahe, auf dem Gebot der Vaterliebe zu beharren und der unverständlichen Opferung des Sohnes auszuweichen. Abraham besteht diese Anfechtung. Er verläßt die ganze Sphäre des Ethischen und erfüllt ein höheres Telos, den Glauben. Abraham glaubt, d. h. er existiert im Widerspruch zum Ethisch-Allgemeinen in dem Bewußtsein, als Einzelner höher zu sein als die Idee von Gesellschaft und Staat. Der Glaubende setzt seine Existenz rückhaltlos auf das Paradox, daß er als Einzelner in ein absolutes Verhältnis zum Absoluten gesetzt ist. „Die Geschichte von Abraham enthält also eine teleologische Suspension des Ethischen. Er ist als Einzelner höher geworden denn das Allgemeine. Das ist das Paradox, das keine Vermittlung duldet" (4. Abt., 82).

Solche Suspension hat eine immer noch unterschätzte ontologische Tragweite. Sie setzt im Grunde das vorherrschende neuzeitliche Verstehen von Sein im Lichte einer neuen Bedeutung von Wirklichkeit außer Kraft. Darum ist Kierkegaard mehr als der einzige seiner Zeit gemäße religiöse Schriftsteller. Er eröffnet einen Seinsbezug, der jenseits aller teleologischen Begriffsvermittlung ins Offene bringt, was Sein und Wirklichkeit für das Dasein des Einzelnen letztlich bedeuten: nämlich rückhaltlos und unvermittelt vor dem absoluten Paradox

Gottes zu währen. Die Neuzeit baut auf die Selbstgewißheit des Denkens, das sich aus Freiheit unter das Gesetz ethischen Sollens stellt. „Cogito ergo sum, denken ist sein; (christlich dagegen heißt es: ... glauben ist sein)" (24./25. Abt., 93) – „At troe er at være" (SV² XI, 231). Die Geschichte von Abraham lehrt aber noch ein weiteres. Abraham zittert in abgründiger Furcht, gar nicht einer zu sein, der glaubt, sondern ein Mörder, der unsinnigerweise sein eigenes Kind umbringt. Die Qual Abrahams weist auf eine andere weit tragende, in der neueren Philosophie unterschlagene Bestimmung unseres Daseins, die Angst. Nur durch Angst und Verzweiflung hindurch aber findet menschliches Existieren ins wahre Sein.

3. *Der Schwindel der Freiheit: Angst*

Angst ist die tiefe Heimlichkeit der Seele und der schwindelerregende Spiegel unserer Freiheit. In seiner unter dem Pseudonym Vigilius Haufniensis erschienenen Schrift „Der Begriff Angst" von 1844 hat Kierkegaard diese existenziale Grundbefindlichkeit entdeckt und als Übergangskategorie entwickelt. Der Übergang, um den sich die Erörterung der Angst dreht, ist der qualitative Sprung jedes Einzelnen aus dem Stande der Unschuld in den der Schuld, verfolgt am Leitfaden der biblischen Geschichte von Adams Sündenfall. Die Analyse dieses Übergangs stuft sich dreifach ab. Sie bestimmt zunächst die Qualität menschlicher Unschuld als Unwissenheit im Zustande des träumenden Geistes (1). Sie deckt sodann die latente Stimmung des träumenden Geistes auf, die Angst (2). Sie konzipiert endlich die Angst als bedeutende Zwischenbestimmung im Übergehen des Daseins von Unschuld in Schuld (3).

1. Was ist eigentlich Unschuld (Uskyldighed)? Kierkegaards Antwort auf diese Eingangsfrage lautet: Unschuld ist Unwissenheit (über den Gegensatz von Gut und Böse) als qualitativer Zustand des träumenden Geistes. Dieser Bescheid polemisiert gegen die spekulative Theologie der Hegel-Nachfolge (Marheineke), die Unschuld mit Unmittelbarkeit gleichsetzt. Er gebraucht drei Argumente: Der Begriff Unschuld gehört nicht in eine Logik Hegelscher Couleur, sondern in die Ethik; sein Korrelat ist nicht die Vermitteltheit im Werden des Logos, sondern die Schuld in Wirklichkeit und Existenz (a). Das

Sein der Unschuld ist zudem niemals das reine, unbestimmte Unmittelbarsein. (Selbst Hegelscher Logik zufolge hat ja das Unmittelbarsein seine Wahrheit und seinen Bestand im Übergegangensein ins Werden.) Unschuld ist eine Qualität und so Bestimmtheit des Existierenden (b). Die Aufhebung des Momentes der Unschuld endlich geschieht nicht mit der Notwendigkeit einer wesensgemäßen Entwicklung vom Ansichsein zum Fürsichsein des Geistes. Der Übergang ereignet sich ethisch durch Schuld, und zwar in einem aller Logik entzogenen qualitativen Sprung (c). Erst diese Abwehr spekulativer Übergriffe legt wieder die alte biblische Weisheit frei, Unschuld sei Unwissenheit über Gut und Böse.

Aber kann Unwissenheit überhaupt eine Bestimmung desjenigen Lebewesens sein, das aller Überlieferung nach durch Wissen und Geist ausgezeichnet ist? Diese Frage verlangt eine erste ontologische Orientierung über den Menschen. „Der Mensch ist eine Synthesis des Seelischen und des Leiblichen. Aber eine Synthesis ist nicht denkbar, wenn die Zwei nicht in einem Dritten vereinigt werden. Dies Dritte ist der Geist" (11./12. Abt., 41). Synthesis im strengen Sinn bedeutet Einheit als ursprüngliche Einigung von Antithesen. Die vordringliche Antithesis im Blick auf den Menschen bilden die einander ausschließenden Gegensätze von Seelischem und Leiblichem. Dieser ersten Antithesis folgt eine zweite auf dem Fuße, der Gegensatz von Zeitlichem und Ewigem, und mit diesem kommt eine dritte Antithese auf den Menschen zu, nämlich der Gegensatz zwischen Notwendigkeit (Faktizität) und Möglichkeit (Entwurf) seines Daseins. Solche Antithesen (Leib – Seele, Zeit – Ewigkeit, Möglichkeit – Notwendigkeit) prägen den Menschen als ein ‚Zwischenwesen' und zeichnen dessen Bestimmung vor: Der Mensch ist ein in sich widersprüchliches Wesen und dazu bestimmt, seine Gegensätze im Werden seiner existierenden Subjektivität zu synthetisieren. Das ist keine Aufgabe des ‚Gedankens', sondern einer Dialektik der Existenz. Der Ort der Synthesis – vor allem des Ewigen und Zeitlichen – ist nicht das System des Begriffes, sondern das in Innerlichkeit und Handlung zu lebende Leben. Nun kann sich die Synthesis, da die Gegensätze einander ausschließen, nur in einem Dritten vollziehen. Das die Gegensätze durchdringende und aufhebende Dritte im triplizitären Aufbau menschlichen Seins heißt Geist. Der Geist bildet somit nicht etwa eine dritte ontische ‚Schicht', welche die ‚Schichten' des Leiblichen und Seelischen transzendiert. Die Substanz des Geistes ist nichts anderes als der lebendige Vollzug des Einigens der Antithesen in die Einheit menschlicher Existenz. Irdisches Dasein lebt in der ursprünglichen Synthesis des Geistes, welche das Seelische und Leibliche, Zeitliche und Ewige, faktisch Begrenzte und unbegrenzt Mögliche durchdringend zusammenhält. Diese vorläufige Bestimmung des Menschen scheint das Problem der Unschuld eher zu verschärfen als zu lösen. In der Unschuld ist der Mensch weder ein Tier (sonst könnte er nicht Geist werden), noch ist er Geist (sonst könnte er nicht im Stande der Unwissenheit sein). Die Auflösung dieses Dilemmas benutzt eine Leibnizsche Metapher. In der Unschuld ist der Geist träumend im Menschen (drømmende Aand). Als noch nicht erwachter Geist lebt der Mensch seelisch im Zustande der Indifferenz, d. h. als Einheit von Nichtunterschiedenem. In seelischer Indifferenz brechen die Unterschiede von Leiblichem und Seelischem und der Gegensatz zwischen dem sinnlich Geschlechtlichen und ewig Geistigen noch nicht auf. Und so bleibt der Unschuld auch der ethische Gegensatz von Gut und Böse noch fern und verborgen. Damit ist das Woher des Übergangs zu Schuld und Sünde, die menschliche Unschuld, deutlich geworden. Sie ist die Unwissenheit des träumenden Geistes in der Einheit seiner ungeschiedenen Gegensätze von Gut und Böse.

2. Die Grundbefindlichkeit von Unschuld und träumendem Geist ist Angst. Psychologisch betrachtet, zeigt sich die Unschuld als ein ambivalenter Zustand. Einerseits herrschen in ihm Ruhe und Frieden; in seelischer Einheit gibt es ja keine Differenzen, aus denen Widerstreit, Unruhe oder Zerrissenheit resultieren können. Andererseits steckt in der Unschuld des träumenden Geistes eine tief verborgene Angst. Was aber ist Angst, daß sie die Ruhe der Unschuld durchstimmt und das Träumen unserer Seele durchzieht? Kierkegaards Definition grenzt Angst (Angest) von Furcht (Frygt) und ähnlichen Begriffen wie Schrecken, Entsetzen, Scheu, Ehrfurcht ab. Prüfstein solcher Scheidung ist das, wovon die menschliche Existenz sich bedroht fühlt. Das Wovor der Furcht ist stets etwas innerweltlich Bestimmtes, Krieg etwa, Krankheit oder Hunger und Elend. Furcht nämlich steigt im erwachten Geist auf, der die Dinge klar voneinander abhebt und bestimmt. Das Wovor der Angst dagegen ist eigentlich nichts. Was die Seele beengt, ist nichts bestimmtes Wirkliches. Man ängstigt sich um nichts, weil der träumende Geist nicht unterscheidet

und nichts Bestimmtes auf sich zukommen läßt. Was er sich vorspiegelt, ist nichts als er selbst im unbestimmt-unbegrenzten Vermögen seiner Freiheit. Durch diese Abgrenzung von der Furcht läßt sich die Angst umgrenzen. Sie ist die Wirklichkeit der Freiheit als Möglichkeit für die Möglichkeit. Angst macht Freiheit präsent und wirklich gegenwärtig, freilich nur als Möglichkeit, d. h. nicht als bestimmte und begrenzte Tat, sondern als unbestimmtes, unendliches Können; und evident wird diese unheimliche Möglichkeit für die Möglichkeit, d. h. für den unschuldig träumenden Geist, sofern er in der Möglichkeit schuldhaften Erwachens ruht. Diese Rahmenbestimmung läßt sich im Hinblick auf den antithetischen Bezug von Zeitlichem und Ewigem konkretisieren. Angst artikuliert sich dann als die Wirklichkeit des Ewigen im Modus der Möglichkeit für die Möglichkeit. In diesem Aspekt macht die Angst das Ewige als die Dimension präsent, in welcher die Seele das Heil für alle Zeit verlieren kann. Freilich wird das Ewige für den angstdurchstimmten, indifferenten Geist nicht in seiner wirklichen Fülle, sondern in seinem hingeträumten Bilde, der Zukünftigkeit, offenbar. Darum knüpft Angst stets an das Zukünftige (det Tilkommende) an, das in bedrohlicher Unbestimmtheit bevorsteht.

Diese begriffliche Präzisierung wird durch eine sprechende Metapher illustriert. Angst ist Schwindel der Freiheit (Frihedens Svimlen). Angst ist „Schwindel der Freiheit, der aufsteigt, wenn der Geist die Synthesis setzen will, und die Freiheit nun niederschaut in ihre eigene Möglichkeit" (11./12. Abt., 60–61). Im Schwindel entgleiten wir uns als Sehende. Wir können uns selbst nicht fassen, weil unser Blick, wenn er in abgründige Tiefen fällt, sich an nichts Bestimmtes halten kann. So ein Gefühl des Schwindels ist die Angst. In Angst schaut das Bewußtsein in den Abgrund der Freiheit, in die unbestimmt-unendlichen Möglichkeiten seines Verbinden- und Entscheidenkönnens nieder. Davor packt den Geist ein Schwindel, und daher ist die Freiheit im Modus der Angst ihrer selbst nicht mächtig. Angst ist Schwindel des Geistes in gefesselter Freiheit.

3. Wie aber lassen sich Angst, Ohnmacht und Last der Freiheit als Grundstimmung der Unschuld mit der Unbeschwertheit des träumenden Geistes in seiner kindlich-paradiesischen Seligkeit zusammendenken? Grundsätzlicher gefragt: Wie gehört das Urphänomen der Angst zum Umschlag von menschlicher Unschuld in Schuld?

Kierkegaards Einsicht macht klar: als eine geschmeidig-zweideutige, dialektische Zwischenbestimmung. Ihre Zweideutigkeit zeigt der Sprachgebrauch von der süßen, erregenden Angst an. Der süße Schauer möglicher Freiheit bestätigt sich ferner darin, wie Kinder vom Abenteuerlichen, Rätselhaften, Ungeheuerlichen angezogen werden. Und der abstoßend-anziehende Charakter der Angst findet nach Kierkegaard – dem genialen Deuter von Sage und Märchen – seinen Ausdruck im Märchen, z. B. in der Grimmschen Geschichte ‚Von einem, der auszog, das Gruseln zu lernen'. Die begriffliche Fassung dieser Phänomene bietet die Formel: Angst ist eine sympathetische Antipathie und eine antipathetische Sympathie. Antipathie meint das Gefühl einer unerklärlichen Uneinigkeit mit einer feindlichen Macht, die mich ohne bestimmten Grund abstößt. Sympathie meint umgekehrt das Gefühl einer unerklärlichen Einigkeit mit einer befreundeten Macht, die mich anzieht. In der Angst koinzidiert beides. Das liegt an der Macht der Freiheit, wie sie in der Angst offenbar wird. Insofern die Wirklichkeit der Freiheit gegenwärtig wird, erscheint sie als feindliche und abstoßende Macht. Sie stört ja den Frieden der Seele und zerstört die Einheit der Unschuld. Insofern die Möglichkeit der Freiheit vorgespiegelt wird, erscheint sie als eine freundliche und anziehende Macht; denn sie eröffnet die Aussicht auf das geistige Verhältnis, in welchem sich der Mensch frei zu sich selbst und zur Welt verhalten kann.

Was bedeutet diese Bestimmung für die unausdenkbare Frage, wie die Sünde und die Schuld in die Welt gekommen sind? In der Angst existiert der träumende Geist unschuldig-schuldig. Er ist unschuldig, insofern er von einer feindlichen Macht gepackt wird, die er flieht; denn ihn beengt der Anblick unbegrenzten Freiseinkönnens. Zugleich ist er schuldig, insofern er sich von einer erregenden Angst fortreißen läßt; denn ihn verlockt der Ausblick eigener Freiheit und Selbstmächtigkeit. Durch die geschmeidige Zweideutigkeit der Angst also gerät das unschuldige, paradiesische Dasein an den Rand der Schuld. Kierkegaard hat seine Konzeption der Angst als Übergangskategorie in einer aufschlußreichen Interpretation der Genesis-Geschichte vom Sündenfall exemplarisch durchgeführt. Diese entkräftet nicht nur die concupiscentia-Lehre der Dogmatik, sie macht vor allem die Gleichzeitigkeit der Schuld Adams mit dem Fall eines jeden Einzelnen eindringlich, ohne in der Erbsündenfrage in einen

Pelagianismus zurückzufallen. Weiter aber als bis zu solch ‚psychologischer Andeutung' kann keine Analyse kommen. Das Schuldigwerden im Aufbruch autarker menschlicher Freiheit bleibt unerklärlich. Es geschieht in einem durch nichts vermittelten Sprung. Immerhin hat sich gezeigt: Die Geschichte des Menschen beginnt im Durchgang der Angst. Und es wird sich zeigen: Seine Geschichte kann nur im Durchbrechen der Verzweiflung enden.

4. *Krankheit zum Tode. Schematisierung der Hauptgestalten menschlicher Existenz*

„Verzweiflung ist das Mißverhältnis im Verhältnis einer Synthesis, die sich zu sich selbst verhält" (24./25. Abt., 11). Als Disharmonie elementarer Bestandteile ist Verzweiflung eine Krankheit, nämlich die alle Existenz durchdringende Krankheit des menschlichen Geistes. Sie bildet Mißverhältnisse im Verhältnis jener Synthesis aus, in welcher das menschliche Selbst, indem es sich zu sich verhält, sich unmittelbar zu einem Anderen, zu Gott, verhält. Verzweiflung (Fortvivlelse) ist nichts anderes als die vorherrschende Seinsweise der existierenden Subjektivität. Diesem Existenzmodus und seinen Hauptgestalten geht das im März/April 1848 verfaßte halbpseudonyme Grundbuch der christlichen Existenzialanalytik nach, „Die Krankheit zum Tode. Von Anti-Climacus. Herausgegeben von S. Kierkegaard". Anti-Climacus nennt die Verzweiflung des Existierens eine Krankheit zum Tode. Ihr Symptom nämlich ist die hoffnungslose Qual, sterben und sein ewiges Selbst loswerden zu wollen, ohne es zu können. Die Krankheit zum Tode offenbart sich im Gefühl ohnmächtiger Selbstverzehrung. Die Qual verzweifelter Liebe ist von dieser Art. In ihr verzehrt sich der Liebende eigentlich nicht nach dem Geliebten, er verzehrt sich in der Ohnmacht, nicht zu nichts werden zu können, nicht einmal durch Selbstmord. Von dieser Vorbestimmung her lassen sich die Grundfiguren verzweifelter Existenz abstrakt herausgliedern. Dafür ist die verschieden artikulierbare Antithese im Synthesis-Verhältnis des Daseins vorzunehmen: Leib – Seele, Ewigkeit – Zeitlichkeit, Unendlichkeit – Endlichkeit, Möglichkeit – Notwendigkeit usw. Die Analyse beschränkt sich auf die Antithesen menschlich-endlicher Freiheit, auf die Gegensätze der ausweitenden Unendlichkeit und begrenzenden Endlichkeit bzw. der entworfenen Möglichkeit und faktischen Notwendigkeit in jedem Dasein. Die Überspannung eines dieser Momente ergibt das Schema verzweifelter Existenz. Offenbar lassen sich vier Schemata kranker Freiheit ablesen (24./25. Abt., 25–39): überspannte Unendlichkeit aus Mangel an Endlichkeit – die phantastische Existenz (1), überspannte Endlichkeit aus Mangel an Unendlichkeit – die bornierte, der Welt verschriebene Existenz (2), überspannte Möglichkeit aus Mangel an Notwendigkeit – die wünschende und schwermütige Existenz (3), überspannte Notwendigkeit aus Mangel an Möglichkeit – die fatalistische und deterministische Existenz (4).

1. Die Gestalt phantastischer Existenz resultiert aus der abstrakten Verunendlichung eines Daseins, dem es an Selbstbeschränkung fehlt. Der Phantast weitet sein Dasein grenzenlos aus, ohne es an die faktischen Grenzen seiner Endlichkeit zurückzubinden. Diese Form der Krankheit gefährdet den existierenden subjektiven Geist in allen seinen Vermögen, in Gefühl, Erkenntnis und Willen. Das Phantastische (det Phantastiske) überspannt nämlich die Phantasie, und Phantasie (Phantasi) oder produktive Einbildungskraft ist das Grundvermögen des Menschen. Sie schafft, wie Fichtes Wissenschaftslehre nachgewiesen hat, die ursprüngliche Synthesis des theoretischen (fühlend-erkennenden) wie des praktischen (wollenden) Selbstbezugs des Ich zur Welt. Das geschieht letztlich, indem die ‚schaffende Einbildungskraft' dem durch das Nicht-Ich begrenzten Ich das Ideal einer unendlichen Identität vorspiegelt. In Anknüpfung an Fichte nennt Kierkegaard die Phantasie daher das „Spiegelbild des Selbst" und die „unendlichmachende Reflexion" (24./25. Abt., 27). Das bloß Phantastische dagegen führt das menschliche Selbst so ins Unendliche hinaus, daß es nicht mehr zu sich in seiner Endlichkeit zurückfindet. Wird dabei das Gefühl phantastisch überspannt, dann verflüchtigt sich das Selbst in eine unmenschliche Gefühligkeit. Diese hängt sich an ein Abstraktum, etwa die verelendete Menschheit, und verliert eben dadurch den Bezug zum konkreten Mitsein aus den Augen. Wird die Erkenntnis phantastisch, dann verschwendet sich das einzelne Selbst an die enzyklopädische Anhäufung objektiven Wissens „ebenso wie wenn Menschen verschwendet worden sind, um Pyramiden zu bauen" (24./25. Abt., 28). Wird schließlich der Wille phantastisch, dann weiten sich seine Vorsätze und Entschlüsse so ins Grenzenlose von Projekten, Utopien, Visionen aus, daß er seine kleine Arbeit in der

Nähe und zu dieser Stunde mißachtet. (Die so von Kierkegaard vorgezeichnete Verzweiflung der Unendlichkeit hat längst und in schrecklichem Ausmaße das gegenwärtige, an kranker Phantasie leidende Zeitalter durchdrungen.)

2. Streng komplementär entfaltet sich die Verzweiflung der Endlichkeit. Während der Phantast sein Selbst aus Mangel an Endlichkeit in eine leere Weite des Unendlichen zerstreut, schleift die borniertbeschränkte Existenz ihre Ursprünglichkeit aus Mangel an ausweitender Phantasie zu trivialer Alltäglichkeit ab. Die phantastischen Existenzen verschreiben sich – wie eine Variante der Vorarbeiten zur „Krankheit zum Tode" formuliert – dem Teufel, die verzweifelt bornierten verschreiben sich der Welt. In solcher Verzweiflung der Weltlichkeit wird der Einzelne zu einer Ziffer in der Menge, zu einer Wiederholung mehr im Einerlei der Zeit, und es geht ihm ausschließlich um Ehre und Ansehen, um das Sammeln von Gut und Geld, kurz, um den Unterschied zwischen den Menschen. In ihrer Weltlichkeit sind die selbstischen Existenzen verzweifelt, erblindet für ihr je eigenes, unvergleichbares Selbstsein vor Gott.

3. Analog breitet sich das Mißverhältnis im Verhältnis von Möglichkeit und Notwendigkeit aus. „Ein Selbst, das keine Möglichkeit hat, ist verzweifelt, und ebenso ein Selbst, das keine Notwendigkeit hat" (24./25. Abt., 32). Die Verzweiflung der Möglichkeit stammt aus dem Mangel an Notwendigkeit. Reflektiert sich das Dasein allein im schmeichelnden Spiegel seiner Möglichkeiten, wird es unwirklich. Geht ihm alle Rücksicht auf das faktisch Notwendige verloren, so entgleitet es in immer grenzenlosere Möglichkeiten, die längst nicht mehr die seinen sind. Das widerfährt wünschenden wie schwermütigen Existenzen. Die Wünschenden begehren Möglichkeiten, die nicht bei ihnen selbst stehen. Sirenenhafte Verlockungen ziehen sie aus dem Umkreis ihres faktischen Selbstseins fort. (In dieser Perspektive interpretiert Kierkegaard das Märchen- und Sagenmotiv des verirrten Ritters.) Der Schwermütige dagegen hängt Möglichkeiten nach, in denen umzukommen er Angst hat. So wird er nie er selbst. Er führt keine seiner Möglichkeiten in Wirklichkeiten über, weil er schwermütig jede Möglichkeit als sein Verhängnis ansieht. In der Verzweiflung über nicht ergriffene Möglichkeiten, die er hätte sein können, kommt der Schwermütige um.

4. Die Gegenfigur zur wünschend-schwermütigen Existenz ist der Fatalist. Während der Wünschende wie der Schwermütige aus Mangel an Notwendigkeit niemals sie selber werden, opfert der Fatalist sein Selbst aus Mangel an Möglichkeit auf. Deterministen oder Fatalisten vergötzen die Notwendigkeit. Dieser absoluten Macht opfern sie ihre Freiheit. So ergeht es ihnen wie König Midas, der verhungerte, weil sich ihm alle Nahrung in Gold verwandelte. Der Mensch braucht, um zu wachsen, Möglichkeiten. In seiner Verzweiflung betet er sogar um Möglichkeiten, die nur bei Gott stehen. Und aus der Not dieses Bittens um Möglichkeiten bricht die Sprache aus. Der Determinist aber beugt sich in stummer Ergebenheit unter das absolute Prinzip der Notwendigkeit in Natur, Gesellschaft und Geschichte.

Die Mißverhältnisse menschlicher Freiheit liegen vor Augen. Sieht man darauf, daß das Dasein ebenso in Mißverhältnissen der Verhältnisse Zeit – Ewigkeit, Leib – Seele usw. existiert, dann leuchtet die unglaubliche These ein: Kein Mensch lebt und hat gelebt, ohne daß er verzweifelt ist (vgl. 24./25. Abt., 18–24). Diese Behauptung ist immer wieder als düstere und niederdrückende Vereinseitigung menschlichen Daseins trivialisiert oder weltanschaulich bekämpft worden. Man hat sie schließlich ‚individual-ideologisch' aufgeklärt. Danach spiegele Kierkegaards Theorie der Angst und Verzweiflung die Komplexe eines begabten Neurotikers und – bestenfalls – die Abgründe einer gewagten Ausnahmeexistenz wider. Aber die Größe dieses einzigartigen ‚subjektiven Denkers' besteht in der Kraft, das Selbsterleben an eine sachgerechte Analyse menschlicher Wirklichkeit überhaupt zu binden. So bildet die Ansicht vom verzweifelten Stande aller menschlichen Verhältnisse keine existenzielle Übertreibung, sondern eine „folgerichtig durchgeführte Grundanschauung" (24./25. Abt., 18). Sie verdüstert das Dasein nicht, sondern bringt Licht in ein verschwiegenes Dunkel. Es wird sich nämlich zeigen: Der Weg der Verzweiflung führt die Existenz in die Krise eines Entweder/Oder: das Selbst ewig zu verlieren oder aber eigentlich erst zu gewinnen.

5. Bewußtsein und Existenz im Aufriß einer Phänomenologie des existierenden Geistes

Zunächst und zumeist existiert der Mensch im Stande der Verzweiflung. Der Grad an Verzweiflung hängt von der Stufe des Bewußtseins ab. Steigende Bewußtheit intensiviert Leiden und Leidenschaft der Verzweiflung, Krisen der Verzweiflung steigern das Bewußtsein des eigenen Selbst (Selv). Der Aufstieg des menschlichen Geistes zu seinem Ursprung ist so eigentlich kein Weg des Zweifels, wie ihn Hegels "Phänomenologie des Geistes" abschließend konstruiert. Er ist ein Weg der Verzweiflung. Ihn hat Kierkegaards Analytik der „Krankheit zum Tode" in einer Phänomenologie des existierenden subjektiven Geistes gebahnt (24./25. Abt., 39–74). Die Klimax der immer bewußter werdenden Verzweiflung hat drei Hauptstufen: die uneigentliche Verzweiflung (uegentlig Fortvivlelse) – verzweifelt ohne Selbst zu sein (1), die eigentliche Verzweiflung der Schwäche (Svaghedens Fortvivlelse) – verzweifelt nicht man selbst sein zu wollen (2), die eigentliche Verzweiflung des Trotzes (Trodsens Fortvivlelse) – verzweifelt man selbst sein zu wollen (3).

1. In aller uneigentlichen Verzweiflung liegt eine Selbstverlorenheit. Der existierende Geist ist sich noch gar nicht bewußt geworden, in seinem Selbstverhältnis durch das absolute Verhältnis zum Absoluten gesetzt zu sein. So leben der Heide und der natürliche Mensch (d. i. der christliche Heide) im Schatten existenzieller Selbstlosigkeit. Der Mangel an Selbstheit sichert das Heidentum vor der Leidenschaft der Verzweiflung und ermöglicht eine wunderbare ästhetische Formung menschlichen Daseins. Dennoch existiert es in heilloser Verzweiflung. Der uneigentlich Verzweifelte lebt nicht nur in Selbstverlorenheit, er ahnt nicht einmal, daß er verloren ist. Er verwechselt ständig Verzweiflung mit vorübergehender Verstimmtheit und exaltierter Zerrissenheit, unwissend über das, was Existenz und Geist eigentlich bedeuten. Eben das ruhig-seichte Dahinleben in geistloser Zufriedenheit hält Unzählige in der Bestimmung der Verzweiflung fest.

2. Im Überstieg über diese naive, reflexionslose Stufe des Bewußtseins steigt die Existenz zur Verzweiflung der Schwäche auf. Das geschieht in aller Regel, wenn sie etwas Irdisches – eine Rangstellung, die Geliebte, Hab und Gut – durch ‚einen Schicksalsschlag' verliert. Solange das Dasein von keinem Hauch an Innerlichkeit berührt wird,

kommt ihm alles Unglück von außen. Weil es zudem das Äußere nicht vom Inneren unterscheidet, erscheint ihm Äußerliches als inneres Leidwesen. Ist nun das Unglück so einschneidend, daß der Betroffene wähnt, nie wieder ‚er selbst' werden zu können, dann regt sich ein schwaches Bewußtsein vom eigenen Selbst. Es paart sich mit einer Verzweiflung der Schwäche, die sich im Willen äußert, nicht man selbst sein zu wollen.

Auf der Stufe solch mäßiger Selbstdurchsichtigkeit leben drei Typen der existierenden Subjektivität, der ‚Kleiderwechsler' (a), der Weltkluge (b) und der Verschlossene (c). Die erste Gestalt dieses Willens bleibt der Unmittelbarkeit verhaftet. In ihr meint das Bewußtsein, seine Wahrheit im sinnlich Äußeren zu haben. Daher glaubt es auch, sein lädiertes Selbst wie einen Rock tauschen zu können, indem es einfach die Umwelt und sein äußerliches Habit wechselt. Dieser Einfall des Selbst, ein Anderer werden zu wollen als er selbst, steckt voll komischer Verzweiflung. Der Kleiderwechsler jagt immer wieder vergebens dem Wunsche nach, durch einfache Vertauschung der Äußerlichkeit nicht mehr er selbst zu sein (a). – Anders steht es, wenn die Verzweiflung nicht durch einen Stoß von außen, sondern durch innere Reflexion zum Vorschein kommt. Dann sondert sich das Selbst vom Außen ab. Es wird auf seine wesenhafte Verschiedenheit von der Welt aufmerksam und gewinnt eine Ahnung vom Ewigen in ihm. Stößt nun aber das Selbst auf einen Zwiespalt in sich selber, dann weicht es in den meisten Fällen zurück und bricht die Richtung auf Innerlichkeit ab, um sich ganz einer tüchtigen Tätigkeit im wirklichen Leben zu widmen. Das ist der Existenzmodus der in der Welt gepriesenen Lebensklugheit (b). Mit ihr kommen nach und nach die junge Leidenschaft, Phantasie und Gefühl abhanden, und der gereifte Lebenskluge glaubt, der Verzweiflung entwachsen zu sein und die Illusionen der Jugend belächeln zu müssen. Aber alle Weltklugheit ist „ethische Dummheit" (24./25. Abt., 56). Da sie sich nicht getraut, mit den Konventionen der Welt zu brechen, verspielt sie das Ewige in sich, das sie einst dunkel gefühlt hat. Solche Verzweiflung der Schwäche ist der ‚Menge', d. h. dem Dasein in seiner geschäftigen Alltäglichkeit, eigen. – Regt sich dagegen, selten genug, die Verzweiflung darüber, dem Irdischen so große Bedeutung beizumessen, dann steigern sich Verzweiflung und Bewußtsein zugleich. Das Bewußtsein potenziert sich: Es ist nicht nur schwach, es ist sich seiner

Schwäche bewußt. Und die Verzweiflung ist potenziert: Das Bewußtsein leidet daran, das Ewige, d. h. sein wahres Selbst, aus Schwäche zu verlieren. Das konstituiert die Existenzform des Verschlossenen (c). Verschlossenheit (Indesluttethed) ist das genaue Gegenteil der Unmittelbarkeit. Während der unvermittelt Lebende sein Selbst in das unmittelbar Äußerliche zerstreut, schließt sich der Verschlossene von der andrängenden Umwelt und Mitwelt ab und in sich selber ein. Er verschließt sich vor allem dem einlullenden Gerede, und er flieht vor der Dauergeselligkeit der Zeit. Schweigend und in Einsamkeit beschäftigt sich der Verschlossene, bis zum Selbstmord verzweifelt, mit seinem Dasein, das er nicht sein will, bis er endlich in faustischen Zerstreuungen, in Ausschweifungen der Sinnlichkeit oder in großen Unternehmungen, Befriedigung sucht. Aber er kann seine Ruhe in der Naivität der Unmittelbarkeit nicht mehr finden.

3. Die neue Stufe des Bewußtseins ist bestimmt und durchstimmt von der Verzweiflung des Trotzes. Sie wird durch einen einzigen dialektischen Schritt erreicht. Dazu ist es nur nötig, daß sich das existierende Subjekt des letzten Motivs bewußt wird, durch das es nicht es selbst sein will. Das ist sein Nichtwollen selbst. Darin aber, im Nichtwollen, steckt Trotz. Im aufbrechenden Bewußtsein des Trotzes schlägt die Verzweiflung in den Willen um, man selbst sein zu wollen um jeden Preis. In dieser Einstellung gewinnt das Bewußtsein die „unendliche Form des negativen Selbst" (24./25. Abt., 68), und in ihr hat sich das neuzeitliche Selbstbewußtsein seit Descartes und bis zu Sartre durchgehalten. Dadurch, daß es sich von der Beziehung losreißt, in der es verendlicht wird, nimmt es die abstrakte Form des unendlichen Selbst an. Das Ich setzt sich selbst – der göttlichen Allmacht zum Trotz. Kierkegaards Phänomenologie beschreibt diesen Prozeß in der Gestalt eines Titanismus, den eine überspannte romantische Auslegung Fichte zugeschrieben hatte. Danach lautet der Grundsatz neuzeitlichen Selbstbewußtseins: Das Ich verfügt, sich selbst erschaffend, über sich selbst. „Vermöge dieser unendlichen Form will das Selbst über sich selbst verfügen, oder sich selbst erschaffen, sein Selbst zu dem Selbst machen, das er sein will" (24./25. Abt., 68). Der unendlich negative Wille mutet sich zu, die konkreten Grenzen und Notwendigkeiten seines Existierens negieren und sein Dasein selbst konstruieren zu können. Dieser Stufe neuzeitlichen Selbstbewußtseins entspricht das Motto des Sartreschen Existenzia-

lismus ‚L'homme invente l'homme', ‚L'homme est ce qu'il se fait'. Kierkegaards schematische Antizipation nimmt die Heraufkunft einer europäischen Verzweiflung des Trotzes (unter dem Titel eines atheistischen Existenzialismus) vorweg.

Es sind im wesentlichen zwei Gestalten des Daseins, welche auf dieser Bewußtseinsstufe existieren, die stoische (a) und die dämonische (b) Existenz. Der bei Kierkegaard weit gefaßte Titel ‚Stoizismus' nennt eine durch Autarkie geprägte Existenz, ein Dasein unerschütterlicher Selbstbeherrschung auch in tantalischer Qual. Solch stoischer Wille kommt zuerst unter der Hinsicht des Handelns in Betracht (a, 1). Darin zeigt sich das Selbst, das sein eigener Herr sein will, als ein König ohne Land. Kierkegaard zeichnet diese Existenzform, der Sartre die schärfsten Konturen geben wird, als eine verzweifelte Grundfigur neuzeitlichen Bewußtseins vor. Das stoisch-autarke Selbst verdoppelt sich gemäß seinem Axiom: Ich setze (schaffe) mich selbst schlechthin in Rücksicht auf mich selbst. Aber das ist Verzweiflung. „Was das Selbst ist, steht in keinem Augenblicke fest, d. h. ewig fest. Die negative Form des Selbst übt ebenso sehr die Lösegewalt wie die Bindegewalt aus" (24./25. Abt., 69). Das existierende cogito vermag dank seiner nichtenden Kraft sein eigenes ‚Wesen' und ‚Gewesensein', zu dem es sich gemacht hat, jeden Augenblick in nichts aufzulösen und von vorne anzufangen. So aber baut das Selbst nichts als Luftschlösser. – Wird gegenüber solchem Sich-selber-Machen das stoische, der Götter unbedürftige Selbst in seinem Leiden betrachtet, dann drängt sich ein alter Anblick titanischer Existenz auf, die von Hesiod und Aischylos gebildete Gestalt des gefesselten Prometheus (a, 2). Das Leiden stoischer Existenz nämlich wurzelt in einem nicht zu negierenden Grundschaden; „dem Prometheus gleich fühlt das unendliche negative Selbst sich an diese Fron genagelt" (24./25. Abt., 70). Der Anklang an den antiken Mythos ist sprechend. Der ‚Voraussinnende' trotzt den Göttern, er stiehlt das Feuer vom Wagen des Helios (oder aus der Schmiede des Hephaistos) und erleidet für seinen Trotz die Strafe, im Gebirge des Kaukasus angeschmiedet zu sein. In ursprünglicher Mythenfassung wächst seine Qual immerzu; Tag für Tag frißt der Adler seine ihm nachts immer wieder nachwachsende Leber. Im Sinne einer stoisch-heroischen Existenzdeutung – etwa in der Weiterdichtung griechischer Frevlermythen durch Camus – pocht eine prometheische Existenz auf ihre Qual.

Sie will sich nicht erlösen lassen, sondern verzweifelt sie selber sein.

Die letzte Steigerung des Selbstbewußtseins und die höchste Potenz trotziger Verzweiflung bildet die dämonische Existenz (b). Diese lebt nicht mehr in der Illusion stoischer Selbstvergötterung. Der Dämonische hält sich aus Bosheit an einen Gott im Haß wider das Dasein. Aus rasendem Trotz will das Dasein in seiner konkreten Qual existieren, „rastlos und tantalisch damit beschäftigt, es selbst sein zu wollen" (24./25. Abt., 74). An dieser Stelle des Bewußtseins tritt das Existenzsymbol des Tantalos, des anderen großen Frevlers wider die Götter, in seine Wahrheit heraus, nämlich als höchste Form menschlicher Verzweiflung. Die klassische Qual des Tantalos besteht darin, voller Durst zu sein und niemals an das immer wieder versiegende Wasser zu reichen. Tantalos wird zur dämonischen Existenz, wenn sein Wille nicht von der Qual lassen will, um ganz er selbst zu sein: als Beweis gegen die Güte des Alls. Also beschließt sich im Bewußtsein dämonischer Existenz die Phänomenologie des existierenden Geistes. Sie begann als Methode des metaphysischen Zweifels, und sie endet im durchsichtigen Bewußtsein totaler Verzweiflung.

6. *Das theologische Selbst und die Sache mit Christus*

Das existierende Subjekt ist ein Verhältnis (Forhold), das sich verzweifelt zu sich selbst verhält. So ist es ein menschliches Selbst. Verhält sich das Selbst zur Macht, die sein Verhältnis gesetzt hat, gewinnt es die Form des ‚theologischen Selbst'. Nun lagen die Stufen steigender Bewußtheit und die Arten der Verzweiflung und des Mißverhältnisses in der bisherigen Analyse innerhalb des menschlichen Selbst. Die Verzweiflung des dämonischen Trotzes aber hat einen neuen Maßstab angekündigt, das Selbst Gott gegenüber. Unter diesem Maßstab zeichnet sich eine neue Dimension von Bewußtsein und Verzweiflung ab. Es kommt zum unendlich gesteigerten Bewußtsein des existierenden Subjekts, als Einzelner vor Gott da zu sein. Und es brechen unendlich tiefer wirkende Mißverhältnisse auf, nämlich der verzweifelte Wille, vor Gott nicht man selbst zu sein und vor Gott man selbst zu sein. (Das ist Kierkegaards Definition der Sünde.) In den Krisen religiöser Verzweiflung erweitert sich das Gesetz des in der

Verzweiflung aufsteigenden Bewußtseins zum Grundsatz: Je mehr Gottesvorstellung, desto mehr Selbstbewußtsein und je mehr Selbstbewußtsein, desto mehr Gottesvorstellung. Dabei geht es im Weltalter von Christentum, Positivismus und Nihilismus um die letzte geprägte Gottesvorstellung, die des Gott-Menschen Christus.

Freilich gehört zum Ernst dieser Einsicht eine Betroffenheit von der sündhaft-verzweifelten Endlichkeit unseres Denkens. Das Bewußtsein vom Abgrund zwischen dem sich zu sich selbst verhaltenden Ich und dem transzendenten, absoluten Gott muß wieder lebendig sein. Allein dann leuchtet ein, daß das Selbst sich überhaupt nur zum Absoluten verhalten kann, wenn sich die reine Transzendenz von sich her dem existierenden Selbst öffnet. Konkreter gesprochen: Nur unter der Bedingung, daß Gott sich für jeden Einzelnen unvermittelt kommensurabel macht, kann das Selbst seine Immanenz durchbrechen. Das geschieht, wenn das Absolute, ohne seine Absolutheit zu verlieren, sich an das endliche Selbst in der Zeit anmißt. So ist Gott in Endlichkeit und Zeit erschienen, und nur durch das absolute Paradox des Gott-Menschen kommt das Dasein in ein mögliches Verhältnis zum Absoluten.

Steht es so, dann gerät das aufgeklärte Selbstbewußtsein in die fatale Lage, unausweichlich am christologischen Paradox Ärgernis nehmen zu müssen. Jedes Individuum post Christum natum sieht sich der offenbaren Absurdität ausgesetzt, daß der ewige Gott Mensch geworden und in der Zeit für ihn gestorben ist. Das Christentum ist eben nicht eine Religion neben anderen, der man sich anschließen kann oder nicht. Indem es die Bedingungen menschlichen Existierens verändert, ist es das einschneidendste Ereignis der Weltgeschichte. Es versetzt das Dasein in die Entscheidungssituation, das Angebot des Gott-Menschen anzunehmen oder auszuschlagen. Daran entzündet sich die Krankheit des religiösen Geistes. Und von da aus verfestigen sich die Krisen der religiösen Verzweiflung und die Potenzen des theologischen Selbst zu drei Hauptformen: als die uneigentliche religiöse Verzweiflung – sich indifferent zu Gott zu verhalten (1), als die eigentliche religiöse Verzweiflung der Schwäche – vor Gott verzweifelt nicht man selbst sein zu wollen (2), und als die eigentliche religiöse Verzweiflung des Trotzes – verzweifelt man selbst sein zu wollen vor Gott (3).

1. „Die niederste Form von Ärgernis, die, menschlich gesprochen, unschuldigste, ist es, die ganze Sache mit Christus als unentschieden dahingestellt sein zu lassen" (24./25. Abt., 131). Ärgernis (Forargelse) bezeichnet die entschiedenste Bestimmung der Subjektivität; denn im Ärgernisnehmen entscheidet sich, ob das einzelne existierende Subjekt seiner Grundverhältnisse durchsichtig wird oder ob es uneinsichtig verdirbt. Ärgernis hat eine existenziale Verwandtschaft mit Mißgunst und Neid (Misundelse). Es ist derjenige Neid, in dem sich das Dasein wider sich selbst kehrt. Im Ärgernis am absoluten Paradox mißgönnt sich das existierende Selbst das Versöhnungsangebot Gottes aus unglücklicher Selbstbehauptung. In der niedersten Form des Ärgernisses existieren die Indifferenten. Sie nehmen an der Sache mit Christus Anstoß, weil ihnen jene Phantasie und Leidenschaft fehlen, die zur Bewunderung des Außerordentlichen und zur Annahme des Absurden hinreißen. Der indifferente Skeptiker kann nicht bewundern, er läßt alles, was seinen verständigen Vorstellungskreis übersteigt, dahingestellt. So enthält er sich in religiöser Gleichgültigkeit eines Urteils über den Gott-Menschen. Gott auf diese Weise vornehm zu übersehen, ist der unschuldigste Skandal derer, die selbst nicht glauben können, obwohl sie den Glauben anderer tolerieren. Weil sie allzu beschäftigt im Leben stehen, weichen sie dem Anspruch des Christentums aus, sich in dieser Sache auf Tod und Leben zu entscheiden. Das kennzeichnet eine theologische Bewußtlosigkeit, die weder von ihrer Verzweiflung weiß noch an ihr leidet.

2. „Die nächste Form von Ärgernis ist negativ, jedoch im Sinne des Erleidens" (24./25. Abt., 133). Mit ihr steigen Bewußtsein und Verzweiflung des ‚theologischen Selbst' an. Auf dieser höheren Stufe einer Verzweiflung der Schwäche existieren die passiv-verschlossenen religiösen Naturen. Sie negieren, daß die Sache mit Gott und das Paradox Christi zu ignorieren seien, weil ihnen dämmert, daß der Mensch vor Gott existiert. Aber ihr Zutrauen ist zu schwach, um darauf ein ganzes Leben zu setzen. So starren sie untätig auf das Absurde und leiden daran, nicht mit den göttlichen Dingen ins reine zu kommen.

3. „Die letzte Form von Ärgernis ... erklärt das Christentum für Unwahrheit und Lüge" (24./25. Abt., 133). Das ist die aggressive Strategie des Ärgernisnehmens. Sie weicht nicht mehr aus, sondern greift an, und zwar mit glühender Leidenschaft und beweglicher

Phantasie einer Mißgunst, in der sich das theologische Bewußtsein selbst aufzehrt. Der Angriff will Gott und das absolute Paradox des Gott-Menschen zunichte machen. Das ist zunächst dogmatisch christologisch gemeint. Was Christus gewesen ist, kann doketisch oder rationalistisch geleugnet werden. Der Doketismus erklärt den Gott-Menschen für ein göttliches Wesen, das nur dem Scheine nach menschlich existiert hat, der Rationalismus für eine menschliche Existenz, die aber nicht göttlichen Wesens ist. Über solch dogmatische Spaltungen hinaus aber hat sich längst ein Angriffs- und Vernichtungswille gegen das Christliche formiert. Er durchpulst das Bewußtsein der nihilistischen Existenz. Der Nihilist im großen Stile Nietzsches nimmt ausdrücklich am grandiosen Paradox ‚der Gott am Kreuz' Anstoß; der gekreuzigte Gott ist ihm ein Fluch des Lebens. Nietzsche attackiert das Christliche mit seinem erlogenen Dogma von der Sündhaftigkeit; ihm gilt das Christentum – die Perversion von Christus, dem leibhaften, menschlich-edlen Evangelium der Liebe – als Erzeugnis rachsüchtigen Ressentiments in der Bewegung der europäischen décadence. Und der Nihilist erklärt im Namen der Ehrlichkeit Gott (zumal den einen Gott und einen Gottessohn) für eine Dichter-Erschleichung, für Menschenwerk und -wahnsinn, für unsere längste Lüge. Kierkegaards Phänomenologie des existierenden Gottes dechiffriert den heraufkommenden Nihilismus als eine Verzweiflung des Trotzes auf der Bewußtseinshöhe des theologischen Selbst. Er gewahrt in ihr die weiteste Ferne und innigste Nähe zu Gott; denn sie stürzt das Bewußtsein in seine äußerste Krise. Entweder es gelingt ihm, im Ausstehen der Verzweiflung (durch das ästhetische und ethische Existenzstadium hindurch) zum Glauben durchzubrechen, oder die selbstbewußte Verzweiflung des Trotzes feiert die absurde Freiheit eines Prometheus und Tantalos und besingt das Glück des Sisyphos.

7. Existenzvergessenheit. Von der Vermengung der ästhetischen, ethischen und religiösen Sphäre

Das Zeitalter der Gottesferne ist zugleich die Epoche der Existenzvergessenheit. Die verzweifelten Verhältnisse der Wirklichkeit werden in dem Maße undurchsichtiger, in welchem sich die Sphären der Existenz – Poesie, Ethos, Religion – vermengen. „In unserer Zeit wird alles zusammengemengt, man beantwortet das Ästhetische ethisch, den Glauben intellektuell usw. Man ist mit allem fertig, und doch ist man weit davon entfernt, darauf achtsam zu sein, in welcher Sphäre jede Frage ihre Antwort findet" (16. Abt., 2. Bd., 26). Für diese Diagnose liefert das unerschöpfliche 3. Kapitel der im Februar 1846 erschienenen „Abschließende unwissenschaftliche Nachschrift zu den Philosophischen Brocken" eine Begründung. Diese Schrift bildet das große Korrektiv zum System objektiven Denkens. In ihr finden sich drei Aspekte der Geisteskonfusion im Zeitalter der Wirklichkeitsferne grundsätzlich aufgefaßt: Das Ästhetische wird ethisch verdorben (1), das Ethische wird ignoriert (2), der Glaube wird intellektuell mißverstanden (3).

1. Das Ästhetische in seiner reinsten Ausprägung ist die Poesie. In ihr nämlich kommen die eingefleischten ästhetischen Elemente rein zum Austrag: Möglichkeit (Mulighed) und Interesselosigkeit (Interesseløshed). In gedichteten Einzelanblicken erschließt die Poesie Wesensmöglichkeiten des Menschen und seiner Welt. Aber sie verlangt vom Betroffenen für diese Gunst die Verhaltenheit eines interesselosen Wohlgefallens. Folgerichtig findet sich das Wirkliche in der Sphäre der Poesie und im Kreise ästhetischen Existierens gegenüber der Möglichkeit zurückgestellt. Es wird gleichgültig. „Interesselosigkeit ist der Ausdruck für Gleichgültigkeit gegen die Wirklichkeit" (16. Abt., 2. Bd., 19). Immer dann, wenn solche Wirklichkeitsferne als Mangel empfunden wird, unternehmen Poesie und Kunst eine Gegenbewegung. Sie suchen, als Wirklichkeit zu wirken. So aber – unter den immer mächtiger werdenden Parolen der Parteilichkeit, der Tendenzkunst, der littérature engagée – vermengt sich die eigentümlich ästhetische Sphäre mit der ethisch-politischen und verdirbt.

2. Weit unheilvoller noch ist die Verwirrung der ethischen Sphäre. Diese macht die Wirklichkeit vergessen. „Die Wirklichkeit ist die Innerlichkeit, unendlich interessiert am Existieren, welches das ethische Individuum für sich selbst ist" (16. Abt., 2. Bd., 27). Die Wirklichkeit unseres Daseins hat das ethische Handeln zum Richtmaß. An diesem Maße zeigt sich: Das Gedachte ist nicht die Wirklichkeit. Wird das Gedachte zum wahren Wirklichen erklärt, dann verschlingt das Intellektuelle das Ethische. Das vollkommen Ausgedachte wäre schon die Handlung selbst. Den Gedanken zur Handlung machen, heißt nichts anderes, als den Unterschied zwischen Denken (Möglich-

keit, Objektivität, Interesselosigkeit) und Handlung (Subjektivität, Interesse, Wirklichkeit) durcheinander bringen. Das ist ein Sophismus. Andererseits ist es Torheit, das Äußere als das Wirkliche und als Maß der Handlung zu unterstellen. Das kommt im Blick auf das ethisch Gute heraus. Das Gute ist weder wirklich getan, wenn man es denkt, noch ist es wirklich da, wenn man es an seinem Umfang in der äußeren Wirklichkeit abmißt; „denn einer, der keinen Heller besitzt, kann ebenso barmherzig sein wie der, der ein Königreich weggibt" (16. Abt., 2. Bd., 43). Die Wirklichkeit ethischen Daseins besteht in einem inneren Vorgang, der Innerlichkeit, und nicht in einer äußeren Handlung. Innerlichkeit (Inderlighed) meint die Innigkeit und Intensität einer Anteilnahme, mit welcher der Einzelne die Möglichkeit (das bloße Ausgedachte) aufhebt und sich mit einem Vorhaben identifiziert, um darin zu existieren. Sie ist nicht daran prüfbar, ob sie in der Welt etwas ausrichtet oder nicht. Die Wirklichkeit einer Handlung basiert einzig auf der inneren Entschiedenheit, welche ihren Einfluß aus leidenschaftlichem Interesse an einem tauglichen Existieren durchhält.

Für den Zusammenfall des Ethischen mit Wirklichkeit und Innerlichkeit der Handlung konstruiert Kierkegaard einen berühmten Fall anhand der neutestamentlichen Geschichte vom barmherzigen Samariter (Luk. 10, 30 ff. – 16. Abt., 2. Bd., 43–44). Dabei geht es um nichts weniger als um die Wirklichkeit des Ethischen im Falle der Nächstenliebe und mitmenschlichen Barmherzigkeit. Von Interesse ist der Levit, der auf dem Wege von Jericho nach Jerusalem eilig furchtsam an einem Menschen vorüberzog, der von Räubern überfallen worden war. Gesetzt nun, der Levit wäre zur Hilfe zurückgeeilt und zu spät gekommen, weil der Samariter den Leidenden schon zur Herberge geschafft hat, hätte er ethisch gehandelt oder nicht? Vom Standpunkt der Äußerlichkeit ist die Tat der Barmherzigkeit nicht geschehen. Sie hat ja keine Wirkung in der Welt gezeigt. Im Achten auf Innerlichkeit dagegen geschah Entscheidendes. Der Levit hat sich gegen die Furcht und für die Barmherzigkeit entschieden. Natürlich dringt solche Innerlichkeit auf die äußere, bestimmte Tat in konkreter Situation, aber ihre ethische Wirklichkeit hängt nicht am tatsächlichen Erfolg in der Welt. Die Handlung des inneren Entschlusses, das ist allein die Wirklichkeit des Ethischen und die Wahrheit des Wirklichen.

Diese Wirklichkeit menschlichen Daseins wird ignoriert, wo die ästhetische oder die intellektuelle Sphäre das Ethische überlagern. Wer sein Leben ästhetisch oder gar in einer ‚Dichterexistenz' führt, der versteht zwar, daß die Wirklichkeit nicht in der bloßen Gegebenheit und im ‚Bestehenden' der äußeren Welt aufgeht. Aber er überspringt die innere Entschiedenheit, weil er auf poetische Möglichkeiten des In-der-Welt-Sein aus ist. Auf anderem Wege führt die intellektuelle Konzeption des Ethischen von Sein und Wirklichsein weg zum Möglichsein (ab esse ad posse). Sie verlegt die wirkliche Handlung ins Ethisch-Allgemeine und baut so auf eine Gedankenwirklichkeit, der gegenüber der Einzelne in seiner Innerlichkeit gleichgültig wird.

3. Vollends in Vergessenheit rückt die Existenz da, wo die Sphäre des reinen Glaubens verkümmert. Das geschieht, wenn sie mit der ethischen Sphäre vermengt oder gar in ein System der Vernunft hineingezogen wird. Eine Verwechslung mit dem Ethischen liegt nahe, weil die Form des Selbstverhältnisses in beiden Stadien unserer Existenz gleich ist. Sie besteht in der Leidenschaft des Sich-Entscheidens angesichts eines Entweder/Oder und im unendlich interessierten Dringen auf die Wirklichkeit, die je die meine ist. Und doch ist die Gleichsetzung von Frommsein und ethischem Handeln ein Mißverständnis. Eine ethische Existenz bleibt immanent. Ihr liegt letztlich an der je eigenen Existenz, da ihr die Innerlichkeit des Anderen immer nur als Möglichkeit verstehbar wird. Religiöses Existieren dagegen ist Transzendenz. Es nimmt unendliches Interesse an der Wirklichkeit eines Anderen. Ihm liegt alles daran, daß Gott wirklich gewesen ist. „Der Gegenstand des Glaubens ist die Wirklichkeit eines anderen; sein Verhältnis ist unendliche Interessiertheit" (16. Abt., 2. Bd., 28). Erlahmt dieses Interesse, dann ziehen Vernunft und Spekulation das Religiöse in ihr System hinein. So sublimiert sich das Christentum zu einer Lehre von der Einheit des All-Göttlichen, vom Subjekt-Objekt usw., hinter der die Wirklichkeit des Lehrers verdämmert. Hegels großmächtiger Versuch, das in die Krise geratene Christentum beweisend in ein System des (göttlichen) Begriffs zu überführen, mißversteht den Glauben intellektuell. Der spekulative Beweis christlicher Glaubenswahrheiten übersieht, daß der Gegenstand des Glaubens nicht eine Lehre vom Begriff des Absoluten (fides quae creditur), sondern die Wirklichkeit eines Anderen ist. Der Glaube, aus dem existiert wird (fides qua creditur), setzt auf das Paradox eines puren Fak-

tums: daß Gott für mich Mensch geworden ist. – Mit diesen Thesen ist die Vermengung der Existenzsphären roh skizziert. Sie macht das zweideutige Ereignis von Gottesferne und Existenzvergessenheit deutlicher. Und es sollte klarer geworden sein: Erst wenn die Existenzstadien kritisch geschieden sind, kann die verkümmerte Frage nach der Existenz in Wirklichkeit wieder Gehör finden.

8. *Ästhetisches Stadium. Die Idee Don Juans*

Das ästhetische Stadium umgreift eine eigentümliche Existenzweise. Es ist durch das Prinzip der Sinnlichkeit jenseits von kindhafter Unschuld und ethischer Schuld geprägt. Der ästhetisch Existierende bewegt sich nicht mehr in der Unmittelbarkeit des träumenden und noch nicht in der Entschiedenheit des ethischen Geistes. Er hat den Traum der Unschuld verloren, ohne die Entscheidungsgewalt der Freiheit gewonnen zu haben. In ästhetischem Lebenskreis widerstrebt eine schwebende Sinnlichkeit dem Zuspruch des Ethikers, endlich Ernst zu machen und zu verzweifeln. Die Spannweite dieses Stadiums hat dasjenige Werk ausgemessen, das zum Ereignis wurde, weil es (weit über eine tagebuchartige Aussprache mit Regine Olsen hinausdringend) mit dem romantischen und spekulativen Geist brach, nämlich die am 20. Februar 1843 erschienene erste pseudonyme Schrift Kierkegaards „Entweder/Oder. Ein Lebensfragment. Herausgegeben von Viktor Eremita".

Ein erster Entwurf ästhetischen Existierens feiert das Sinnliche als elementares, dämonisches Lebensprinzip, so wie es sich in der christlich-mittelalterlichen Symbolfigur des Don Juan manifestiert hat. Der Abschnitt „Sinnliche Genialität, bestimmt als Verführung" (1. Abt., 93–110) sucht das Rätselhafte der Idee Don Juans am Leitfaden der These aufzulösen, ihr eigentliches Medium sei die Musik. Diese Linie soll nicht verfolgt werden. Innerhalb der Drei-Stadien-Lehre interessiert Don Juan als Symbol der ästhetischen Existenz, d. h. als Repräsentant des Ästhetisch-Sinnlichen im Element erotischer Lust und einer dämonischen Verführungsgewalt zum Sinnlichen. Dabei gehört Don Juan ursprünglich dem Christentum und durch das Christentum dem Mittelalter und seiner Dichtung an. Der christliche Geist nämlich reißt den Zwiespalt zwischen weltlichem Fleisch und ewiger Seele auf, setzt das Sinnliche als negative Macht und brandmarkt das Geschlechtliche. Dadurch kommt das Sinnlich-Erotische in seiner Begierde nach der Welt in die Welt sowie der Kampf mit dem Geist, der sich vom leibhaft Irdischen löst. Als Personifikation sinnlicher Weltfreude im Trotz gegen den erlösenden Geist gehört Don Juan dem Christentum zu und dadurch dem Mittelalter und seiner Symbolik; denn das Mittelalter versinnlicht Ideen und Lebensformen in Symbolen, etwa in der Figur des Ritters, des Scholaren, des Geistlichen, des Laien oder in Repräsentanten wie Faust, Don Quichotte, Ahasver oder Don Juan. Don Juan also ist das mittelalterliche Symbol für die christlich als Versuchung bestimmte sinnliche Genialität.

Die Sinnlichkeit Don Juans ist elementar-dämonisch. In ästhetischer Sphäre bricht das Dämonische als eine die Existenz überwältigende Naturmacht aus. Eros ist ein Dämon. Er bewegt das Dasein Don Juans unaufhörlich, dem Meere gleich, das niemals zu wogen aufhört. Eine solche dämonische Existenz geht naturhaft geschichtslos im ästhetischen Augenblick auf. Da der ästhetische Augenblick nichts ist als der in sich verschwindende, zusammenhanglose und unendlich wiederholte Moment zeitlichen Genusses, der die Zukünftigkeit mit ihrer ‚Dialektik' von Hoffnung und Enttäuschung abschneidet, verschwendet Don Juan auch keinen Gedanken an den Tod. Jeder Epikureismus versetzt das Leben in solche ‚Atome' der Zeit. Und kein ästhetischer Augenblick bildet einen verbindlichen Anfang. Darum existiert das ästhetische Selbst elementar und geschichtslos. Ihm fehlt das Kontinuierliche einer inneren Geschichte. So existiert die Liebe Don Juans nur im Augenblick. Im selben Augen-Blick (Øjeblik) fallen Sehen und Lieben zusammen und sind im Nu vorbei. Im Moment des Genossenhabens ist die erotische Sinnlichkeit schon bei einem anderen, ebenso gleichgültigen Objekt neuen Genusses. Im endlosen Wechsel der Objekte des Begehrens und in der schlechten Unendlichkeit immer anderer und immer gleicher ästhetischer Augenblicke geht in Don Juan selbst keine Veränderung vor. Er existiert wie ein Element der Natur, als endloses Verströmen erotisch-sinnlicher Verführungsgewalt.

In scharfem Kontrast dazu steht Camus, der andere ‚existenzialistische' Deuter des Don-Juanismus. In „Le mythe de Sisyphe" skizziert er Don Juan als einen hellsichtig bewußten Verführer. Für Camus ist Don Juan das Symbol einer vom Absurden ganz und gar durchdrungenen Existenzweise, welche die Absurdität einer Hoffnung auf Sinn, Ziel und Ewigkeit begriffen hat und in fröhlichem Gelächter einen nicht existierenden Gott herausfordert. Don Juans Element ist das Verführen, aber was ihn in Tätigkeit versetzt, ist eine ‚Ethik der Quantität'. Er vervielfacht, jedesmal mit dem Einsatz seiner ganzen Person, den Augenblick des Eroberns, Liebens, Besitzens im Bewußtsein eines zum Tode Verurteilten, der seine Zeit in der Stimmung absurden Glücks ausschöpft.

Die Verführung Don Juans zum Sinnlichen fällt bei Kierkegaard (wie bei Camus) nicht unter die ethischen Bestimmungen Gut und Böse, Schuld und Reue. Sie braucht keinerlei Vorsatz und Reflexion, weder berechnende Schlauheit noch die bestrickende Sprachgewalt der Lüge. Don Juan verführt allein durch die Energie der sinnlichen Begierde, die auf das Weibliche ganz abstrakt als das Sinnliche aus ist. Unterschiede im Geistigen gelten in der ästhetischen Sphäre nichts. Daß Don Juan in jedem Weibe die ganze Weiblichkeit begehrt, darauf beruht das Mitreißende seiner Begierde; sie weckt das Überschäumende des Sinnlichen ungeteilt im Verführten. Die so als Verführung bestimmte elementar-verströmende Sinnlichkeit hat eigentlich nur ein adäquates Medium, die Musik. Und die klassische Verlautbarung der ästhetischen Existenz in dieser ihrer elementar-dämonischen Gestalt hat sich im reinsten aller Kunstwerke ereignet, in Mozarts Don Giovanni.

9. Ästhetisches Stadium II. Wechselwirtschaft.
Zur existenzialen Analyse der Langeweile

Während der Don-Juanismus den Eros als elementar-dämonisches Lebensprinzip feiert, folgt die durchschnittliche ästhetische Existenz eher den Verstandesregeln einer sozialen Klugheitslehre und baut auf die Freiheit der ästhetischen Wahl. Ästhetische Willkür verfährt vergleichend auswählend. Sie zieht etwas Angenehmes einem anderen vor unter dem Maßstab augenblicklichen Genusses; denn im ästhetischen Stadium kennt das Dasein nur Kategorien des Sinnlichen und denkt daher allein in der Dialektik des Angenehmen und Unangenehmen. Leiten läßt es sich von Regeln der Klugheit mit dem Ziel, das ungebundene ästhetische Existieren von sozialen Bindungen freizuhalten. Solche Regeln ästhetischer Freiheit hat der Ästhetiker A – Schlegels „Idylle über den Müßiggang" überbietend – in einem ironischen Essay entworfen: „Die Wechselwirtschaft. Versuch einer sozialen Klugheitslehre" (1. Abt., 301–321). Wechselwirtschaft (Vexeldrift) ist ein Methodenbegriff der Agrikultur. Er lehrt, nicht immer wieder neuen Boden zu bewirtschaften, sondern Fruchtarten und Bewirtschaftungsverfahren zu wechseln. Die regula generalis einer existenzialen Ökonomie schreibt eine Wechselwirtschaft auf dem Boden der sinnlich bestimmten Mitwelt im Zeitraum des ästhetischen Augenblicks vor. Sie lautet: Genieße so, daß in keinem Moment ein Lebensverhältnis fixiert wird, sondern daß jederzeit die Zerstreuung der Langeweile im Wechsel möglich bleibt.

Worin sich ein Lebensverhältnis vor allem festzurennen droht, sind Freundschaft und Ehe, Arbeit und Beruf; denn soziale Bindungen fesseln die ästhetische Freizügigkeit. Freundschaft zählt in der Philosophie zu den Tugenden. Nach Aristoteles trägt die Philia sogar das Recht, d. h. sie ist die notwendige Bedingung menschlichen Zusammenlebens. Eine ästhetische Sozialethik durchstreicht solchen Ansatz. „Ein Freund ist nicht das, was die Philosophie das notwendige Andere nennt, sondern das überflüssige Dritte" (1. Abt., 315). Das überlieferte Kriterium wahrer Freundschaft (idem velle, idem nolle) hat für den Ästhetiker das Odium der Langeweile (idem per idem). Soziale Klugheit lehrt, die Freundschaft nach dem Kriterium der Wechselwirtschaft zu behandeln, und empfiehlt, den Ernst dieser Bindung zu überspielen, um das Eingehen wie das Auflösen einer Freundschaft jeden Augenblick in der Schwebe halten zu können. Entsprechend unterbindet die soziale Vorsicht einer Wechselwirtschaft auch die Gemeinschaft der Ehe. Unter ästhetischen Kategorien betrachtet, fällt jede Ehe mit der Zeit unausweichlich der Langeweile und dadurch der Treulosigkeit anheim. Allein derjenige entkommt der erotischen Frustration, dem es gelingt, immer aufs neue die erste Liebe zu genießen. Zu solchem Wechsel gehören Courage zum Abbrechen und eine Kunst des Vergessens. In rechter Weise zu vergessen, das ist eine andere Hauptvorschrift sozialer Klugheitslehre. Die subtile Artistik, selbst das Angenehme als ein Vergangenes zu vergessen, schneidet verödete Bindungen innerhalb der Mitwelt ab. Sie löscht die Erinnerung daran aus, daß der Andere früher etwas bedeutet hat, und macht so die Hände für unterhaltsame Abwechslungen im rechtsfreien Raum des Erotischen frei. Und Flucht vor der Monotonie ist auch das Motiv einer dritten sozialen Klugheitsregel. Diese schreibt vor, sich niemals einer stetigen Berufsarbeit zu unterziehen; denn die Arbeit bindet an ein bestimmtes Geschäft, eine feste Stellung, gar an einen Rang und Titel und entfremdet dadurch die ästhetische Existenz. Sie macht ihr die vertraute Sphäre, in welcher Willkür und Zufall, Glück und Unglück launenhaft zusammenspielen, fremd. Und das Berufsgeschäft pervertiert die ästhetische Existenz vom eigenwilligen Herrn über sich selbst zum untergeordneten Knecht. Es schleift jedes Individuum zu einem Dutzendmenschen ab, verdinglicht es zum Teilchen in der Maschine des Staatsapparates und unterwirft es dem großen Gesetz im Reiche der entfremdeten Arbeit, dem Avancement. Demzufolge sucht jeder jeden Anderen im eigenen Vorwärtskommen zu überholen bzw. zurückzuhalten und den gewonnenen Abstand möglichst durch einen Titel zu verewigen. Freilich – dieses Treiben ist auf die Dauer eines Lebens langweilig. „Das Gesetz, unter dem man dabei front, ist gleich langweilig, ob nun die Beförderung rasch ist oder langsam" (1. Abt., 318). Solcher Langeweile entkommt das Dasein nur durch eine müßiggängerische Beschäftigung aus Lust und Laune nach dem Gesetz der Wechselwirtschaft. (In dieser Hinsicht hat Kierkegaards satirischer Entwurf der ästhetischen Arbeitswelt durchaus Züge jener polybukolischen Freizeitbeschäftigung, welche das Reich der Freiheit bei Marx konstituiert.)

Alle drei erläuterten gesellschaftlichen Regeln gehen auf eine Grundbestimmung des Menschen zurück. Sie basieren dabei nicht auf der überlieferten Definition, „daß der Mensch ein geselliges Tier ist" (1. Abt., 307), sondern auf deren Umformung: Der Mensch ist das Lebewesen, das sich langweilt. Weil der Mensch sonach wesenhaft in Langweiligkeit (Kjedsommelighed) existiert, scheidet sich die Gesellschaft in zwei Klassen. Die erste – der Adel – langweilt sich selbst, die zweite – die Plebs – langweilt andere. Und so enthüllt sich der Mensch als ein zuhöchst gefährdetes Wesen; denn Langeweile, die Leere einer sich endlos dehnenden Zeit und das Nichts an Abwechslung in eintönigem Einerlei, ist die Wurzel aller Übel. Aus Langeweile verführte Eva den Adam, und aus Langeweile erbauten die Völker den Turm von Babel. Um die Übel der Gesellschaft an der Wurzel zu heilen, muß die Langeweile methodisch zerstreut werden. Eben solche Zerstreuung betreibt die Wechselwirtschaft. Sie treibt dabei nicht etwa die Neugier zu immer wieder Neuem an (das Komplement der Neugier heißt Langeweile), sie sucht Erneuerung des Alten nach den Sozialregeln des Wechsels. Das alles ist unernst und ästhetisches Spiel. Wie es im Ernst um die existenzialen Bezüge von Zerstreuung und Langeweile steht, hat Blaise Pascal, das einzige religiöse Genie im Cartesianischen Zeitalter, ans Licht gebracht (vgl. Pensées éd. L. Brunschvicg fr. 139–143). Pascals Analyse hält sich an das landläufige Treiben der Menschen und vorzüglich an das Getriebe der ‚großen Welt‘. An ihr wird überdeutlich, worin der Mensch sein Glück zu suchen pflegt, nämlich in der Zerstreuung (divertissement). Das höfische Leben hat die Zerstreuungen in Tanz, Ballspiel, galanter Konversation, in Jagd und Kriegszügen, aber auch in der Betriebsamkeit von Geschäften und Intrigen, in der Jagd nach Ruhm und Prestige aufs Glänzendste kultiviert. Bei Hofe ist die Wechselwirtschaft methodisch für das Glück des Königs organisiert. Nun liegt solches ‚Glück‘ eigentlich in einer seltsamen Intensität der Selbstvergessenheit. Zerstreuung ist ein Umtrieb, der mit atemloser Konzentration und in vollständiger Selbstlosigkeit um des Umtriebs selbst willen betrieben wird. Im Tanz geht der Tanzende ganz darin auf, seine Schritte nach dem Takt der Musik zu lenken. Im Spiel setzt der Spielende all sein Trachten daran, den zugespielten Ball optimal zurückzuschlagen. Auf der Jagd konzentriert sich alles darauf, den Hasen waidgerecht zu erlegen. Dabei geht es nicht um die zu gewinnenden Dinge. Geschenkt ist der Hase dem Jäger gleichgültig. Es geht einzig um die in Atem haltende Selbstvergessenheit des Spielens und Jagens selbst. Woher aber kommt die Sucht solcher Zerstreuung um der Zerstreuung willen, wenn nicht aus dem Anreiz der Dinge? Der Ursprung für die Tendenz des Menschen, sich aus seinem Zentrum in die Weite der Welt auszubreiten, muß in ihm selbst liegen. In Wahrheit ist das Sich-Zerstreuen die Bewegung einer Flucht. Der Mensch flieht in die Unrast eines scheinbar sorglosen alltäglichen Treibens, weil er es bei sich selbst nicht aushält. Er stürzt sich in Spiel und Jagd und Geschäftigkeit, weil all das ihn davon ablenkt, sich mit der eigenen Existenz zu beschäftigen. Zerstreut sich der Mensch dagegen nicht in Spiel und Geschäftigkeit, kommt Langeweile auf. Die Langeweile (l'ennui) ist jene Grundstimmung, in welcher das Selbst seiner undurchdringlichen Weltverlorenheit begegnet. Eine wechsellose Eintönigkeit läßt die Leere der Welt fühlen, die aus der eigenen Leere erwächst. Daher ist das Gefühl der Langeweile von düsterer Fahlheit und treibt in die Verzweiflung; denn sie macht die Nichtigkeit einer Existenz spürbar, die rettungslos dem Tode ausgeliefert ist. Langeweile ist der Ort der unmittelbaren Entdecktheit des Todes. Das Tableau des in Zerstreuungen vergnügten Daseins weicht einem ganz anderen Bilde. „Man stelle sich eine Anzahl von Menschen vor, in Ketten und alle zum Tode verurteilt, von denen alle Tage einige vor den Augen der anderen erwürgt werden; die übrig bleiben, erblicken ihre Lage in der ihrer Mitgefangenen, schauen einander mit Schmerz und ohne Hoffnung an und warten, bis die Reihe an sie kommt. Das ist das Bild vom Dasein des Menschen" (fr. 199). So gesehen, zeigt sich die Zerstreuung als eine Flucht vor dem menschlichen Elend. Und da die Langeweile aus dem Grunde unserer Seele aufsteigt, hat diese Flucht vor uns selbst ihren Ursprung in uns. Aus dieser Konstellation ergibt sich für den Pascalschen Ernst eine der sozialen Klugheitsregel widersprechende Lebenshaltung. Diese verbietet, der Langeweile in ästhetischer Wechselwirtschaft zu entgehen, sie gebietet, sich im Bestehen der Langeweile so in sich zu versammeln, daß der Einzelne in den je eigenen Tod und die menschliche Nichtigkeit hinaussteht. Der Ethiker B, in „Entweder/Oder" Dialogpartner des Ästhetikers A, geht nicht so weit. Aber er spricht die treffende Erkenntnis nach, alles Ästhetische als solches sei Verzweiflung und Selbstverlorenheit, und setzt den Regeln der Klugheit einen ethischen Imperativ entgegen: Lerne verzweifeln! Nur Verzweiflung kann dem bis zum Raffinement verfeinerten passiven Selbstgenuß ein Ende machen, insofern ihre Qual die Leere des ästhetischen Selbst enthüllt. Für einen Ethiker, den Verfechter der Sittlichkeit und deren Bindungen, kommt das Dasein zu sich, wenn es sich in Entschiedenheit selber wählt. Durch Verzweiflung und ethische Wahl tritt das Dasein aus dem Stadium des Scheins in das der Wirklichkeit ein.

10. Die Kategorie der Wahl in ethischer Wirklichkeit

Wahl (Valg) ist die einzige Kategorie im Stadium ethischer Existenz. Zwar scheint auch der Ästhetiker zu wählen, „aber eine ästhetische Wahl ist keine Wahl" (2./3. Abt., 177). Der ästhetischen Willkür im leichtfertigen Auswählen des jeweils Angenehmsten fehlt es an Ernst, Energie und Leidenschaft inneren Handelns. Durch ästhetische Auslese wird keine Persönlichkeit das, was sie wirklich ist. Dazu ist ethische Wahl nötig, und zwar in allen ihren vier Aufbaumomenten: Selbstwahl, Gut und Böse, Freiheit und Gleichgewicht. Eine Analyse ehtischer Existenz hat mithin diese vier konstitutiven Momente der Wahl freizulegen, die dialektische Struktur des Sich-selber-Wählens (1), das Verhältnis des Guten und Bösen zum Sich-selber-Wählen (2), die Freiheit als das höchste Gut (3) und die menschliche Freiheit im Verhältnis zum Gleichgewicht zwischen dem Ästhetischen und dem Ethischen (4). In einer großen Briefabhandlung hat der Ethiker B in „Entweder/Oder" die Kategorie der Wahl unter dem programmatischen Titel „Das Gleichgewicht zwischen dem Ästhetischen und dem Ethischen in der Herausarbeitung der Persönlichkeit" (2./3. Abt., 165–356) abgehandelt.

1. Kierkegaard übersetzt die vieldeutige Inschrift des Apollo-Tempels in Delphi – Hegel zuwider – mit der Wendung: Wähle dich selbst. Dieser Imperativ stellt nicht den wissenden Gott Apoll unter das Gesetz reiner Selbsterkenntnis, er treibt den freien Menschen unter dem Gesetz der Endlichkeit in die rätselhafte Wirklichkeit seines Existierens. Das Rätsel der Selbstwahl nämlich ist der Widerspruch von Freiheit und Endlichkeit. „Die Wahl vollzieht hier mit einem Schlage folgende zwei dialektische Bewegungen: Das, was gewählt wird, ist nicht da und entsteht durch die Wahl; das, was gewählt wird, ist da, sonst wäre es keine Wahl" (2./3. Abt., 229). Der Akt des Sich-selber-Wählens (at vælge sig selv) lebt aus dem Widerspruch. Das, was gewählt wird – nicht irgendein innerweltlich Vorhandenes, sondern das eigene Selbst – ist da und ist nicht da. Es ist nicht vorhanden wie etwa eine Pflanze in der Weise naturhaften Vorkommens. Es bildet sich eben erst aus Freiheit zu dem, was es ist. Zugleich aber ist das gewählte Selbst da. Es schafft sich nicht aus nichts, sondern wählt *sich* – als ein vorausgesetztes Faktum. Und niemals kann das Sich-Wählen diese Faktizität tilgen. Mithin ist das gewählte Selbst zugleich da und nicht da, jedoch nicht in derselben Hinsicht. Es ist da im Modus der Möglichkeit, nicht da im Modus der Wirklichkeit. Das will existenzial, nicht kategorial-aristotelisch verstanden werden. Daseiende Möglichkeit bestimmt seinsmäßig die Existenzweise faktischer Unmittelbarkeit, sei diese unschuldig-indifferent oder ästhetisch-unentschieden. Nicht daseiende Wirklichkeit bestimmt seinsmäßig die Existenzweise der Selbstentschiedenheit,

die eigens aufgebracht, gewählt und entworfen werden muß. Das Existenzial des Sich-selber-Wählens hat somit nicht die Verfassung eines seienden, sondern eines aufzuhebenden Widerspruchs. Und dieser läßt zwei ‚dialektische', d. h. gegenwendige Bewegungen entspringen. Die erste geht auf etwas Unmittelbares, das faktische Selbst, zurück, die andere Bewegung läuft auf das nicht daseiende Selbst vor. Schärfer gefaßt: Eine ethische Wahl geht auf das unmittelbare Selbst zurück, um es mit seiner entschiedenen Wirklichkeit zu vermitteln. Das Sich-selber-Wählen vollbringt die Einheit einer Bewegung, welche das faktische Selbst zugleich voraussetzt und aufhebt.

2. Selbstwahl schließt die Urwahl des Guten ein. Dieser These zufolge ist die ästhetische Sphäre nicht als das Böse zu verwerfen. In ästhetischem Lebenskreis stellt sich das Gute eben nicht in Differenz zum Bösen und das Böse nicht als Gegensatz zum Guten auf. Und weil dieser Unterschied in seiner Entschiedenheit verborgen bleibt, wählt der ästhetisch Existierende auch gar nicht *zwischen* Gutem und Bösem. Erst eine ethische Wahl ergreift das eigene Selbstsein in Entschiedenheit und zieht dadurch die Unterschiedenheit von Gut und Böse mit sich. Freilich muß sofort eine Eigenart dieser Antithese in Rechnung gestellt werden. Der Geist ethischer Entschlossenheit setzt und synthetisiert diesen Gegensatz nicht auf die gleiche Weise, wie er alle Antithesen von Endlichkeit und Unendlichkeit einigt. Jene sucht der erwachte Geist zu vermitteln, das Böse will er ausschließen. Das entschiedene Wählen des Unterschieds von Gut und Böse will das Gute unter Ausschluß des Bösen. Zureichend gedacht, wählt die ethische Wahl nicht primär zwischen Gutem und Bösem, sie bringt den radikalen Gegensatz von Gut und Böse, in dessen Licht zwischen Gutem und Bösem gewählt werden kann, allererst zutage. In der ursprünglichen Wahl wähle ich mich selbst als den, der überhaupt zwischem Gut und Böse zu wählen hat. Und solche Primärentscheidung ist das menschlich Gute. Es steht gut dafür, daß der Mensch als Mensch gedeihen kann.

3. Somit ist das höchste Gut nicht etwas inhaltlich Bestimmtes, das man ausgrenzen und unter anderen Gütern auswählen kann. „Das Gute läßt sich schlechterdings nicht definieren. Das Gute ist die Freiheit" (11./12. Abt., 114). Nur wer ästhetisch existiert, sucht ein definitives Glück: wohl zu leben und jeden Augenblick zu genießen. Was freilich zuletzt ein so schönes Leben der Lust ausmacht, das wird

vielfältig bestimmt, als Gesundheit etwa oder Schönheit, Reichtum, Ehre, Adel, Entfaltung des Talents usw. Der Ethiker B rechnet – wie alle Ethiker von Aristoteles bis Kant – den Hauptmangel solcher Glücksbestimmungen heraus. Ästhetische Güter genügen sich nicht selbst. Sie erfüllen nicht den Anspruch, unbedingt und ohne Einschränkung gut zu sein. Hängt sich das Dasein gänzlich an ein solches Gut, dann wird es vom Äußerlichen abhängig, der Schönheitsbegeisterte oder der Gesundheitsapostel von den Glücksgaben der Schönheit und Gesundheit, der Ehrsüchtige von der Ehrung durch andere, der Besitzgierige vom Bestand seines Reichtums usw. Das einzige Gut, das an und für sich gut ist, ist die Freiheit; denn sie besteht allein in der Wirklichkeit dessen, der sich selber wählt. „Das Gute ist das an und für sich Seiende, gesetzt von dem an und für sich Seienden, und das ist die Freiheit" (2./3. Abt., 239).

4. Vom Standpunkt der Freiheit aus zeichnet sich die Grundfrage ethischen Selbstwerdens ab: Wie kommt das Gleichgewicht zwischen dem Ästhetischen und dem Ethischen in der Herausbildung der Persönlichkeit zustande? Solches Gleichgewicht resultiert aus der Dialektik einer Bewegung, nämlich aus der Einheit der zwei gegenläufigen Prozesse von Isolation und Kontinuität (Isolation – Continuitet SV², II 283). Die erste ethische Regung des Selbstwerdens sondert das Selbst aus den faktischen Verhältnissen der sinnlichen Welt aus und versetzt es in die Unendlichkeit seiner Freiheit. Sofern diese Bewegung die sinnlich-leibhafte Sphäre übersteigt, droht sie das Selbst in eine leere Einsamkeit außerhalb der sinnlichen Mitwelt zu stellen. Solche Gefahr ethischer Leidenschaft zeigt sich auf extreme Weise an der Existenzform des Mystikers und Anachoreten. Dieser zieht sich gänzlich aus der für ihn toten Welt zurück, um aus reinem Gemüt in der Liebe Gottes zu existieren. Auf dem Wege vollkommenster Isolation läßt er alle konkreten, von Gott gesetzten Verhältnisse hinter sich und wird zudringlich zu Gott. „Des Mystikers Fehler ist, daß er in der Wahl nicht konkret wird für sich selbst und ebenso nicht für Gott" (2./3. Abt., 264). Isoliert durch abstrakte Freiheit, kann sich das Dasein nicht mit sich zur Persönlichkeit zusammenschließen. Dem Übergewicht eines einseitig isolierenden Ethos fehlt es am Gegengewicht des konkret Ästhetischen. Um die Persönlichkeit ins Gleichgewicht zu bringen, bedarf es einer Gegenbewegung, der ‚Kontinuation'.

So wie die Bewegung der Isolation aus allen konkreten Bezügen herauslöst, so hält die Bewegung der Kontinuation das Dasein geschichtlich mit sich, seiner Umwelt und Mitwelt zusammen. Sie konstituiert das ethische Selbst zu einem geschichtlichen Wesen und reißt es aus der Geschichtsverlorenheit und zeitlichen Diskontinuität heraus. Wer ästhetisch existiert, konzentriert sein Leben je auf den ästhetischen Augenblick. Er blendet das Zukünftige, d. h. die Aussicht auf den Tod als den Entzug der Sinnlichkeit, ab und vergißt alle Bindungen zu Herkunft und Geschlecht. Was der Ästhetiker meidet, die geschichtliche Identität, das sucht der Ethiker. Darum vollbringt er eine Bewegung, welche das Kontinuum nivellierter Zeitmomente zur Einheit einer Geschichte zusammenschließt. Durch diesen Zeit (Tid) und Geschichte (Historie) bildenden Prozeß erst identifiziert sich das Individuum schuldbereit mit seiner Vergangenheit und Zukunft. Und weil diese Bewegung die konkreten Bezüge zu den Anderen in die persönliche Geschichte des Einzelnen einbindet, kehrt sich die unendliche Einsamkeit ethischer Wahl von sich her den konkret-geschichtlichen Aufgaben der Mitwelt zu. Nur im Vollzuge des Umschlags von der Isolation in die Kontinuität wird der Mensch zum sozialen Wesen, er ist es nicht unmittelbar von ‚Natur'. Erst durch die Bindungen der Freundschaft, Ehe, Arbeit im Staat bewährt sich die Bestimmung persönlicher Freiheit. Kierkegaards ethisches Konzept verurteilt mithin jegliche geistliche wie weltliche ‚Klostertheorie' als eine abstrakte Vereinseitigung in der Herausbildung der Persönlichkeit. „Das Selbst, welches das Ziel ist, ist nicht bloß ein persönliches Selbst, sondern ein soziales, ein bürgerliches Selbst" (2./3. Abt., 280). Nicht in isolierender Einsamkeit, sondern in geschichtlicher Konkretion kommen das Ästhetische und Ethische ins Gleichgewicht, und nur dadurch schließt sich eine Persönlichkeit mit sich selbst zusammen. Dabei bleibt sie nicht dieselbe; denn sie trennt sich ja vom ästhetischen Sein. Aber sie wird nicht eine andere, sondern gerade sie selbst; denn ethische Existenz konkretisiert ihre Freiheit im Kontinuum ihres In-der-Welt-Seins. Die alles ins Wanken bringende Zweifelsfrage aber zielt auf die kontinuierende Bewegung, durch welche das Dasein ins Gleichgewicht zurückkehrt. Solche Frage zieht die Autarkie des ethischen Stadiums und die Selbstherrlichkeit menschlicher Freiheit in Zweifel: Steht die Rückkehr aus der Unendlichkeit unserer Freiheit zum Endlichen wirklich in des Menschen Macht?

11. Dialektik des Glaubens. Die Geschichte von Abraham

Die im Grunde ungeheuerliche Doppelbewegung von Weltentsagung und Weltgewinn erfüllt sich erst im Glauben. Erst sein Vollzug hebt die in sich kraftlose ethische Dialektik von Isolation und Kontinuität auf die Höhe des religiös-ethischen Existenzstadiums. Der Glaube (Tro) vollbringt, „nachdem er die Bewegungen der Unendlichkeit gemacht hat, die der Endlichkeit" (4. Abt., 46). Dies eben ist oft verkürzt worden, daß der Glaubensprozeß zwei Phasen durchläuft, die Bewegung ins Unendliche kraft der Resignation und die Gegenbewegung ins Endliche kraft des Absurden. Allein eine Synthesis von Unendlichem und Endlichem kraft der Resignation und des Absurden konstituiert das gewagteste Stadium menschlicher Existenz. Festzuhalten, daß das Leben im Glauben eine dialektische Bewegung ist, darauf kommt alles an. Nimmt man den Glauben undialektisch und abstrakt, dann erleidet er eine zweiseitige Entstellung. Wird einseitig die Bewegung der Resignation herausgehoben, dann tendiert der Glaube zu bloßer Weltflucht. Er tendiert umgekehrt zur reinen Praxis der Weltveränderung, wenn die Bewegung der Endlichkeit verabsolutiert wird. In Wahrheit schließt der Glaube beide Bewegungen in sich ein. Er ist da als die Einheit eines Prozesses, welcher durch eine Abkehr von der Welt in die Wiederkehr zur Welt umschlägt. Sich in Aussonderung aus allen Weltverbindlichkeiten in Zeit und Endlichkeit heil in der Welt wiederzubekommen, aus diesem absurden Glauben lebt die religiöse Existenz. Darum ist „der Glaubensritter" nicht ein Fremdling in der Zeit, sondern „der Stammhalter der Endlichkeit" (4. Abt., 62).

Ohne Resignation kein Glaube, wiewohl zu resignieren nicht schon glauben heißt. Die Bewegung der unendlichen Resignation markiert jene Phase, die dem Glauben vorhergeht, aber nicht mit ihm zusammenfällt. Unter diesen kritischen Vorbehalt hat sich die Zergliederung der unendlichen Resignation zu stellen. Sie hebt fünf Strukturmomente heraus. Alle sind für die Bildung des Glaubens unerläßlich (vgl. „Furcht und Zittern""; 4. Abt., 42–66). Der Resignierende entsagt. Seine unendliche Entsagung verzichtet nicht auf diese und jene Annehmlichkeit, sie reißt die ganze Existenz aus dem Gesamt ihrer Geborgenheiten los (a). Dabei handelt der Resignierende aus unbestechlicher Einsicht. Er sieht ein, daß gerade das, worauf er sein Leben gesetzt hatte, nicht möglich ist. Nur Toren und Jünglinge halten sich für fähig, alle Idealität in Realität zu übersetzen (b). Der Resignierende gewinnt dafür sein ewiges Selbst; seine unendliche Resignation macht ihn frei von den endlichen Dingen und frei für das ewige Selbstbewußtsein (c). So erfüllen ihn zugleich Freude und Schmerz. Unendliche Resignation stimmt in den Schmerz, von dem Liebsten in der Welt Abschied genommen zu haben. Zugleich versöhnt sie den Entsagenden in einer Ruhe, die jenseits aller schwankenden Hoffnung und Furcht liegt (d). Und solche Bewegung wehmütiger Entsagung vollzieht der Resignierende aus eigener Kraft. Unendliche Resignation ist eine „rein philosophische Bewegung" (4. Abt., 59). Sie vollzieht die Bewegung der Reflexion, welche sich von den determinierenden Dingen außer-uns losreißt und sich auf das ewige Selbst zurückbiegt, und zwar im Akt der sich selbst wählenden Freiheit (e). Aber erfüllt sich in solchem Prozeß freier Resignation schon die Bewegung des Glaubens? Besteht dessen Mut etwa einzig darin, auf die zeitlichen Güter Verzicht zu leisten, um sich das ewige Leben zu sichern? Die existenziale Dialektik durchstreicht die These, Glaube und resignierende Weltflucht seien eins. Kierkegaard findet in der Bewegung der Endlichkeit das wesentliche Stadium des Glaubens. Damit ändert sich der Bezug zu Jenseits und Transzendenz von Grund auf. Die Bewegung der Existenz zum Ewigen und zur ‚Transzendenz' wendet sich vom Jenseits zum Diesseits, zur Zeit und Endlichkeit zurück, welche das Jenseits in sich aufnehmen. „Die Zeitlichkeit, die Endlichkeit ist es, um die sich alles dreht" (4. Abt., 61).

Welche Kraft aber bringt die Bewegung der Endlichkeit zustande? Die einschneidende negative Antwort lautet: nicht die eigene menschliche Kraft. Damit werden das Ethische und seine Freiheit endgültig suspendiert. Ethisch gesprochen, liegt nur die Bewegung der Isolation, nicht aber die der Kontinuation bei uns. Gerade weil die Geistesfreiheit die Bewegung ins Unendliche ermöglicht, versagt sie vor der Rückkehr ins Endliche. Eine unendlich resignierende Existenz erschöpft die Kraft geistiger Freiheit darin, ihrer Welt zu entsagen, und verzichtet so aus Freiheit auf die Freiheit, ihre Ideale von sich her in der Welt zu realisieren. Nun ist es ein Widerspruch, dieselbe Kraft für die Gewinnung des Endlichen aufzugeben und zu beanspruchen. Folglich nährt sich die Bewegung des Endlichen nicht aus Kräften der menschlichen, willenhaften Vernunft. Sie geschieht, sofern sich die

Existenz ins Absurde stürzt. Das nämlich ist der positive Bescheid in dieser Lebensfrage. Der Rückstoß ins Endliche geschieht kraft des Absurden. Was aber ist das Absurde in der Sphäre religiöser Existenz?

Das Absurde heißt auch „das absolute Paradox". Es grenzt sich damit von allen bloß relativen Paradoxa des Verstandes ab. „Das Absurde gehört nicht zu den Unterscheidungen, die innerhalb des eigentümlichen Verstandesbereiches liegen. Es ist nicht identisch mit dem Unwahrscheinlichen, dem Unerwarteten, dem Unvermuteten" (4. Abt., 58). Unwahrscheinlich nennt man solches, was allem Anschein nach nicht eintritt, das aber nicht gänzlich auszuschließen ist (det Usandsynlige); der Verstand sucht es daher in einem Wahrscheinlichkeitskalkül der Häufigkeit auszurechnen. Unerwartet kommt ein zukünftiges Gut oder Übel, das keiner verständigen Erwartung entspricht (det Uventede); der Verstand sucht Unerwartetes gleichwohl in seine Planungen einzubeziehen. Unvermutet endlich ist Unwahrscheinliches, das wider alles Erwarten plötzlich das Dasein überrascht (det Uformodede); vor ihm schützt sich der Verstand, indem er Versicherungen, vor allem gegen den unvermuteten Tod, abschließt. Alle drei Modi sind ‚wider den Verstand', aber so, daß dieser das Unwahrscheinliche vom Wahrscheinlichen scheidet und es als Negation auf die Position der Wahrscheinlichkeit bezieht. Derjenige nun, der das Wahrscheinliche zum Lebensprinzip macht und sich gegen alles Unwahrscheinliche absichert, ist der Spießbürger. So wird ein Spießbürger z. B. eine Frau heiraten, deren Schönheit vermutlich lange hält und die aller Wahrscheinlichkeit nach gesunde Kinder gebärt. Und so trifft die letzte metaphysische Definition des Menschen als ‚Lebewesen, das plant', das Dasein in seiner spießbürgerlichen Existenzform. Der Spießbürger relativiert eben alles Paradoxe und reduziert es prinzipiell auf Gesetze der Wahrscheinlichkeit. Für das Absurde hat er keinen Sinn. Zumal das absolute Paradox fällt aus dem Bereich des kleingeistigen Verstandes heraus. Der Glaube dagegen hat nichts mit Berechnung zu tun, etwa mit der Erwartung, Gott werde dem, der auf das Endliche verzichtet, alles vergelten, sei es im Himmel oder schon auf Erden. Dem Glaubenden ist das Risikokalkül der ‚Pascalschen Wette' fremd.

Die Grundzüge der existenzial lehrreichen Pascalschen Argumentation sind bekanntlich folgende (fr. 233): Ob Gott existiert oder nicht, beides ist von gleicher Wahrscheinlichkeit. Entsprechend ist es um nichts mehr oder weniger wahrscheinlich, daß der Tod endgültig ist oder daß es ein ewiges Leben gibt. An der unfaßlich-unkörperlichen Unendlichkeit nämlich versagen alle Erkenntnisse eines körperhaft-endlichen Wesens, das in die ewige Verzweiflung (désespoir éternel) eingetaucht ist, weder seinen Ursprung noch sein Ziel zu kennen (fr. 72). Muß nun der Sterbliche in dieser Frage eine Entscheidung treffen, ohne sich durch Verstandesgründe rückversichern zu können, dann gerät er in die Situation eines Spielers, der auf „Kopf oder Schrift" wettet. Wie aber stehen bei dieser Wette Gewinn und Verlust zueinander? Im 1. Fall existiert Gott nicht, und der Tod ist wirklich ein endgültiges Ende. Setze ich dabei auf Gott, dann habe ich nichts gewonnen und dieses weltliche Leben der Zerstreuung darangegeben. Setze ich nicht auf Gott, dann habe ich nichts verloren, sondern das Leben weltlichen Vergnügens behalten. Im 2. Falle dagegen existiert Gott wirklich, und der Tod ist ein Übergang zum ewigen Leben. Setze ich hierbei nicht auf Gott, dann habe ich die Unendlichkeit für ein kurzes, zerstreutes Leben in verderblichem Ruhm und Vergnügungen verloren. Wette ich dagegen auf Gott, dann gewinne ich für die Annehmlichkeit eines nichtigen Lebens eine Unendlichkeit an Glück. Und nun sollte doch einleuchten: Der Einsatz in dieser Wette, diese kurze Spanne wirklichen Lebens, steht in keinem Verhältnis zum möglichen Gewinn. Für einen Spieler, der das Risiko kalkuliert, ist das überzeugend genug, um auf „Gott" zu wetten. Wie also steht es mit dem Skandal der Pascalschen Wette? Hat etwa Pascal, der Mitbegründer der Wahrscheinlichkeitsrechnung, ein Existieren im Glauben nach Regeln der Wahrscheinlichkeit vorkalkuliert und das religiöse Paradox auf die Seite gebracht?

Für Pascal – und seinen späten Erben, Kierkegaard – gilt: Das Argument der Wette kann nur denjenigen überzeugen, der aus solchem Stoff ist, daß er nicht glauben kann. Für den Glaubenden ist alle Berechnung des Verstandes in ‚ewiger Verzweiflung' untergegangen. Er setzt auf ein Wagnis wider alle Vernunft und existiert im Frieden einer Glaubensgewißheit, die in der ‚Logik des Herzens' gründet. Von solcher, die Unruhe menschlichen Daseins befriedenden Gewißheit im ursprünglichen Gefühl des ‚Herzens' zeugt das berühmte Mémorial Pascals, jenes Blatt, das man nach seinem Tode im Futter seines Rockes eingenäht fand. „Dieu d' Abraham, Dieu d' Isaak, Dieu de Jacob. non des philosophes et des savants. Certitude. Certitude. Sentiment. Joie. Paix" (Pensées éd. L. Brunschvicg I, 4).

Die Geschichte von Abraham in „Furcht und Zittern" erzählt, wie das Absurde einst in seiner urtümlichen existenzialen Gestalt für wahr gehalten wurde. Das Absurde oder das absolute Paradox geht die religiöse Existenz in einer dreifachen Weise an. Das ontologische Paradox beansprucht die Wahrheit, daß der Einzelne unmittelbar vor Gott ist. Das christologische Paradox verkündet die Wahrheit, daß der Gott-Mensch Christus für mich gestorben ist. Das eigentliche ‚pistologische' Paradox stellt als Wahrheit hin, daß der Einzelne, indem er das Liebste in der Welt Gott opfert, eben dadurch seine Welt heil wiederbekommt. Um auf diese absurde Wahrheit seine Existenz zu setzen, muß das ethische, sich selbst wählende Dasein in das Stadium des Glaubens übergegangen sein. Und solcher Übergang geschieht in unendlicher Resignation durch Furcht und Zittern hindurch. Auf diesem Wege wird Abraham zum Vater des Glaubens. Er resigniert unendlich und stürzt sich ins Absurde. Kraft unendlicher Resignation sondert sich Abraham aus der glücklichen Geborgenheit in Ehe, Familie und Volk aus. Er entsagt dem ruhigen Gleichgewicht sittlicher Existenz, als er sich entschließt, das Liebste in der vertrauten Welt wider allen ethischen Sinn und Zweck zu opfern. Und er geht durch Furcht und Zittern hindurch; denn er fürchtet das ethisch Furchtbarste, Mörder seines Sohnes zu sein, und er zittert darum, ein Gottesfürchtiger zu werden. Angst war die Übergangskategorie von der unmittelbaren in die ethisch bewußte Existenz. Furcht und Zittern bilden die Übergangskategorie vom ethischen ins religiöse Dasein. Ohne diese Furcht und solches Zittern wäre Abraham nicht der, der er ist. Er schließt die Augen des Verstandes und stürzt sich ins Absurde. Er setzt das Heil seiner Existenz auf etwas, das außerhalb menschlicher Kräfte und jenseits aller Wahrscheinlichkeit liegt. Menschliche Berechnung hat im Elemente von Furcht und Zittern längst aufgehört. Abraham weiß in seinem Herzen, daß er Isaak, indem er ihn opfert, wiedergeschenkt bekommt. So ist der Glaubende sicher, die Welt, aus der er sich resignierend ausordnet, in Frieden zurückzuerhalten. Glaubensgewißheit baut darauf, daß bei Gott kein Ding unmöglich ist. In Furcht und Zittern suspendiert das menschliche Selbst die Kraft seiner Freiheit und ergibt sich der Macht, welche allein das Gleichgewicht seiner Existenz wiederherstellen kann. Nun könnte man diese Geschichte von Abraham aus den Umständen ihrer Zeit verstehbar machen, und die historische Pentateuch-Forschung verfolgt diesen Weg. Dann geht sie uns nichts an. Oder diese Geschichte kann existenzial wiederholt werden. Dann reicht ihre Wahrheit in jegliches Leben und in unsere Zeit hinein. „Laß uns denn entweder einen Strich durch Abraham ziehen, oder laß uns lernen, uns über das ungeheuerliche Paradox zu erschrecken, welches der Sinn seines Lebens ist, daß wir verstehen mögen, daß unsere Zeit, ebenso wie jede andere, froh sein kann, wenn sie Glauben hat" (4. Abt., 65).

Wirklich sein und existieren heißt glauben. Aber liefert Kierkegaards Berufung auf den Glauben mehr als das Stichwort für eine christliche (protestantische) Existenzerneuerung? Die ontologische Rede vom absoluten Paradox verdichtet sich doch zum Zeichen des Gottmenschen, und der geoffenbarte Gottmensch zeigt dem, der ihm nachfolgt, den Weg aus der Verzweiflung. Bildet mithin die christliche Offenbarung den von Kierkegaard selbst nicht zu begründenden Grund seines Denkens? Radikaler gefragt: Entzieht sich die Existenzphilosophie in ihrem Anfange bereits der philosophischen Forderung, logische Rechenschaft über das Sein menschlichen Daseins und den Sinn von Sein zu geben? Um das zu beurteilen, muß Kierkegaards These vom Sein abschließend erwogen werden. Sie lautet: Glauben ist Sein. Das ist ein fundamentalontologischer Satz im christlichen Verstande. Er stellt die überlieferte Theorie von der Wahrheit des Seins auf den Boden menschlicher Wirklichkeit zurück und korrigiert ausdrücklich den Gewißheitsanspruch neuzeitlichen Denkens. „Das Geheimnis der gesamten neueren Philosophie ... ist jenes cogito ergo sum, denken ist sein; (christlich hingegen heißt es: dir geschehe wie du glaubest, oder wie du glaubest, so bist du, glauben ist sein)" (24./25. Abt., 93). Descartes' Leitsatz von der Selbstgewißheit des Ich bewegt sich in der Sphäre der reinen Idealität. In ihr ist vom Sein der Wirklichkeit und Existenz gar nicht die Rede; denn der wirkliche, einzelne Mensch kommt darin nicht vor. Sein in der Dimension der Idealität bedeutet soviel wie Freiheit und Selbstbestimmung des sich selbst denkenden und wollenden Denkens überhaupt, in dessen systematischer Selbstvermittlung alle Übergänge vom ‚Gedanken' des Seins zu Dasein und Wirklichkeit mit Notwendigkeit dialektisch ablaufen. Dagegen dringt Kierkegaard auf das Sein des wirklich existierenden Menschen. Diese ernsthafte Besinnung suspendiert mit dem Prinzip der absoluten Selbstbestimmung auch die Methode der Mediation und die Kategorie der Notwendigkeit im Werden des Seins. Was wirklich existiert, ist das je einzelne Selbst, und dieses Selbst hat erfahren, daß der Übergang vom Gedanken zum Sein sich nicht geistvoll vermitteln läßt. Was beim Selbst selber liegt, ist der Bruch mit der Welt in unendlicher Resignation. Die Rückkehr zur versöhnten Wirklichkeit liegt nicht in der Macht des Selbstseins, sondern im Sprung des Glaubens. Sprung (Spring) ist der gegenspekulative Ausdruck für den Bezug des existierenden Selbst zum Absoluten qua absolutem Paradox. Er erfordert den jähen Entschluß, aus der unwirklichen Gewißheit des Ich hinaus- und in das Wagnis des Glaubens hineinzuspringen. Da die spekulativen Vermittlungen im Elemente der Idealität weder das Sein unserer Existenz noch die Wahrheit des paradoxen Seins in sich einbegreifen, ergibt sich der Bezug konkreten Daseins zur Wahrheit des Seins nur im Sprung. Wahrheit (Sandhed) bedeutet in Kierkegaards Sprache wörtlich eine seinlassende ‚Schuldigkeit' (vgl. an. sannr. = ‚schuldig', lat. sons = ‚sträflich', praesens = ‚dringend, wirksam'). Der Existierende ist wirklich präsent, wenn er sich an die Wahrheit als die sein Selbst verschuldende Macht hält. Für jeden, der christlich glaubt, ist diese Macht der geoffenbarte Gott im Zeichen Christi. Darum heißt es christlich mit Jesu Worten an den Hauptmann von Kapernaum: ‚Dir geschehe, wie du glaubest' (Matth. 8, 13). Kierkegaards These ‚Glauben ist Sein' erscheint mithin als ein fundamentalontologischer Anfangssatz in den Grenzen der christlich-religiösen Existenzsphäre. Er spricht vom Sein des Daseins; denn die Glaubensentscheidung bestimmt die Seinsart des Existierens. Und er weist auf die Wahrheit des Seins selbst; denn im Glauben zu sein, heißt, sich durchsichtig, mithin angst- und sprungbereit in der das Selbst setzenden Macht zu gründen. So eröffnet Kierkegaard die weitreichende Frage nach dem Sein auf dem Boden der Existenzerhellung. Und er verschließt in eins das Problem der Wahrheit. Die nicht zu Ende gedachte Fügung von Wahrheit und Dasein nämlich wird entschlossen in der christlichen Offenbarung des Gottmenschen festgemacht. „Das Christentum hingegen macht das Ende fest mittels des Paradox" (24./25. Abt., 93). Nach Kierkegaard geht der idealistische Glaube an die Freiheit des reinen, sich selbst setzenden Ich im christlichen ‚Satz' zugrunde: Wirklich selbsthaft existiert das Selbst im unmittelbaren Bezug des

Einzelnen zu Gott. „Indem es sich zu sich selbst verhält, und indem es es selbst sein will, gründet sich das Selbst durchsichtig in der Macht, welche es gesetzt hat. Eine Formel, die wiederum, woran des öfteren erinnert worden, die Definition ist für Glaube" (24./25. Abt., 134).

II. Existenz und Arbeit
(Marx und der Marxismus)

1. Von der Mystik und Ich-Einsamkeit in einer Metaphysik des Daseins.
Metakritik der marxistischen Existenzialismuskritik

Gleichzeitig mit Kierkegaards Kritik des Christentums entwickelt Marx seine Kritik der bürgerlichen Gesellschaft. (1844 erscheinen die „Philosophischen Brocken" sowie „Der Begriff Angst", und es entstehen die „Ökonomisch-philosophischen Manuskripte" – beide im Gegenstoß gegen die Unwirklichkeiten der Hegelschen Dialektik, die ‚Illusion der Spekulation'.) Marx analysiert die Entwirklichung menschlichen Daseins konkret als Entfremung der Arbeit. Wie der Mensch in der Warenwelt als Arbeiter in Masse existiert, verwirklicht er sich nicht, er entwirklicht sich gerade durch sein Leben und Arbeiten. Der Arbeiter produziert unter den Bedingungen des Privateigentums seine Entfremdung selbst. Die politisch-ökonomische Kritik dieser verkehrten Welt folgt einem in den ‚Pariser Manuskripten' auseinandergelegten Vorverständnis von Sein und menschlichem Dasein. Sein ist Leben und der Grundzug menschlichen Lebens Arbeit. Arbeit nennt präzise die Lebenstätigkeit des Menschen als eines gegenständlichen Gattungswesens. Die Entfremdung der Arbeit betrifft mithin die menschliche Existenz (des Arbeiters wie des Nicht-Arbeiters) im Verfallen ihrer Eigentlichkeit. Von daher scheint nicht nur Kierkegaards Kritik des entfremdeten Christentums, sondern ebenso die Marxsche Kritik der entfremdeten bürgerlichen Gesellschaft Anstoß für den existenzial-kritischen Rückgang auf die eigentliche Wirklichkeit zu sein.

Aber hat sich nicht die Weltanschauung des historischen und dialektischen Materialismus schroff gegen allen ‚Existenzialismus' abgegrenzt? Erscheint nicht die Existenzphilosophie in marxistischer Perspektive gerade als der ideologische Widerschein des verzweifelten

Bürgertums in der Epoche des faulenden Kapitalismus? Das ist unbestreitbar. Darüber belehrt jeder Blick auf die offiziellen Lehrbücher über die Grundlagen der marxistischen Philosophie und in die philosophischen Wörterbücher auf dieser Grundlage. Weil das heute weltweit so steht, sieht sich eine sachliche Analyse von Existenz und Arbeit bei Marx vor die propädeutische Aufgabe gestellt, die Argumente des wissenschaftlichen Materialismus gegen die Philosophie der Existenz zu überprüfen. Auf allen Ebenen der Diskussion herrschen drei schlagworthafte Einsprüche vor. Der Existenzialismus sei ein subjektiver Irrationalismus (1), ein solipsistischer Individualismus (2) und ahistorische ‚Metaphysik' (3). Diese Argumente sind zunächst in ihrer tribunalen Schärfe zu referieren.

1. Der erste Angriff geht gegen den Existenzialismus als die bekannteste Spielart des Irrationalismus vor. Danach gehöre er zum Restbestand jenes subjektiven Idealismus, der einer schlechten, d. h. bloß individuellen, Subjektivität anheimfällt. Der Existenzialismus erhebe das existenzielle Erleben des Einzelnen zum vorzüglichen Zugang und bestimmenden Maßstab für die Wirklichkeit von Bewußtsein, Gesellschaft und Natur. So eröffneten die Angst oder Verzweiflung, der Ekel oder die Langeweile und die Erfahrung des Scheiterns in den Grenzsituationen von Tod, Leiden und Schuld das weitreichendste Verständnis von Dasein und Welt. Das führe zu Agnostizismus und Irrationalismus. Die Übersteigerung des bloß subjektiven Erlebens mißachte wissenschaftliche Erkenntnis und erkläre die objektive Realität überhaupt für unerkennbar. Im Grunde proklamiere der Existenzialismus einen absoluten Irrationalismus, wenn er die Triebkräfte psychisch abnormer Zustände (Angst, Verzweiflung, Ekel) als die genuinen Erschließungsweisen faktischen In-der-Welt-Seins behaupte. So aber würdige er die aufgeklärte Vernunft – Waffe des revolutionären Bürgertums gegen die feudal-klerikale Gesellschaft – zur Schimäre herab. Und letztlich leite die existenzielle Predigt des Todes zu den alten Irrwegen von Mystik und Fideismus zurück.

2. Im Horizont eines subjektivistischen Irrationalismus befinde sich der Mensch in abgründiger Ich-Einsamkeit; er habe den Sinn für das Fundament des gesellschaftlichen Seins verloren. Damit markiert der Marxismus eine zweite, scharfe Trennungslinie. Die Kategorien des Einzelnen, der Jemeinigkeit, der Vereinzelung im Tode, die

absurde Unmittelbarkeit des Einzelnen vor Gott, aber auch der Sartresche Ausgang vom existierenden cogito konstituierten einen ‚existenzialen Solipsismus'. Dieser versetze das Dasein in eine totale Unbezüglichkeit und absolviere es von der materialen ökonomischen Basis der jeweiligen Gesellschaftsformation wie von seinem gesellschaftlichen Bewußtseinsstand. Und das bedeutet: Er löse den Menschen von den objektiven und subjektiven Bedingungen revolutionärer Tat ab. So verleite der Existenzialismus zwangsläufig zu Pessimismus und Quietismus. Die Attitüde weltverlorener Ich-Einsamkeit unterhöhle die Ideale echter Menschlichkeit, nämlich kollektive Verantwortung, gesellschaftliche Relevanz, geschichtliche Progressivität. Sie lade den Menschen ein, in einem bourgeoisen Quietismus zu verharren, oder sie ziehe ihn durch richtungslose ‚Entschlossenheiten' in den Strudel intellektuellen Abenteurertums. (Wie verbreitet gerade dieses Argument ist, bezeugt Sartres 1946 vor dem Pariser Maintenant-Club vorgetragene Apologie „L'existentialisme est un humanisme".)

3. Über solchen Anklagestand hinaus hat sich eine dritte Stoßrichtung gegen die ‚Metaphysik des Daseins' formiert. Danach biete diese nichts als eine abstrakte, ungeschichtliche Konstruktion. Eine existenziale Ontologie abstrahiere von den konkreten Inhalten der Geschichte. Und daher blieben die intendierten Möglichkeiten ‚eigentlichen' Existierens faktisch leer. Daß der materiale Bestand der Geschichte und deren Dialektik zugunsten einer metaphysischen Grundstruktur endlicher Existenz übersprungen würden, das ist der wohl gravierendste Widerspruch des historischen Materialismus gegen die existenziale Seinslehre wie gegen eine Selbstbegründung der Philosophie überhaupt. Das Defizit an einer empirisch gesicherten Theorie von Gesellschaft und Geschichte lasse lediglich eine abstrakte Dialektik des einsamen Individuum übrig. Das offenbare sich z. B. an Sartres in „Materialisme et révolution" unternommenem Versuch, Daseinsanalyse und Revolutionstheorie miteinander zu verkoppeln. Eine Intersubjektivität ohne konkrete, sozial-historische Subjekte bleibe, wie Habermas versichert, leer. Sie versäume es, die Bedingungen revolutionärer Praxis den Widersprüchen der bürgerlichen Gesellschaft (sprich: dem Antagonismus von Produktivkräften und Produktionsverhältnissen) zu entnehmen. Charakteristisch für diese kritische Tendenz ist die Diskussion um den 1928/29 unter

dem Eindruck von ‚Sein und Zeit' unternommenen Versuch Herbert Marcuses, in einer konkreten, d. h. im Dienste historischer Praxis stehenden, Philosophie Hauptdaten des historischen Materialismus, wie Geschichte, Revolution, Produktion und Selbstproduktion, auf Existenzialien, wie Geschichtlichkeit, Tat, Sorge, zurückzuführen. Ein ‚Heidegger-Marxismus' reduziere eben alles auf eine sich einheitlich durchhaltende Menschennatur, die der Einzelne in sich entdecke. Seine ontologische Fundierung nehme dabei den materialen historischen Bestand nur so weit auf, wie es einer Ontologie des Daseins und dessen privatisierter Geschichtlichkeit diene. Der Existenzialismus unterstelle eine ‚eigentliche', private Geschichtlichkeit, von der aus der wirkliche Geschichtsprozeß lediglich als Geschehnisstruktur des Daseins wiederkehre. Gleichzeitig verarme der reale Bestand geschichtlich-gesellschaftlichen Seins in dem Maße, in dem er auf ein Dasein-überhaupt reduziert werde, das geschichtlich, klassenmäßig, sexuell gleichsam neutral existiere. Und diese starre, undialektische Fundierung der konkreten geschichtlichen Situation des Menschen in überzeitlichen Kategorien hindere die Philosophie daran, selbst in revolutionäres Handeln umzuschlagen. Das mache den Existenzialismus reaktionär.

Das dreifache Urteil scheint überdeutlich. Der Existenzialismus ist ein zur Mystik neigender Irrationalismus, ein zum Quietismus verleitender Solipsismus und überhaupt reaktionäre Metaphysik des Daseins. Beispielhaft für das Schema solcher Polemik ist Ernst Blochs Abrechnung mit Jaspers' großer dreiteiliger „Philosophie" („Existenzerhellung und Symbolschau ‚quer zum Dasein'", 1935). In Jaspers' gespenstisch weltfremde ‚Weltorientierung' falle kein Licht wirklicher, d. i. marxistischer Analyse hinein, sie ende daher in einem existenziell gemilderten Agnostizismus. Jaspers' ‚Existenzerhellung' verewige Daseinsantinomien des Bürgers als existenzielle Bestimmungen menschlicher Unvollkommenheit schlechthin, sie sei daher völlig protestantisch geworden und kenne nur den Einzelnen und einzeln kommunizierende Menschen. Der Versuch endlich, mit spätbürgerlicher Ratio ‚Metaphysik' zu treiben, sei bodenlos und ende daher in einem Deuten der Welt als Chiffre des Seins und sei voll von abgestandenen Bürgergefühlen. In summa: Solche Art Nachtmystik des Scheiterns sei nichts als die Verabsolutierung des bürgerlichen Untergangs und ebenso reaktionär. Das verheerende Urteil des Marxismus über die Existenzphilosophie ist von pauschaler Grundsätzlichkeit. Es kann daher auch nur pauschal überprüft werden. Dazu sind alle drei kritischen Hauptthesen im Rückgang auf die Quellen existenzialen Seinsdenkens durchzugehen.

Zu 1. Wie steht es dabei mit dem Vorwurf, der existenziale Rückgang auf Grundbefindlichkeiten wie Angst, Verzweiflung, Ekel sei irrationaler Ausdruck einer schlechten, idealistischen Subjektivität? Er fällt bei vorurteilsfreier Betrachtung der Sachlage haltlos in sich zusammen. Über das Verhältnis von Befindlichkeit und Wahrheit gewinnt eine existenziale Analytik tiefere Einsichten. Gefühle und Stimmungen wie Furcht und Zittern, Langeweile und Überdruß, Lebensekel oder Todesangst erscheinen als bloß subjektive, wahrheitslose Zuständlichkeiten, sofern und solange die Übereinstimmung von Subjekt und Objekt als das oberste Wahrheitskonzept gilt. Dann leuchtet ein: Weil Gefühle sich nicht sachlich nach Sachverhalten richten und auch gar keinen Anspruch auf Allgemeingültigkeit und Objektivität erheben, schließen sie sich selbst von der Wahrheit als Übereinstimmung unserer Vorstellung mit der Sache aus. Die Existenzphilosophie aber hat die Adäquation von Subjekt und Objekt für eine abgeleitete Wahrheit erklärt. Sie geht daher auch gar nicht ‚idealistisch' vom Ich als dem Grunde aller Subjekt-Objekt-Einheit aus. Das Dasein ist nicht primär sich wissendes und sich wollendes Subjekt-Objekt, sondern verfallendes In-der-Welt-Sein. Und für die Offenlegung menschlichen In-der-Welt-Seins kommt eine ursprüngliche Wahrheit zum Zuge. In dem Maße, in welchem die Existenzialanalyse sich dem ursprünglichen Sinn der Wahrheit (Unverborgenheit) zukehrt, erweitert sich die Tragweite der ‚Stimmungen' in ihrer erschließenden Kraft.

Das hat mit Irrationalismus nichts zu tun. Für die Erfassung der Dinge fällt die Zuständigkeit rationaler Theorie nicht etwa weg. Die Theorie wird vielmehr jetzt erst als ein adäquater hermeneutischer Zugang zu den Sachen in ihr Recht und ihre Eigenart eingewiesen. Rationale Theorie untersucht Seiendes von der Seinsart des Vorhandenen. Sie geht auf einen vorliegenden Sachverhalt ein, der aus der zu besorgenden Welt, dem Verweisungsganzen von Zeug, herausgenommen ist. Ihr zuvor aber sind Welt und Dasein auf dreifache Weise erschlossen: im praktisch besorgenden Verstehen, in der sprachlichen Ausgelegtheit durch die Rede und primär in der Entdeckungsweise der Befindlichkeit. Demgegenüber kommt der Vorwurf des Irrationalismus allemal zu spät.

Zu 2. Aber verfängt sich nicht der Existenzialismus in einem subjektiven Solipsismus, der an den Kategorien des Einzelnen und dem Prozeß der Vereinzelung in Tod und Gericht, in Schuld und totaler Verantwortlichkeit hängt? In der Tat, es gibt einen existenzialen Solipsismus. Aber diese Position folgt nicht dem Leibnizschen Prinzip der Ich-Einsamkeit, sie überwindet gerade die Fensterlosigkeit des monadisch auf sich vereinzelten Ego. Das lehrt ein Überblick über die Problemstellung des Mitseins innerhalb der unterschiedlichen existenzialen Lösungsansätze. Kierkegaards Dialektik der ethischen Wahl besteht auf der Einheit von Isolation und Kontinuation. Die Bewegung der Isolation, d. h. das Sich-Aussondern aus den faktischen Bezügen der sinnlichen Welt, darf eben nicht zur abstrakten Existenzweise des Mystikers führen. „Des Mystikers Fehler ist, daß er in der Wahl nicht konkret wird" (2./3. Abt., 264). Erst in der Gegenbewegung der Kontinuation gewinnt das Dasein eine Geschichte. Die Kontinuation hält das Dasein mit sich selbst, der konkreten Umwelt und Mitwelt zusammen und prägt das ethische Selbst zu einem geschichtlichen Wesen. In größerer Weite macht die Dialektik des Glaubens dieselbe Doppelbewegung. Dabei führen die Bewegung der unendlichen Resignation und die Suspension des Sittlichen (Familie, bürgerliche Gesellschaft, Staat) gerade nicht zur Flucht aus der Welt in die Sphäre religiöser Einsamkeit vor Gott. Der eigentliche Zug des Glaubens kehrt kraft des Absurden in eine Endlichkeit zurück, die nun nicht mehr von den anonymen Mächten der Menge beherrschbar ist. Glaube bewahrheitet sich erst in der Restitution der verlorenen Welt und entfremdeten Mitwelt. Aber fällt denn nicht wenigstens der atheistisch gewordene Existenzialismus auf eine Position gottverlassener Ich-Einsamkeit zurück? Dagegen hat – eigentlich unüberhörbar – Sartres phänomenologische Ontologie verkündet, die ‚Klippe des Solipsismus' überwunden zu haben. Schließlich bewähren sich darin die Explikation des Für-Andere-Seins und die Deduktion der Fremdexistenz. Und bezeichnenderweise geht Sartres regressive Analyse des unmittelbaren Miteinanderseins (die Theorie des Blicks) auf die erschließende Kraft einer intermonadischen Stimmung zurück, auf die Scham. Indessen – haftet nicht doch dem Existenzialismus die Leere einer Vereinzelung allein durch das Starren auf die Sterblichkeit und das Sein zum Tode an? Der Tod ist doch jene unbezügliche Möglichkeit des Sterblichen, in welcher alle Bezüge, selbst zu den vertrautesten Anderen, versagen und wesenlos werden. Gewiß, nur die Konsequenz dieser Annahme ist nicht ein Quietismus verzweifelter Einsamkeit, sondern die solidarische Fürsorge im Mitsein mit Anderen. Man darf eben den Folgesatz nicht unterschlagen. Er lautet (SuZ § 53): „Als unbezügliche Möglichkeit vereinzelt der Tod aber nur, um als unüberholbare das Dasein als Mitsein verstehend zu machen für das Seinkönnen der Anderen." Heidegger schiebt keineswegs die gesellschaftliche Sphäre als uneigentliche Daseinsweise beiseite, er deckt gerade die vordringlichen Sachverhalte ‚intersubjektiver' Entfremdung und falscher Fürsorge im Mitsein mit den Anderen auf. Aber ist das eigentliche Selbstsein, das im Grunde nur mit dem einsamen Anderen in eine existenzielle Gemeinschaft tritt, nicht doch der sublimierte Ausdruck jener sozialen Vereinzelung, die für Hegel das Signum der bürgerlichen Gesellschaft war (so Löwith gegen Jaspers)? Sicherlich gibt es nach Jaspers eine existentielle Kommunikation, ohne die jede Existenz unwirklich und sich selbst verschlossen bleibt, nur in geschenkten Augenblicken der Gemeinsamkeit mit *dem* Anderen. Aber alle naturhaft gegebenen, durch Gewohnheit bewährten, von Interessen geleiteten, durch die Produktionsverhältnisse bestimmten und staatlich verfaßten Gemeinschaften der ‚Daseinskommunikation' sind ohne ‚existentielle Kommunikation' als Gemeinschaften boden- und substanzlos. Dem allen gegenüber stellt sich der offenbar unausrottbare Solipsismuseinwand blind.

Zu 3. Aber bleibt nicht zum mindesten die dritte Gegenrede, den ontologischen Analysen von Dasein und Mitsein fehle es an geschichtlich sozialer Konkretion, zutreffend? Sie lassen doch die ökonomisch-gesellschaftliche Welt, so wie sie geschichtlich geworden ist, außer Betracht. Daher sind sie, etwa für das Thema Entfremdung und Revolution, unzuständig. Hier aber ist zu scheiden. Die politische Ökonomie hält sich an ein historisch-empirisch gegebenes Faktum, an die verkehrte Welt der Waren produzierenden kapitalistischen Gesellschaft. Und sie geht als Kritik der politisch-ökonomischen Verhältnisse wissenschaftlich vor, d. h. sie deckt erklärend Ursachen auf, etwa bestimmte Eigentums-, Lohn-, Produktionsverhältnisse. Dieses Verfahren bleibt, solange es ein Seiendes als Ursache eines von ihm erwirkten anderen Seienden darbietet, ontisch. Die Daseinsanalytik aber verfährt ontologisch. Sie geht vom Faktum der ontischen Verdecktheit und Entfremdung des Daseins und Mitseins aus, um auf verschüttete Seinsverhältnisse durchzustoßen. Und nur so ist eine philosophische Aufklärung der geschichtlich je anders sich ausdrückenden Entfremdungstendenz des Daseins möglich. Trifft das zu, dann bereitet die fundamentalontologische Analytik einer politisch-ökonomischen Kritik den Boden. Sie ist im Marxschen Sinne radikal. Marx orientiert sich in seiner Analyse der bürgerlichen Gesellschaft an derjenigen Klasse, die keine Klasse der bürgerlichen Gesellschaft ist. Das Proletariat bildet doch den Stand, der die Auflösung aller Stände ist und durch sein universelles Leiden nicht mehr auf einen historischen, sondern auf einen menschlichen Titel Anspruch hat. Der entfremdete Arbeiter bedeutet für Marx den völligen Verlust des Menschen und zugleich die Möglichkeit des Menschen, sich selbst völlig wiederzugewinnen. Analog ist für eine Philosophie der Existenz die Wurzel des geschichtlichen Menschen der Mensch in seiner jeweilig verfallenen (seinsgeschichtlich fundierten) Geschichtlichkeit. Darum leistet die Existenzialanalyse etwas für die Aufdeckung der ökonomisch verkehrten Welt. Sie legt Daseinsbedingungen frei, welche in wechselnder Eindringlichkeit und Ausdrücklichkeit der geschichtlich konkreten Entfremdung zugrunde liegen. So war schon Kierkegaards Denken keineswegs, wie man hartnäckig polemisch behauptet, geschichtsblind. Seine Analyse der Zeitgeschichte als Revolutionszeit stimmt, wie K. Löwith gezeigt hat, mit der von Marx oft bis in den Wortlaut überein. Er verdankt solche Hellsichtigkeit einem Verfahren, welches Geschichte und konkrete historische Entfremdung im Lichte von Kategorien der Geschichtlichkeit (heilige Geschichte, Gleichzeitigkeit, Wiederholung – Nivellierung, Neid, Menge, Presse, Publikum usw.) zu sehen lehrt. Der andere originäre Kronzeuge für die Fruchtbarkeit einer solchen existenzialanalytischen Methode heißt Karl Marx.

2. *Existenzialanalytische Ansätze im ‚Vollendeten Humanismus' des frühen Marx*

Eine radikale Kritik der politischen Ökonomie stößt auf existenziale Seinsverhältnisse durch. Dafür bietet der Entwurf des vollendeten

Humanismus in den sogenannten ‚Pariser Manuskripten‘, der Urquelle für den gewandelten Bezug zwischen Marxismus und Existenzialismus, ein unleugbares Zeugnis. Der behauptete Rückgang auf Existenzialien spricht sich in vier Axiomen der frühen Marxschen Ökonomiekritik aus.

1. „Die einzigen Ruder, die die Nationalökonomie (Dietz: der Nationalökonom) in Bewegung setzt, sind die *Habsucht* und der *Krieg unter den Habsüchtigen, die Konkurrenz*" (MEW Erg. 1, 511). Nationalökonomie ist der Titel für die Welt der bürgerlichen Gesellschaft und für die Theorie ihrer ökonomischen Selbstauslegung. Die Welt, als système monétaire ausgelegt, orientiert sich an der Ware. Waren sind das primär begegnende Innerweltliche. Die Warenwelt schließt sich daher als ein Verweisungszusammenhang von Austauschakten zusammen, der in der Habsucht festgemacht ist. Das letzte Worumwillen in allem ‚Handeln‘ ist das Mehr-Haben-Wollen von Geld, Vermögen und Kapital. So werden Habsucht und Bereicherungstrieb zum ersten Beweggrund der bürgerlichen Welt, in welcher das Haben von Eigentum an Produktionsmitteln – und nicht mehr das Haben (Hexis) von Tugend und Einsicht – dem Menschen einen sicheren Stand gibt. Diese Eingangsthese der ‚Pariser Manuskripte‘ findet sich – der geläufigen harten Zäsur zwischen Frühschriften und Hauptwerk zum Trotz – durchaus im „Kapital" wieder (vgl. MEW 23, 614 ff.). Danach bekämpft die bürgerliche Ökonomie zu recht das Vorurteil, welches kapitalistische Produktion mit Schatzbildnerei verwechselt. Das Geld gegen die Zirkulation zu verschließen und einen Schatz aufgehäufter Waren zu horten, ist Narrheit. Zwar teilt der Kapitalist mit dem Schatzbildner den absoluten Bereicherungstrieb, seine Existenzweise aber ist nicht die des Geizes, sondern des Wuchers. Als Fanatiker der Verwertung des Wertes drängt es ihn, den Mehrwert als Kapital anzuwenden. Sein Motiv ist eben nicht der Gebrauchswert von Gütern und deren Genuß, sondern der Tauschwert der Werte und deren fortschreitende Vermehrung. Und während der Geiz eine individuelle Manie ist, drückt das Wuchern der Habsucht ein Gesetz der gesellschaftlichen Welt aus, die Konkurrenz. Der Habsüchtige steht unter dem äußeren Zwangsgesetz, sein Kapital fortwährend auszudehnen, um nicht vom Konkurrenten unterjocht zu werden; denn das Element des Bereicherungstriebes ist die Herrschsucht. In der kapitalistischen Produktion

Existenzialanalytische Ansätze im ‚Vollendeten Humanismus' 69

verschwindet nämlich der Schein, als wäre der Austausch von Waren lediglich ein Austausch eigener Arbeit und als träten die Individuen einander nur soweit als Warenbesitzer und Eigentümer gegenüber, wie sie Arbeiter sind. Die kapitalistische Welt hat die Eigentumslosigkeit des Arbeiters zum Fundamentalprinzip und die Aneignung eines Teils seiner Arbeit ohne Austausch zum Grundsatz (vgl. Kapital IV, MEW 26, 3. Teil, 369–370). So begegnet der Andere in der Welt entweder als gegen Lohn eintauschbare Ware, die man haben und ausbeuten kann, oder als Konkurrent, der mich haben und ausbeuten kann. Folgerichtig stellt die Nationalökonomie die Habsucht als einzig wirklich bewegende gesellschaftliche Macht in Rechnung und preist den Krieg unter Habsüchtigen als den Vater aller Dinge.

2. „Der allgemeine und als Macht sich konstituierende *Neid* ist die versteckte Form, in welcher die *Habsucht* sich herstellt und nur auf eine *andre* Weise sich befriedigt" (MEW Erg. 1, 534). Habsucht und Neid bilden auf je andere Weise eine weltgeschichtliche Macht. Im Grunde vollenden sie den Sieg des Privateigentums über das Grundeigentum; denn die machtvoll tätige Pleonexie des Habens schiebt die untätig feudale Genußsucht beiseite. In der Sprache des „Kapitals" wiederholt (MEW 23, 614): Feudale Gesinnung besteht nach Hegels Formel im ‚Verzehren des Vorhandenen' und macht sich im Luxus persönlicher Dienste breit. Die siegreiche bürgerliche Ökonomie dagegen verkündet die Akkumulation des Kapitals als erste Bürgerpflicht und predigt unermüdlich die Vermehrung der Habe. Nun stellt solche Habsucht ihre Macht in einer offenen Form her. Im bellum subiugatorium der Konkurrenz unterwirft sie das schwächere Privateigentum und befriedigt ihre Herrschsucht, indem sie sich den Besitzstand der Anderen ein- und unterordnet. Auf andere Weise konstituiert sich der Neid als Macht der verkehrten Welt. Neid ist die Weise der Mißgunst, die sich unter dem Hinblick auf das regt, was der Andere hat und was man selbst nicht hat. Der Neidische mißgönnt dem Anderen sein Glück im Anwachsen von Hab und Gut, und er gönnt ihm das Unglück im Zusammenbrechen des ‚Vermögens'. Der Neid ist befriedigt, wenn der Andere nicht mehr hat als man selbst, und er stellt seine Macht – wenigstens gegen das reichere Privateigentum – im Modus mißgünstigen Nivellierens auf.

3. „Der rohe Kommunismus (Dietz: Kommunist) ist nur die Vollendung dieses Neides und dieser Nivellierung von dem *vorgestellten*

Minimum aus" (MEW Erg. 1, 534–535). Der rohe Kommunismus erklärt das Privateigentum für die Wurzel allen Übels. Privateigentum bedeutet dabei denjenigen exklusiven Besitz an Produktionsmitteln des nicht-arbeitenden Arbeitsherrn, der den Arbeiter (den expropriierten Produzenten) seiner Lebensmittel beraubt und vom Genuß seiner Produktion wie von der Freiheit allsinnigen Produzierens ausschließt. Ein roher Kommunismus schafft das Übel ab, indem er das exklusive in ein kommunes Eigentum überführt. Das geschieht dadurch, daß alles, was nicht alle haben können, auf ein so minimales Niveau eingeebnet wird, daß keiner mehr irgendetwas irgendeinem voraus hat. Damit besiegelt der rohe Kommunismus die Herrschaft des Privateigentums. Er universalisiert den Sinn des Habens und protegiert die Herrschaft des Neides. In kapitalistischer Gesellschaftsform übt der Neid eine versteckte Macht aus. Der nun weithin herrschende rohe Kommunismus ist nichts als die öffentliche Vollendung dieses Neides.

4. „Wir wissen, daß die neuen Kräfte der Gesellschaft, um richtig zur Wirkung zu kommen, nur neuer Menschen bedürfen, die ihrer Meister werden" (Rede auf der Jahresfeier des „People's Paper" 1856; MEW 12, 4). Für eine Umwälzung der verkehrten sozialen Welt braucht es den neuen, aus der Entfremdung reintegrierten gesellschaftlichen Menschen, d. h. den Arbeiter als Sozius einer Assoziation freier Produzenten. Solange freilich das Konfundierungsverhältnis von Privateigentum und menschlicher Entfremdung nicht ins reine gebracht worden ist, bleibt diese These bodenlos. Alle Formen des rohen Kommunismus unterstellen das Privateigentum als erstes Prinzip menschlicher Verdinglichung. Marx dagegen faßt das Privateigentum als Prinzipiat der Entfremdung auf, und zwar in genauer Analogie zu der von Feuerbach aufgedeckten religiösen Entfremdung. Die Götter sind demnach gar nicht Grund, sondern Folge der religiösen Selbstentzweiung des menschlichen Gattungswesens. Nicht weil es Götter gibt, entzweit sich das unglückliche Bewußtsein in ein sinnliches und übersinnliches Sein – weil der Mensch sich selbst entäußert, gibt es Götter. Entsprechend ist das Privateigentum nicht etwa der Anfangsgrund, sondern verstärkende Folge der Entfremdung des Menschen, d. h. seiner Lebenstätigkeit und Arbeit als eines gegenständlichen Gattungswesens. Also nicht weil es Privateigentum gibt, entwirklicht sich der Mensch in seiner Verwirklichung

durch Arbeit – weil alle menschlichen Leidenschaften und alle Tätigkeiten in der Habsucht untergehen (vgl. MEW Erg. 1, 550), gibt es Privateigentum und die schlechten gesellschaftlichen Kräfte von Konkurrenz und Neid. Steht es so, dann beseitigt die geforderte politischökonomische Emanzipation, d. h. die Aufhebung von Privateigentum, Lohnarbeit, Arbeitsteilung, Verteilung des Arbeitsproduktes nach den Bedürfnissen, Ausgleich des Klassenunterschiedes, Absterben des Staates, Kontrolle der Gesellschaft über die Produktion usw., nur die Folgen, nicht den Grund der Weltverkehrung. In der Warenwelt sind alle Sinne – der interesselose Sinn für Natur und Kunst, der Sinn der Sprache und der Liebe, die Sinnkräfte der Arbeit usw. – im totalitären Krämersinn untergegangen. Der Sinn des Habens ist das substanzielle Sein des Privateigentums. „Die Aufhebung des Privateigentums ist daher die vollständige *Emanzipation* aller menschlichen Sinne" (MEW Erg. 1, 540). In diesem Grundsatz spricht sich die erste Bedingung für die Möglichkeit eines vollendeten Humanismus aus. Die menschliche Emanzipation der Sinne trägt die politisch-ökonomische Befreiung vom Unwesen des Privateigentums. Sie befreit von der uneigentlichen Existenzweise der Habsucht und von der Grundstimmung des Neides. Sie macht den Menschen qua Arbeiter für ein eigentliches, allsinniges Dasein im Reichtum seiner physischen und geistigen Lebenstätigkeit frei. Solche Emanzipation von der Macht der Habsucht stiftet wieder ein freies Verhältnis zu Natur und Technik, zu Kunst und Sprache, zu Liebe und Freundschaft, vor allem zur Arbeit von Menschen zusammen mit Menschen. Nur sie läßt die neuen technischen und politischen Kräfte der Gesellschaft gut arbeiten.

Im Denken des frühen Marx zeichnet sich somit eine eigenmächtige existenzialontologische Tendenz ab. Diese sucht wie die daseinsanalytische Methode durch die Verkrustungen und Entfremdungen des verdeckten Daseins zur Wahrheit durchzubrechen. Sie legt in geschichtlich konkreten Verhältnissen Herrschaftsformen des ‚Man' frei, um zu einem herrschaftsfreien Miteinandersein durchzustoßen. Seit Kierkegaards Satire der (ökonomisch begründeten) Spießbürgerwelt und ihrer Religion des Geldes sind Neid, Nivellierung, Mißgunst usw. als Existenzialien einer entfremdeten Welt entdeckt. Sie bilden nach Kierkegaards zeitpolitisch ätzender Einsicht Herrschaftsformen der allmächtigen ‚Menge', d. h. der ästhetischen, für nichts verantwortlichen Existenzweise alltäglichen Daseins, aus. Und die berühmte Analyse des ‚Man' in „Sein und Zeit" ist darum so brisant, weil sie in der Aufdeckung der Diktatur des Man existenziale Leitlinien einer jeden sozialpolitischen Kritik vorzeichnet. Zumal die Existenzialien der Abständigkeit und Entfremdung wirken sich in allen Bereichen des sozialen und politischen Lebens aus. Sie haben sich in dem Maße, in welchem die in griechisch-römischer Zeit privaten ökonomischen und sozialen Kategorien zu politischen Größen ersten Ranges wurden, als vorherrschende, weltgeschichtliche Mächte etabliert. Marx hat sie konkret als die Motoren der bürgerlichen Gesellschaft unter den Produktionsbedingungen der Warenwelt aufgedeckt. Er findet in ihnen die verborgenen Gründe der Knechtschaftsverhältnisse, die ja nur Modifikationen und Folgen der in Habsucht und Konkurrenz entstellten gesellschaftlichen Arbeit sind. Und er entdeckt in Abdeckung der Entfremdung das ‚eigentliche', gesellschaftliche Existenzstadium des Menschen.

3. Tod und begriffene Geschichte.
Barrieren marxistischer Existenzerhellung

Die philosophische Methode kritischer Entdeckung einer entfremdeten Welt ist nur unter einer Voraussetzung zwingend: Es muß verbürgt sein, daß die Wahrheit über das Dasein wesenhaft mit Unwahrheit, mit Verdeckung und Entfremdung verbunden ist. Die daseinsanalytische Existenzerhellung hat diesen Zusammenhang aufgeklärt. Die Entfremdung entstammt einer Verdeckungstendenz im Dasein selbst. Sie flieht vor der Angst; denn die Angst macht die Unheimlichkeit der Freiheit bzw. das Beengende des Todes offenbar. Wie aber steht es mit der Freiheit zum Tode im Zusammenhang von Emanzipation und entfremdeter Arbeit? Sie hat im Gefüge des vollendeten Humanismus keine Bedeutung erlangt. Jedenfalls erörtern die ‚Pariser Manuskripte' Sterblichkeit und Leben nur einmal. Das geschieht im Blick auf die Identität von Individuum und Gattung im menschlichen Gattungswesen. Der Einzelne existiert im Bewußtsein, eins mit der von ihm unterschiedenen ‚Gattung' zu sein. Und diese Einheit der Identität gilt es, gegen alle Tendenzen festzuhalten, welche ‚den Einzelnen', ‚das Individuum' durchstreichen und ‚die Gesellschaft', ‚das Menschengeschlecht', ‚das Gattungsbewußtsein' absolut setzen.

Dabei wird der Tod zum Problem. „Der *Tod* scheint als ein harter Sieg der Gattung über das bestimmte Individuum und ihrer Einheit zu widersprechen" (MEW Erg. 1, 539). Und in der Tat ist das der erste, natürliche Aspekt des Todes. Das bestimmte Individuum vergeht als solches, während die Gattung bleibt. In Hegels Sprache ausgedrückt: „Im Tode erweist sich die Gattung als die Macht über das unmittelbar Einzelne" (Enz. § 221, Zusatz). Dieses Diktum hat man als das letzte Wort über den Tod im Marxschen ‚Naturalismus' genommen. Es scheint mit einem Ethos übereinzustimmen, welches die Gleichgültigkeit des Einzelnen gegen seinen Untergang im Tode fordert. Dafür spricht nicht zuletzt die Marxsche Rezeption der einschlägigen stoisch-epikureischen Quellen, etwa der Maxime des Menoikeus-Briefes: „Gewöhne dich an die Vorstellung, daß der Tod uns nichts angeht" (MEW Erg. 1, 21). Und das scheint den marxistischen Humanismus zu bewegen, die natürliche Endlichkeit hinzunehmen und den harten Sieg der Gattung durch den Tod ohne Angst und Furcht zu akzeptieren. Indes – über dieser Ansicht liegt ein trügerischer Schein. In Wahrheit gehören Tod und Leben, Individuum und Gattung als untrennbare Momente in die Einheit des Werdens hinein. Deshalb berichtigt Marx den Schein, als widerspräche der Tod solcher Einheit von Individuum und Gattung, ausdrücklich. „Aber das bestimmte Individuum ist nur ein *bestimmtes Gattungswesen,* als solches sterblich" (MEW Erg. 1, 539). Auch diese höhere Einsicht macht Hegels Dialektik klar. Das Sterben hat seinen wahren Grund nicht in äußeren Umständen. Der Mensch ist sterblich, weil er lebt. Insofern das Lebendige der Widerspruch ist, an sich Gattungswesen zu sein und doch als bestimmtes Individuum zu existieren, hat es den Keim des Todes in sich (Enz. § 81, Zusatz). Das haben Marx und Engels ausdrücklich aufgenommen, daß das Leben nur mit Beziehung auf sein notwendiges Ende zu denken ist, das stets im Keime in ihm liegt (MEW 20, 554). Im Vergehen des Todes löst sich alles bestimmte Individuelle im Elemente der Gattung auf; in eins aber bestimmt sich im Entstehen des Lebens die allgemeine Gattung zum Individuellen. Leben und Tod sind äquivalente Momente im Kreislauf der Natur (vgl. GdÖ, 116). Mithin widerspricht der Tod gar nicht der behaupteten Einheit von Gattung und Individuum, von Sterblichkeit und Leben, er bestätigt sie.

Genau an diesem Punkt entspringt das Problem des Todes im Weltkreis des Marxschen Humanismus. In welchem Sinn von Gattungsleben hebt der Tod den Einzelnen auf? Gattung und Gattungswesen bedeuten das Allgemeine. Das Allgemeine des menschlichen ‚Gattungswesens' aber hat bei Marx einen vierfachen Sinn: das Allgemeine des arthaften Geschlechts, das Allgemeine des Bewußtseins, das Allgemeine der Gesellschaft und das Allgemeine des Menschengeschlechts in seiner Geschichte. Nun läßt der Tod das menschlich Individuelle nicht einfach in die arthafte Gattung zurückkehren; denn die tierhafte Art ist die höchste Form des Allgemeinen im Reiche der Natur, aber nicht in der Welt menschlicher Sterblichkeit. Andererseits hebt der Tod auch nicht die Endlichkeiten unseres Bewußtseins auf, so daß der Geist hervorgeht, dessen Bestimmung es ist, ewig und unsterblich zu sein; denn die Unsterblichkeit ist für Engels und Marx nichts als ein uralter Aberglaube. Es bleibt übrig, den Tod des Einzelnen mit der Geschichte des Geschlechts zusammenzudenken. Das ist schon Feuerbachs positiver Gedanke vom Tode. Das Sterben des Individuum habe Gewicht allein für den Fortschritt der Gattung im Kontinuum der Geschichte. „Ohne Tod ist ... keine Geschichte, und keine Geschichte ohne Tod" (S.W. hrsg. von Bolin/Jodl, XVII, 218 bzw. 142). Freilich wird nun der Sterbliche nicht mehr, wie bei Kierkegaard, ins Verhältnis zu einem geschichtlichen Gott, sondern zur vergöttlichten Geschichte versetzt. Nichts liegt mehr am Heil des Einzelnen in der Ewigkeit, alles liegt am Heil der Gattung in geschichtlicher Endzeit. So ist der Proletarier total in den christlich als Heilsgeschichte vorgeprägten Prozeß der Weltgeschichte verwickelt: Von der Behauptung seiner eigenen Persönlichkeit ausgeschlossen, sucht er sein Selbst als Gattungswesen im Namen der Geschichte zu behaupten. Bei Marx beginnt es, daß der Mensch gänzlich zum Subjekt und Objekt einer Geschichte wird, deren Dialektik der Logik der Produktionsentwicklung und den Antagonismen der gesellschaftlichen Arbeit folgt, um sich jäh im Reiche der Freiheit und des gesellschaftlichen, allsinnigen Menschen zu erfüllen.

Die tödliche Gefahr einer solchen geschichtlichen Denkungsart ist von Camus in „Der Mensch in der Revolte" gebrandmarkt worden. Eine ‚pensée historique' hat einen Grundsatz: Die Geschichte ist alles. Wird ihr die Sorge überlassen, die Werte und die Wahrheit hervorzubringen, dann ist das Ethische durch einen Glauben an die Gottheit der Weltgeschichte suspendiert, die nurmehr einen Wert zuläßt, nämlich das dem Fortschritt Dienliche. Gott ist durch die Zukunft ersetzt. In dieser ‚teleologischen Suspension des Ethischen' aber klaffen der Wille zur Unsterblichkeit der Gattung und die Entschlossenheit zur Opferung der Einzelnen in Masse in einem absurden Mißverhältnis auseinander. „Der Mensch, der den Tod und den Gott des Todes haßte, der an seinem persönlichen Fortleben verzweifelte, wollte sich befreien in der Unsterblichkeit der Gattung" (MR, 200). Er hat um des Fortschritts willen den kürzesten Weg zur Unsterblichkeit eingeschlagen, den Terror.

Dabei stimmt Camus durchaus der ursprünglichen These des zu vollendenden Humanismus zu, Existenz sei Arbeit: Die Erniedrigung der Arbeit zur Ware und des Arbeiters zum Objekt führe zum absurden Zustand, daß die entwürdigte Arbeit, obwohl sie das ganze Leben einnehme, nicht das Leben sei. Daraus entspringe jene Revolte, welche den Menschen zu sich selbst zurückzubringen suche und den Reichtum der Freiheit und der Schöpfung für den Arbeiter zurückfordere. Die Tragödie des Marxschen Humanismus aber besteht nach Camus darin, Wert und Sinn der menschlichen Existenz auf die Geschichte reduziert zu haben. Dadurch vermischt sich die gültige politisch-ökonomische Kritik der entfremdeten Menschennatur mit einem utopischen Messianismus. Marx verfährt wissenschaftlich, wo er die Mythen abweist und die rohesten Interessen ans Licht zieht, er wird prophetisch, wo er einen Mythos der Geschichte stiftet. Durch ihn ist eine auf keinen Zeitpunkt festgesetzte, daher durch Tatsachen unwiderlegliche Verheißung zum Gegenstand wachsenden Glaubens geworden: Am Ende der ‚Vorgeschichte' höre deren Prinzip, die Dialektik des Klassenkampfes, mit einem Schlage auf; das Verschwinden der politischen Wirtschaft beende das Leiden, den Kampf und die Schuld, und mit ihr verschwinde das Unglück der Geschichte. „Wir sind im Garten Eden" (MR, 182). Das ist utopisch. Der zutreffende Einwand Camus' besagt: Die Prophetie der erfüllten Zeit ignoriert die Natur des Menschen zugunsten der verabsolutierten Geschichtlichkeit. Das läßt sich daseinsanalytisch zuspitzen. Der Traum vom Reich der Freiheit löst den Menschen von der Angst und vom ‚Sein zum Tode' ab. Marx spricht das in einer weit reichenden Maxime aus. „Mag das Leben sterben: der Tod darf nicht leben" (Debatte über die Preßfreiheit 1842; MEW 1, 59). Was nicht leben darf, ist letztlich der selbsterzeugte Tod, das Zugrundegehen an der eigenen Lebenstätigkeit im Übermaß entfremdeter Arbeit. Dieser Tod stirbt ab, sobald die Wirklichkeit der Arbeit im Prozeß der Geschichte ihr menschliches Maß zurückgewinnt. Aber für diese Prophetie zählt der Mensch ausschließlich als soziales Wesen. Der Tod des Einzelnen, „das irrationalste und einsamste Ereignis, dessen Erwartung den Menschen sein Leben lang begleitet" (MR, 194), ist abgeblendet. Das Sterben des jemeinigen Daseins bemißt sich allein am Fortschreiten der Gattung zum Endreiche der Geschichte. „In seinem krampfhaften Streben nach der endgültigen Herrschaft sucht das Reich, den Tod in sich einzubeziehen" (MR, 194). Das geschieht, indem Tod und Totschlag als Opfer gerechtfertigt werden. Die Vergötzung der Geschichte verführt zu einem Zynismus der politisch Mächtigen gegenüber den sterblichen Menschen, sie läßt die verkehrte Welt ausgebeuteter Arbeit in die ‚Welt des rationalen Terrors' umschlagen.

Camus' Analyse überlichtet dabei keineswegs den Terror des Stalinismus und erliegt auch nicht einem allgemeinen moralisch-humanistischen Mißverständnis von Geschichte und Politik. Es geht vielmehr um die Logik im Zusammenhang von absurdem Dasein, Geschichte und Tod im Zeitalter des rational gerechtfertigten Massenmordes. Diese Logik hält sich an die Zukünftigkeit der Geschichte als oberstes ontologisches Maß. Unter diesem Maßstab verfallen Sein und Wert des Gegenwärtigen als eines solchen zum bloßen Durchgang zur geschichtlich erfüllten Zeit. Der Primat der Zukunft führt eine schreckliche Gleichgültigkeit gegen alle mit sich, welche das zukünftige Heil nicht sehen. Die Geschichte tritt als der oberste Richter auf, und der Fortschritt (gerade auch in der bürgerlichen Periode der Geschichte) gleicht jenem „furchtbaren heidnischen Gott, der den Nektar nur aus den Schädeln der getöteten Feinde trinken wollte" (MR, 166 – vgl. MEW 9, 226; 9, 133). Zum Fortschritt gehört nach Engels das Verschwinden ganzer reaktionärer Völker. Daß eine abstrakte Geschichte eines noch unsichtbaren Tages alles rechtfertigen wird, erfordert einen Glauben, für den schon die bloße Abwesenheit des Glaubens an den Gott der Geschichte Schuld bedeutet. Im Namen eines geglaubten Endzweckes der Geschichte aber Menschen zu opfern, ist reiner Terror; denn die Kategorien von Zweck und Sein sind in das Werden der Geschichte hineingelegt. Die nihilistische Entlarvung des Terrors läßt das wahre Gesicht der verabsolutierten Geschichte sehen. Unsere Geschichte ist unsere Hölle.

Der absurden Welt des rationalen Terrors in ‚historischer Revolution' setzt Camus die Revolte entgegen. Für die Revolution ist der Mensch nichts, wenn er nicht durch die Geschichte eine Zustimmung erhält. Die rationalen Revolutionäre stürzen sich in die Geschichte und predigen deren absolute Vernünftigkeit, um – entgegen ihrer humanistischen Leidenschaft – den Menschen zu verstümmeln und dessen Natur zu vergewaltigen. Die menschliche Natur kann nämlich nicht allein von der Geschichte und den Versprechungen der Zukunft leben. Es ist unnatürlich, zu sterben und zu töten, um das Sein hervorzubringen, das wir nicht sind. Der Anspruch des geschichtlichen Denkens, das Gattungsleben in erfüllter Zeit von der Unterwürfigkeit unter Gott zu befreien, und die Wirklichkeit, welche gegenwärtiges Leben vollständig dem Werden unterwirft, bilden ein schreiendes Mißverhältnis. Diese Absurdität ist die Wahrheit der ‚begriffenen Geschichte'. Der Revoltierende sieht der Wahrheit des Absurden ins Auge. Er weigert sich, den Menschen auf bloße Geschichte zu reduzieren und sucht den je gegenwärtigen Reichtum menschlichen Lebens und schöpferischer Lebenstätigkeit (Arbeit) in einer absurden Welt zu retten. Für Camus aber ist die große Revolte des Marxschen Humanismus zur historischen Revolution des Marxismus pervertiert. Diesen tragischen Vorgang hat Camus im Existenzsymbol des Prometheus veranschaulicht. Prometheus revoltiert aus Haß auf die Götter und aus Liebe zu den Menschen. Aber die prometheische Revolution vollendet die Geschichte auf ihre Weise. Sie erstickt die Existenzweise der Revolte und treibt alle, die am Gott der Geschichte zweifeln, in die Wüste. Dabei tritt der wahre Prometheus auf die Seite derer, die sich der Absurdität des Terrors widersetzen. „Der wahre, ewige Prometheus hat nun die Gestalt eines seiner Opfer. Der gleiche Schrei aus der Tiefe der Zeit hallt noch immer in der Weite der skythischen Wüste" (MR, 199).

III. Existenz und das Absurde (Camus)

1. Die absurden Mauern

Camus ist der Prototyp des ‚subjektiven Denkers'. Fragestellungen eines objektiven Denkers (un esprit objectif) sind für ihn nichts als Spielereien des unbeteiligten Geistes (jeux de l'esprit désintéressé – mS, 22). Den Graben zwischen objektivem und subjektivem Denken hat Kierkegaard mittels der existenziellen Frage aufgeworfen: Wie verhält sich das Denken eines Menschen zu seinem Existieren? Der objektive Denker verfährt abstrakt. Er bewegt sich im gleichgültigen Medium reiner Gedanken und sieht von der Wirklichkeit seines eigenen Daseins ab. Objektive Ontologie und Wissenschaft leben bewußt vom Pathos der Interesselosigkeit. Der subjektive Denker dagegen reflektiert nicht nur die Konsequenz seiner Gedanken für sein je eigenes Existieren, das Existieren oder Nichtexistieren wird zum Grundproblem seines Denkens. In dieser Einstellung gibt es für Camus nur ein Problem von Interesse, den selbst gemachten Tod: im „Mythos des Sisyphos" den Selbstmord, in „Die Pest" den Tod der Unschuldigen, in „Der Fremde" den von Richtern verhängten Tod, in „Der Mensch in der Revolte" den methodisch organisierten und politisch sanktionierten Massenmord. Ob die Welt drei Dimensionen, ob der Geist zehn oder zwölf Kategorien hat und ob sich die Existenz Gottes aus einem Begriff herausklauben läßt oder nicht, bleibt existenziell folgenlos. Für den ontologischen Gottesbeweis ist noch niemand in den Tod gegangen. Ob sich aber das Leben angesichts seiner Absurdität lohnt oder nicht, das kann Verzweiflung und Selbstmord nach sich ziehen. Natürlich stellt der Mensch, wie er zumeist lebt, fortgesetzt fest, daß sich alles nicht mehr lohne, ohne irgendeinen Schluß daraus zu ziehen. Und die Philosophen ziehen ihre Schlüsse auf komische Weise, wie Schopenhauer, der an gut gedeckter Tafel den Selbstmord preist. Eine ‚Logik bis zum Tode' betreibt nur der Einzelne, der anfängt, Ernst zu machen. „Die Gesellschaft hat mit diesen Anfängen nicht viel zu tun" (MS, 10). Am Anfang ist die Verzweiflung des Einzelnen an der Absurdität des Lebens; aus ihr entspringt die antinomische Frage: „Verlangt seine Absurdität, daß man ihm mittels der Hoffnung oder durch den Selbstmord entflieht?" (MS, 13). Der Aufriß dieser Grundfrage kann deutlich machen: Camus denkt mit der Radikalität eines subjektiven Denkers, und sein Fragen bewegt sich in Kierkegaardschen Kategorien, wie der Einzelne, der Ernst, das Interesse, die Verzweiflung, das Absurde. In schroffem Gegensatz zum Kierkegaardschen Existenzialismus aber zielt es auf eine Bewältigung des Absurden diesseits von Hoffnung und Verzweiflung ab. Camus' einziges publiziertes philosophisches Buch, der „Mythos des Sisyphos", richtet sich ausdrücklich gegen die existenzialistischen Philosophen (vgl. Es, 1424). Camus' Denkweg läuft nicht mehr zu Abraham, dem Vater des Glaubens, zurück, er führt zu Sisyphos, dem Helden des Absurden, hin.

Wie aber werden wir überhaupt der absurden Mauern, die uns umschließen, ansichtig (vgl. „Les murs absurdes" – mS, 24–45)? Primär erschließt sich die Sinnlosigkeit des Lebens in einer unfaßlichen Empfindung. Obwohl solches Gefühl (l'insaissible sentiment de l'absurdité) letztlich unerklärlich bleibt, lassen sich doch Stimmungen aufweisen, welche ihm am ehesten entsprechen. Camus' Analyse geht – unsystematisch, aber doch in fortschreitender Vertiefung – vier Modifikationen einer Bestimmtheit des Absurden durch: das Gefühl der Leere (vide), den Überdruß (lassitude), das Grauen (horreur) und den Ekel (nausée). Das erste Anzeichen für die Absurdität der Existenz und das Ende eines mechanischen Lebens ist die Langeweile. Camus wiederholt dieses von Pascal bis Heidegger bedachte Existenzial auf seine Weise. Dieser einzigartige Zustand des Gemüts, in dem die Leere der Welt laut wird, zerreißt die Kette alltäglicher Gebärden. Er öffnet einen Riß im Kontinuum der Gewohnheiten, durch den die Sinnlosigkeit unseres alltäglichen Tuns einströmt. Solches Gefühl der Leere stößt das Bewußtsein aus dem Trott des Alltags und zieht einen ermattenden Überdruß nach sich. Das bedeutet eine Katastrophe für unser mechanisches Leben und die gewohnte Welt. „Dann stürzen die Kulissen ein. Aufstehen, Straßenbahn, vier Stunden Büro oder Fabrik, Essen, Straßenbahn, vier Stunden Arbeit, Essen, Schlafen, Montag, Dienstag, Mittwoch, Donnerstag, Freitag, Samstag, immer derselbe Rhythmus – das ist sehr lange ein bequemer Weg. Eines Tages aber steht das ‚Warum' da, und mit diesem Überdruß, in den sich Erstaunen mischt, fängt alles an" (MS, 16). Überdrüssig werden wir dessen, was häufig als Gleiches wiederkehrt. Und das betrifft nicht nur das Beschwerliche – Aufstehen, Arbeit, Straßenbahnfahrt –, sondern auch das Lustvolle – Sonntag, Schwimmen, Essen, Kino, Liebe usw. Der Überdruß macht die Wiederholung als Übersättigung peinlich fühlbar. Und die müde Stimmung ‚Es ist ja immer dasselbe' greift aus dem Vergangenen auf das Gegenwärtige und Zukünftige über. Das läßt uns darüber staunen, wie alles im Leben gleich und gleich umsonst ist. Im Überdruß nämlich regt sich ein Gefühl für das ewige Umsonst des immer Selben (der Keim für den Nihilismus als ‚psychologischen Zustand'). Das steigert sich zum Entsetzen, wenn das Dasein merkt, daß alles nur entsteht, um endgültig zu vergehen. Das aufbrechende Gefühl, die Zeit unseres Lebens laufe ins Nichts, verändert unser Verhalten zur Dauer der Zeit. Gewöhnlich lassen wir uns von der Zeit tragen und weichen der beunruhigenden Zukünftigkeit mit Beruhigungen aus: ‚Morgen, später einmal, wenn man älter ist'. Plötzlich sehen wir mit Entsetzen die Zeit als unseren schlimmsten Feind. Der Betroffene stellt fest, er ist dreißig; und er berechnet sein Verhältnis zur Zeit in einer ‚blutigen Mathematik'. Die Lösung der Gleichung von Zeit und Existenz ist der Tod und die Summe unseres Lebens das Nichts. Entsetzen, Angst, Grauen entdecken die Nutz- und Sinnlosigkeit menschlichen Daseins. Die tiefste Empfindung der Absurdität aber ist der Ekel. In ihm überkommt uns das Gefühl einer Fremdheit (étrangeté). Darin erscheint die Welt nicht nur leer, bis zum Überdruß gleichförmig und entsetzlich sinnlos, sie wird für Sekunden fremdartig. Ein Stein, eine Landschaft, ein Mitmensch werden ‚dicht' und undurchdringlich. Wir fühlen uns von einer Wirklichkeit abgestoßen, in der wir unsere Vorstellungen nicht wiederfinden. So begegnet uns der Andere auf einmal wie ein Mensch, der hinter einer Glaswand ins Telefon spricht und von dem man nur ein sinnloses Mienenspiel sieht. Und manchmal starrt uns unser eigenes Bild im Spiegel als das eines Fremden an. „Diese Dichte und diese Fremdartigkeit der Welt sind das Absurde" (MS, 18).

Unüberhörbar spielt Camus hier auf Sartres fiktiven Tagebuchroman „Der Ekel" an. In diesem Roman monoton-subtiler Existenzzergliederung gibt es ein Schlüsselerlebnis. Der ‚Held' Roquentin macht eine bestürzende Entdeckung beim Anblick der Wurzeln eines Kastanienbaumes im Park des Provinzfleckens Bouville: einer knotigen und schwarzen Masse, die ihm Angst einjagt. Das Erschrecken macht ihm plötzlich die Fremdheit und Dichte dieses Dinges fühlbar. Die monströse Masse in ihrer obszönen Nacktheit flößt ihm Ekel ein. Was dabei zu klarem Bewußtsein kommt, ist der Grundzug aller Existenz, überflüssig zu sein. Jegliche Existenz ist nackt; im bloßen Dasein tritt der durchgestaltete Wesensanblick zurück; er ist ihm von uns nur geliehen. Und alle Existenzen sind ungeordnet; denn von ihrer kontingenten Massivität gleiten unsere Ordnungs- und Zweckvorstellungen ab. Im Entgleiten des Was- und Wozuseins bleibt das Sein übrig, wie es an ihm selbst ist: ungestalt, massig und schwammig, zufällig und ewig zwecklos. Der Ekel am amorphen Überflüssigsein des Seienden schlägt auf die Existenz dessen zurück, der ihn erfährt. Daher notiert Roquentin: „Und auch *ich* – schlaff, träge, schamlos, verdauend, den Kopf voll finsterer Ideen – auch ich war überflüssig" (E, 137). Und so wird für Sartres Romanhelden das Absurde zum Schlüsselwort, welches die Existenz überhaupt erschließt. „Ich aber habe soeben das Absolute erfahren: das Absolute oder das Absurde" (E, 137). Die Seinserfahrung schlechthinniger Sinnlosigkeit treibt den Wissenden zum Selbstmord und hält ihn zugleich davon ab. „Unbestimmt dachte ich an Selbstmord, um wenigstens eine dieser überflüssigen Existenzen zu vernichten. Aber selbst mein Tod wäre überflüssig gewesen. Überflüssig mein Kadaver, mein Blut auf diesen Steinen, zwischen diesen Pflanzen, in diesem heiteren Park. Überflüssig mein zerfressenes Fleisch in der Erde, die es aufgenommen hätte, überflüssig meine Knochen, meine gereinigten, abgenagten Knochen, sauber wie die Zähne – ich war überflüssig für die Ewigkeit" (E, 137). Camus akzeptiert Sartres Folgerung, der Selbstmord sei nichts als eine Absurdität, die mein Leben im Absurden untergehen lasse (vgl. SN, 680), nicht. Für ihn bedeutet der Selbstmord eine Form des Ausweichens vor dem Bewußtwerden der absurden Wahrheit. Gleichwohl nimmt er die Befindlichkeit des Ekels als genuine Erschließungsweise des Absurden an.

Natürlich spiegelt sich die Seinserfahrung der absurden Dichte und Fremdheit der Welt (épaisseur et étrangeté du monde) in Camus' „L'etranger", einem der rätselhaftesten Romane der modernen Weltliteratur, wider. Der Fremde – ein armseliger Büroangestellter in Algier mit Namen Meursault (mer – soleil!?) – hat sich in den

Rhythmus von Büroarbeit, Essen, Schwimmen, Schlafen, Lieben eingewöhnt; er bleibt unendlich gleichgültig gegenüber dem Tod der Mutter, der Freundschaft des kleinen Ganoven Raymond, den Eheplänen seiner Geliebten Maria. Er ist indifferent gegen Gott und den Sinn des Lebens. Nichts ist wichtig. Dieser Meursault ist nicht apathisch und teilnahmslos, sondern fremd, anwesend-abwesend in der Welt. Für ihn sind Zukunft und Vergangenheit leer, die Wahl des Lebens nichtig, die Welt ohne Zweck und Werden. Und für das Urteil der Richter und der Öffentlichkeit bleibt seine Tat undurchdringlich: der gleichsam rituelle Sonnenmord an einem Araber am schweigenden Strand des Meeres in der Starre des Mittages, welcher die Dichte der Welt und das Gleichgewicht des Tages zerstört. Im Umkreis solch dichterischer Welterfahrung erreicht die Analyse des Absurden ein erstes Ergebnis: Die Stimmungen der Leere, des Überdrusses, des Entsetzens und Ekels eröffnen die Nutzlosigkeit, tödliche Zeitlichkeit, die Sinnleere und die Fremdheit menschlichen In-der-Welt-Seins.

Erschließungen des Gefühls lassen sich – dem Camusschen Rationalismus zufolge – auf der Stufe des Verstandes auf den Begriff bringen. „Auch der Verstand sagt mir also auf seine Weise, daß diese Welt absurd ist" (MS, 23). Dafür gibt der Sprachgebrauch einen Hinweis. Ein ehrbarer Mensch, von dem man behauptet, er begehre seine leibliche Schwester, wird spontan erklären: ‚Das ist absurd'. Absurd nennen wir ein Gerichtsurteil, wenn das Mißverhältnis zwischen Tatbestand (etwa Mundraub im Krieg) und Richterspruch (Tod durch Erschießen) zum Himmel schreit. Von einer Absurdität reden wir, wenn eine Unangemessenheit zwischen Möglichkeit und Ziel besteht, wenn etwa Lanzenreiter Panzerkolonnen attackieren. Allgemein gedacht, ist das Absurde das zwiespältige Verhältnis von Mensch und Welt. „Das Absurde ist im wesentlichen ein Zwiespalt" (MS, 30–31). Noch grundsätzlicher gefaßt: Die Unversöhnbarkeit von Vernunft und Wirklichkeit ist die einzige Gewißheit, die zählt.

Das bewährt sich in einer Überprüfung der Wahrheit als Gewißheit. Es gibt zwei oberste Gewißheiten, den Drang der Vernunft nach absoluter Einheit (appétit d'absolu et d'identité) und die Anarchie der Welt. Unbestreitbar verlangt die menschliche Vernunft nach klarer und deutlicher Einheit, und die Philosophie dringt darauf, alles Mannigfaltige auf ein letztes, unaufspaltbares Eines zurückzuführen, auf ein Hen, ein All-Eines, einen absoluten Begriff. Und das metaphysische Streben nach Einheit ist keine beiläufige, künstliche verstiegene Idee, sie ist die Naturanlage des Menschen. Aber die Vernunft scheitert an der Wirklichkeit der Welt, an Chaos, Zufall und Anarchie. Das ist eine zweite Grundgewißheit. Dabei hört Camus sicherlich noch den griechischen Klang des Wortes Chaos in Hesiods Theogonie: das Auseinanderklaffende und Aufgähnende. Eine Kluft reißt die Welt zwischen sich und der nach dem Kosmos, der schönen Ordnung des All-Einen, rufenden Vernunft auf. In Wirklichkeit herrscht der Zufall (hasard roi): das sich selbst genügende Leben, das aller umgrenzenden Zusammenfassung im Logos entzogen bleibt. Was herrscht, ist die Anarchie, die Freiheit von den ‚Archai' der Vernunftgründe. Aus ihr erwächst eine göttliche Gleichwertigkeit (divine équivalence) der Dinge. Nichts ist hierarchisch nach Nähe und Ferne zum göttlich Einen geordnet. Natürlich ist der Hinfall der kosmologischen Werte Einheit, Zweck, Sinn für Camus eine Evidenz, die Nietzsches ‚metaphysische Revolte' an den Tag gebracht hat. Ist Gott tot, so verliert die Welt ihre Einheit und Zweckmäßigkeit. „Privé de la volonté divine, le monde est privé également d'unité et de finalité" (HR, 88–89).

Aus diesen beiden Gewißheiten entspringt die Wahrheit des Absurden, der Zwiespalt von Vernunft und Wirklichkeit. Was in Wahrheit ist, ist der Bruch zwischen dem Anspruch des Geistes auf absolute Einheit und dem Chaos der Welt, die absurde Unangemessenheit zwischen Vernunft und Wirklichkeit. Das Absurde liegt mithin nicht in der Welt vor – die Welt ist bloß unvernünftig (déraisonnable), aber nicht absurd. Und das Absurde wohnt nicht in der Vernunft – das Vernunftstreben nach dem Absoluten ist natürlich und nicht absurd. Die Wahrheit des Absurden ist die Inadäquatheit von beiden. Mithin gibt es das Absurde weder außerhalb des Geistes noch außerhalb der Welt, es ist das Band, das beide verbindet. Das wertet die metaphysischen Wahrheiten um. Wir haben nicht Wahrheit als Übereinstimmung von Intellekt und Sachverhalt, und uns kommt nicht die Versöhnung des (göttlichen) Begriffs zu, die den Widerspruch von Geist und Welt aus der Welt bringt. Es gibt redlicherweise nur eine Wahrheit, das absurde Mißverhältnis von Vernunft und Wirklichkeit. An dieser Mauer scheitert der Vernunftwille menschlicher Naturbemeisterung und Weltveränderung. Ein subjektiver Denker fragt nach

Konsequenzen. Was folgt aus dieser Gewißheit des Absurden für mein Existieren, der Selbstmord oder der Sprung in den Glauben (der philosophische Selbstmord)?

2. Der philosophische Selbstmord des Existenzialismus

Die Antwort der Existenzphilosophie auf die Herausforderung des Absurden ist der ‚philosophische Selbstmord'. Unter diesem provokativen Titel führt Camus seine Auseinandersetzung mit Jaspers, Husserl und Heidegger, mit Chestov und Kierkegaard. Danach hat alle Art Existenzialismus einen gemeinsamen Ausgang, die Heraufkunft des Absurden; das ist seine große Entdeckung und durchgängige Existenzerfahrung. Diesen Anfangsgrund teilt Camus mit der Existenzialanalytik, aber er trennt sich entschieden von den Konsequenzen, welche die Denker der Existenz – in Camus' Sicht – ausnahmslos aus dem Scheitern der Metaphysik und aus der Angst um das absurde In-der-Welt-Sein ziehen. Camus verurteilt die Richtung der Existenzphilosophie als Ausweichen (esquiver). Dieses Ausweichen sei mehr und zugleich weniger als die Zerstreuung im Pascalschen Sinne. Es ist mehr als ein ‚divertissement au sens pascalien'; denn es trägt ja bewußt dem Gefühl der Leere und Verzweiflung am Absurden Rechnung. Und es ist weniger als die Pascalsche Zerstreuung; denn es überspringt das Leben und begeht philosophischen Selbstmord.

Zwei große Tendenzen der Moderne gibt es, dem Seinsbestand des Absurden auszuweichen. Die eine Form hat Camus in „Der Mensch in der Revolte" verfolgt, die ‚historische Revolte' seit der Französischen Revolution. Danach ist das schlichte Fazit jeder politischen Revolution der Neuzeit die bloße Umdrehung von alten Herrschaftsformen in neue. Alle begannen im Namen der Gerechtigkeit und endeten in Ungerechtigkeit, jede zielte auf die Befreiung des Menschen ab und führte in erneute Unterdrückung und Erniedrigung. So hat Saint-Just die Französische Revolution als Bewegung zum Guten verkündet und im Namen einer Religion der Tugend Gott in der Gestalt Ludwigs XVI auf die Guillotine geschickt. Damit weicht die historische Revolution der konkreten Wahrheit, dem immerwährenden Zwiespalt zwischen Vernunft und Wirklichkeit, aus und springt

Der philosophische Selbstmord des Existenzialismus 85

in die Utopie absoluter Gerechtigkeit und in den Terror, der gegenwärtiges Leben einer zukünftigen Glücksvision aufopfert. Der revolutionäre Ausbruch aus der Absurdität des Seins endet im Absurden. Prometheus, der aus Liebe zu den Menschen den Ansturm gegen die alte Ordnung führte, nimmt das Antlitz seiner Opfer an.

Die andere Form des Ausweichens betreibt die Existenzphilosophie. In dieser geistigen Landschaft herrscht ein wahrhaft mörderisches Klima: „Gegensatz, Widerspruch, Angst und Ohnmacht" (MS, 25). Dem entkommt eine existenziale Besinnung durch die Annahme der Kategorie des Sprungs (ins Ereignis des Seins, ins umgreifend Transzendente, in den Glauben an den absurden Gott). Hier sind tiefgreifende Mißverständnisse im Spiel. Dennoch entgeht Camus der verbreiteten Meinung, Existenzialismus sei atheistische Anthropozentrik. Für ihn vollzieht der Existenzialismus eine Denkbewegung, die von der Absurditätserfahrung der Welt ausgeht, um im Sprung zum Ewigen Sinn und Tiefe menschlichen Seinsbezugs wiederzugewinnen. In der Perspektive Camus' lebt die Existenzphilosophie aus einem religiösen Pathos. Sie vergöttlicht das, was das Dasein zerschmettert. Folgerichtig ist derjenige existenzialistische Denker, der Camus am meisten fesselt, Kierkegaard. Kierkegaard habe nicht nur das Absurde entdeckt, er habe es gelebt – preisgegeben einer totalen Zusammenhanglosigkeit seiner Welt. Dabei hält sich Camus an die Tagebücher Kierkegaards. Deren Leitmotiv sei die freiwillige seelische Verstümmelung einer dämonischen Existenz, welche sich „mit der verzweifelten Freude eines freiwillig Gekreuzigten" (MS, 27) der friedlosen Angst vor dem absurden Gott ausliefere. Trotz solch treffender psychologischer Charakterisierung geht Camus am Zentrum des Kierkegaardschen Denkens vorbei. Das rührt nicht nur daher, daß sein ‚Kierkegaard-Bild' durch den russischen Gottsucher Léon Chestov („Kierkegaard et la philosophie existentielle", 1936) überblendet war. Camus verkannte das Existenzial des Sprungs, weil er Kierkegaards Kategorie des Absurden uminterpretierte.

Camus' Kritik erklärt den Kierkegaardschen Sprung als Ausweichen vor der Seinslast des Absurden. Sie basiert im wesentlichen auf folgender Überlegung: Kierkegaard überspringt das Absurde, nämlich das paradoxe Urverhältnis, in welchem Geist und Welt einander stützen, ohne sich umarmen zu können; er streicht eine Seite der absurden Relation aus, indem er die hochfahrende Vernunft beugt, und behält so das andere Glied, das Irrationale, an dem die Vernunft scheitert, als das Absolute übrig. „So gibt er in qualvoller Flucht dem Irrationalen das Antlitz und seinem Gott die Eigenschaften des Absurden: ungerecht, inkonsequent und unbegreiflich" (MS, 37). Danach kehrt Kierkegaard nicht nur zum Christentum, dem Schrecken seiner Kindheit, zurück, er stellt auch das Ewige und dessen Behaglichkeit wieder her. Weil die begrenzte Vernunft ganz gedemütigt und das unbegreifliche Paradox verabsolutiert wird, gelingt es wieder, aus dem Gegenteil der Hoffnung, dem Tode, Hoffnung zu schöpfen. Kierkegaard macht sich den jahrhundertealten Hoffnungsschrei der Christen zu eigen, der Tod sei nicht das Ende von allem. Das ist Verrat an der Wahrheit des Absurden. Die volle absurde Wahrheit wird verneint, um den paradoxen Gott zu bejahen. Solche Negation mordet das Selbst im Namen Gottes. Sie gibt die endliche Vernunft als fundamentales Relat der absurden Grundrelation auf und steigert das Widervernünftige der Welt zum irrationalen Gott. Das ist für Camus philosophischer Selbstmord, sacrificium intellectus.

Indessen – fällt diese These nicht hinter Kierkegaards Kategorien des Absurden und des Sprungs zurück? Im Grunde setzt Camus Kierkegaards Existenzial der Verzweiflung mit dem Absurden gleich. Nach Kierkegaards eindringlicher Analyse hat das durchgängig verzweifelte Dasein die Struktur des Mißverhältnisses oder des Zwiespalts zwischen dem Endlichen und Unendlichen, dem Zeitlichen und Ewigen, der Vernunft und der Welt. Den besonderen Zwiespalt zwischen Erkenntniswille und unfaßlicher Welt hat Kierkegaard in der Nachkonstruktion der phantastischen Existenzweise herausgegliedert und gezeigt, wie das ins Ganze der Welt ausgreifende Wissen phantastisch und – ins Enzyklopädistische gehäuft – zur sinnlosen Verschwendung von Existenzen wird. Camus identifiziert diese spezielle Existenzweise des Daseins mit dem Absurden und Absoluten. Ihm bleibt der Anspruch des wahrhaft Absurden als eines absoluten Paradox im Sinne Kierkegaards verschlossen. Erst in einem durch Furcht und Zittern geläuterten Glaubensbezug kommt das ontologische Paradox (als Einzelner in einem absoluten Verhältnis zum Absoluten zu stehen), das pistologische Paradox (durch unendliche Resignation das Endliche zu gewinnen) und das christologische Paradox (dem ewigen Gott in sterblicher Knechtsgestalt geschichtlich begegnet zu sein) auf die konkrete Existenz zu. Der ‚Teufelslärm der freien Geister' hat das Organ für den Anspruch solcher Absurditäten taub gemacht. Daher ist Camus auch blind gegenüber der ‚Kategorie der Entscheidung', dem Sprung. Der Sprung ist für Kierkegaard der Gegenbegriff zum Geheimagenten des spekulativen Prozesses, der Mediation oder Vermittlung. Sprung drückt die Bewegung eines Übergangs aus, der über einen Abgrund, die Kluft zwischen Sünder und Gott, trägt. Der Vollzug eines solchen Sprungs bedeutet mithin kein Ausweichen, sondern eine Entscheidung. Jeder Einzelne steht ‚seit Christi Geburt' in der Krise, den absurden Gott-Menschen zu glauben oder daran Ärgernis zu nehmen; und weil das zu Entscheidende von der Seinsart des Absurden ist, geschieht die Entscheidung im unvermittelten Sprung. Entweder überspringt sich das Selbst auf die paradoxen Bedingungen seiner Existenz, oder es bleibt der Verzweiflung verhaftet. Das ist für Camus eine anachronistische Frage. Die philosophische Prüfungsarbeit des 23jährigen („Métaphysique chrétienne et néoplatonisme") stellt den inkarnierten Gott in die Mitte des Christentums und betrachtet die Wahl zwischen Gott und Welt als Konsequenz der Inkarnation. „Il faut choisir entre le Monde et Dieu" (MCh, 1231). Aber für Camus zählt nur das Evangelium der Griechen: Unser Reich ist von dieser Welt. Griechische Weltfreude und tragischer Heroismus angesichts des Absurden lösen die christliche Resignation und den Gedanken der Menschensünde auf. Man kann mit Kierkegaard die Verzweiflung des Trotzes, d. h. eine Auflehnung gegen das absurde Sein ohne Hoffnung auf Versöhnung durch Gott, Sünde nennen. Aber Camus wagt die ungeheuerliche Formel: „L'absurde c'est le péché sans Dieu" (mS, 60).

Kierkegaards Sprung kraft des Absurden bleibt für Camus eine Flucht. Sie kennzeichnet auch Kafkas existenzielle Poesie des Absurden. Bekanntlich hat sich Kafka im Jahre 1918 intensiv mit Kierkegaards „Furcht und Zittern" und mit der Gestalt des ‚ungeheuren, in die Wolken gemalten Abraham' beschäftigt; und vielleicht stellt die in der Kafka-Forschung vielbedachte Amalia-Episode im „Schloß" wirklich ein Gegenstück zu Abrahams teleologischer Suspension des Ethischen in „Furcht und Zittern" dar. Jedenfalls gehören Kafkas große Romanfragmente „Der Prozeß" und „Das Schloß" in die eine und selbe Bewegung des Glaubens. Der „Prozeß" enthüllt die alltägliche, realistisch in jedem Detail greifbare Welt des 30jährigen Bankangestellten K. – in wachsender Angst und fortschreitender alptraumhafter Beklemmung – als Wirklichkeit des Absurden. Mit Kierkegaards Kategorien gesprochen, vollzieht dieser Prozeß des Bewußtseins die Bewegung der ‚unendlichen Resignation' eines Angeklagten, für den die Autorität des Gerichts, das ihn anklagt, ebenso ungreifbar ist wie die Gesetze, gegen die er verstoßen hat. Diese Bewegung endet in einer tödlichen Heraussonderung aus der vertrauten Welt. Sie schlägt im „Prozeß" um. Der Landvermesser K. sucht seine Welt im ‚Dorf' aufgrund der absurden Hoffnung wiederzugewinnen, die dafür zuständigen Instanzen im ‚Schloß' zu erreichen. Gerade aus dem Absurden schöpft er die Gewißheit seines Glaubens und setzt seine ganze Existenz darauf, am Ende wider alle Wahrscheinlichkeit doch im Schloß empfangen zu werden. So ist K. – nach Camus' kritischer Interpretation – „reich nur an sinnloser Hoffnung – in die Einöde der göttlichen Gnade eingehen zu können" (MS, 109). Und Camus fügt hinzu: „Auch hier folgt Kafka noch Kierkegaard" (MS, 108). Das eine hat Camus aus Kafkas Verzweiflungsschrei aber doch herausgehört: Wird der Sprung in den göttlichen Abgrund des Absurden nicht gewagt, dann versinkt menschliche Existenz in der Hölle von Angst und Verzweiflung. Camus' Wahl ist entschieden. „Dieser Schrei ist nicht dazu angetan, den absurden Menschen zurückzuhalten. Das Wahre suchen heißt nicht: das Wünschenswerte suchen. Wenn man sich, um der angstvollen Frage: ‚Was wäre dann das Leben?' zu entgehen, wie der Esel von den Rosen der Illusionen nähren muß, dann wird der absurde Geist, anstatt in der Lüge zu resignieren, sich lieber ohne Zagen Kierkegaards Antwort zu eigen machen: ‚die Verzweiflung'. Wenn man alles recht betrachtet, wird eine entschlossene Seele stets damit fertig" (MS, 39).

3. *Die absurde Freiheit im Mythos des Sisyphos*

Der absurde Mensch existiert tragisch-heroisch. Ein grandioses Bild davon vermittelt der Mythos des Sisyphos; denn Sisyphos ist der ‚Held des Absurden'. Das Sinnbild von der absurden Arbeit menschlicher Existenz stammt aus dem 11. Gesang der Odyssee (593–600).

„Schob er ja doch einen riesigen Block mit beiden Händen.
Wahrlich, er stieß ihn hinauf bis zum Gipfel und stemmte dagegen,
Brauchte Füße und Hände; doch war er so weit, daß die Höhe
Endlich er hatte, da drängte die Überschwere ihn abwärts.

Wieder rollte der schamlose Stein in die Felder hinunter.
Er aber fing wieder an sich zu plagen und stieß, daß der Körper
Triefte vor Schweiß; um den Kopf aber kreiste von Staub eine Wolke."

Dem Mythos zufolge ist die sinnlose Arbeit des Menschen Strafe der Götter. Camus liest aus den verschiedenen Überlieferungsströmen der Sisyphosfabel (von Homer und Pindar über Pherekydes bis Strabon und Pausanias) drei Gründe für die Bestrafung des Sisyphos auf: „seine Verachtung der Götter, sein Haß gegen den Tod und seine Liebe zum Leben" (MS, 99). Sisyphos frevelte an Zeus, indem er ihn an den Flußgott Asopos, dessen Tochter Aegina Zeus entführt hatte, verriet. Sisyphos verlangte dafür Wasser – die Quelle Peirene auf Akrokorinth. „Den himmlischen Blitzen zog er den Segen des Wassers vor" (MS, 98). Und Sisyphos haßte den Tod. Nach antiker Überlieferung fesselte er ihn mit so starken Banden, daß niemand mehr starb, bis Ares den Tod aus seinen Händen befreite. Sisyphos nämlich liebte das Leben. Der Sage nach trug er seinem Weibe (der Plejade Merope) auf, ihm die Todesopfer nicht in den Hades nachzuschicken. Auf seine Klage hin ließen ihn Pluton und Persephone wieder ans Licht hinauf, wo er den Göttern zum Trotz noch viele Jahre lebte „am leuchtenden Meer, auf der lächelnden Erde" (MS, 98), bis Hermes ihn mit Gewalt in den Hades zurückschaffte. So erst ist Sisyphos der Heroe des Absurden. Er quält sich ewig an der Last einer sinnlosen Arbeit ab in Verachtung der Götter, im Haß gegen den Tod und in Liebe zum Leben. In diesem Bewußtsein wurzeln die absurde Freiheit und das Glück des Sisyphos.

Camus spinnt den griechischen Mythos weiter. Den neuzeitlichen Ausleger interessiert die Phase, in welcher Sisyphos, aufatmend von der Anstrengung, in die Ebene hinuntergeht, dem in die Tiefe gerollten Steine nach; denn das ist die Stunde des Bewußtseins. Das Bewußtsein des Sisyphos ist ein hellsichtiges Verstehen (clairvoyance, intelligence) der absurden Wahrheit. Dem ‚Proleten der Götter' wird schmerzhaft klar, daß das Gewicht der Absurdität auch die geduldigste Anstrengung tagtäglicher Arbeit immer wieder ins Sinnlose abstürzen läßt. Arbeit und Lebenstätigkeit des Menschen werden nicht durch bestimmte ökonomisch-politische Verhältnisse entfremdet, sie sind wesenhaft absurd. Und sich seiner selbst bewußt werden, heißt, dem Absurden ins Auge sehen, um es sein zu lassen. „Im Gegensatz zu Eurydike stirbt das Absurde nur, wenn man sich von ihm abwendet" (MS, 49). Und das Absurde wirklich verstehen, bedeutet in eins, darauf seine Existenz setzen, und zwar nicht in Resignation und Verzicht, sondern in Auflehnung und Trotz. Camus, durch die Résistance geprägt, ist der einzig angemessene subjektive Denker der Revolte. Er gründet die Existenzgewißheit des Ich auf das Axiom: Ich lehne mich gegen das Absurde auf, also sind wir.

Der absurde Held existiert, indem er die ungerechte Welt in jeder Sekunde neu in Frage stellt, um ohne Hoffnung unermüdlich gegen ihre Ungerechtigkeit anzukämpfen. Der Arzt Dr. Rieux im großen Tragödien-Roman „La Peste" ist solch ein schlichter ‚Heiliger ohne Gott'. Er versteht, daß die Pest, welche ihre Ratten in die gedankenlose Stadt Oran aussendet, kein zufälliges Unglück ist, das andere trifft. Jeder trägt die Pest in sich. „Was heißt das schon, die Pest? Es ist das Leben, sonst nichts" (P, 181). Und Rieux lehnt sich gegen ein Leben, in welchem unschuldige Kinder unter schrecklichen Qualen sterben, auf. Er kämpft gegen die Pest mit der Redlichkeit des Herzens (honnêteté). Der Redliche verschleiert sich nicht die Wahrheit, daß die Wirklichkeit des Absurden jeder menschlichen Anstrengung spottet, und tut doch das Seine, ohne Hoffnung und ohne Verzweiflung.

Der absurde Mensch ist der Antipode des Selbstmörders. Die für Camus klassische Figur des existenziellen Selbstmörders ist der Ingenieur Kirilov in Dostojewskis „Dämonen". Kirilov lebt nicht in Illusionen eines Größenwahnsinnigen, sondern mit der tödlichen Logik eines ansonsten durchschnittlichen Menschen. „Kirilov muß sich umbringen, um Gott zu sein" (MS, 89). Er bringt sich um, damit die Menschen von einem Gott erlöst werden, der nur erfunden wurde, damit die Menschen sich nicht umbringen. Aber der Selbstmord negiert die göttliche Freiheit, die er ponieren will: das Leben im hellen Bewußtsein des Absurden. Der absurde Mensch lebt dagegen als der zum Tode Verurteilte, der die Neige seines Lebens in Revolte gegen eine ihm überlegene Wahrheit ausschöpft. Daher ist die Arbeit des Sisyphos gar nicht – wie Kerényi den griechischen Mythos deutet – der stets vergebliche Versuch des Sterblichen, die Last des Todes von sich abzuwälzen. In Sisyphos bricht das Bewußtsein absurder Freiheit auf.

Die absurde Freiheit bildet das Glück des Menschen, eine Freiheit ohne Morgen, deren Prinzipien der Tod und das Absurde sind. In ihr löst sich das Bewußtsein von den Gestalten einer ‚metaphysischen Freiheit', die an Gott und an den Willen der praktischen Vernunft gebunden sind. Die theologisch fundierte Freiheit verfällt einer sinnlosen Alternative. Entweder ist der Mensch frei und für das Böse verantwortlich, dann gibt es keinen allmächtigen Gott. Oder es gibt keine menschliche Freiheit, dann ist der allgütige Gott für das Böse verantwortlich. „Alle scholastischen Spitzfindigkeiten haben der Schärfe dieses Paradoxons nichts hinzugefügt und nichts genommen" (MS, 51). Und die metaphysische Freiheit des Willens und Entwurfs verfällt der Absurdität von Zeitlichkeit und Tod. Wille und Entwurf reichen in die Zukunft, dergestalt, daß die praktische Vernunft nurmehr solche zukünftigen Möglichkeiten zuläßt, die ihre Wirksamkeiten sind. Vor der Wahrheit des Absurden aber zerstieben die Zeitpläne und Sinnentwürfe des freien Willens. Wer wirklich frei existiert, weiß sich als „Herr seiner Zeit" (MS, 101). Er hat sich von aller Hoffnung-auf und Sorge-um die Zukunft befreit. Für den absurden Menschen gibt es kein Morgen mehr. Er ist frei von allen Hoffnungen, Entwürfen, Sorgen. Wie der antike Sklave kommt er davon los, verantwortlich und Sklave seiner Freiheit zu sein.

Der Verlust an Hoffnung auf einen gütigen Gott und die Befreiung von der Zukünftigkeit des Willens bedeuten einen Zuwachs an Verfügungsmacht (un accroissement dans la disponibilité) in einer sinnlosen Welt. Das hat Camus bewußt antichristlich in die mythische Formel von Brot und Wein gefaßt. „Der Mensch wird hier endlich den Wein des Absurden finden und das Brot der Gleichgültigkeit, mit dem er seine Größe speist" (MS, 48). Der absurde Mensch ißt vom Brot der Gleichgültigkeit; er ist gleichgültig gegenüber der Zukunft, den Plänen, Entwürfen, Interessen des Alltags, den hierarchischen Unterschieden unter Menschen, dem Sterben der Anderen und dem eigenen Tod. Aus solcher Gleichgültigkeit speist der absurde Mensch seine Größe, der sinnlosen Wirklichkeit nicht durch Selbstmord oder Lebenslügen auszuweichen. Nur so findet man den Wein des Absurden. Der absurde Held berauscht sich an der reinen Flamme gegenwärtigen Lebens. „Der Körper, die Zärtlichkeit, die Schöpfung, die Tätigkeit, der menschliche Adel werden dann in dieser sinnlosen Welt ihren Platz einnehmen" (MS, 48). Das wahrsagerische Essay „Der Mensch in der Revolte" nimmt diese Prophezeiung am Ende auf. Wirklich zu sein, bedeutet danach für eine zweite homerische

Naivität, in körperhafter Kraft unter dem Lichte der Sonne zu weilen und in der ‚zärtlichen Gleichgültigkeit der Welt' aufzugehen. Arbeiten heißt, schöpferisch tätig sein nach dem Maße der Schönheit. Seit alters nämlich ist der wahre Aufstand gegen die Ungerechtigkeit der Welt mit der Revolte gegen ihre Häßlichkeit verschwistert. Und dem Dasein inmitten kümmerlicher Wirklichkeit seinen Adel wiederzugeben, erfordert, das rechte Maß zu finden. Das Maß eines griechennahen, mediterranen Denkens (vgl. la pensée de midi – HR, 363–367) verlangt vom absolut freien Dasein, wieder das Leben und Sterben zu lernen und sich zu weigern, Gott zu werden, um Mensch zu sein. Sisyphos lernt, wenn er Atem schöpft und seine Existenz überdenkt, sich auf seine absurde Freiheit zu verstehen. Er weiß, daß sein Schicksal allein ihm gehört, daß der Fels seine Sache und die Hölle des Gegenwärtigen sein Reich ist. Und er versteht, daß seine Qual durch die Revolte gegen die Götter und die Liebe zum Leben aufgewogen wird. So verknüpft Camus sophokleische Weisheit mit dem atheistischen Heroismus der Moderne. Sisyphos kommt mit sich zu Rande wie der geschlagene Ödipus der sophokleischen Tragödie: ein Blinder, der weiß, daß die Nacht für ihn kein Ende hat, aber der sieht, daß es gut ist. „Ich verlasse Sisyphos am Rande des Berges! Seine Last findet man immer wieder. Nur lehrt Sisyphos uns die größere Treue, die die Götter leugnet und die Steine wälzt. Auch er findet, daß alles gut ist. ... Der Kampf gegen Gipfel vermag ein Menschenherz auszufüllen. Wir müssen uns Sisyphos als einen glücklichen Menschen vorstellen" (MS, 101).

IV. Existenz und Freiheit (Sartre)

1. *Katharsis der Reue ("Die Fliegen")*

Das Bewußtsein der absurden Freiheit durchkreuzt den Glaubensweg der ‚unendlichen Resignation'; denn dieser führt nach Kierkegaard kraft des Absurden zum Heil dieser Welt zurück. Aber das unheile Glück des Sisyphos streitet auch mit dem Bewußtsein der Freiheit, wie es Sartres Umdeutung des Atriden-Mythos durchspielt. Zwar vertreibt auch der Orest der „Fliegen" in einem dramatischen Umschwunge des Bewußtseins einen Gott aus dieser Welt, der „mit der Vorliebe für nutzlose Schmerzen in sie eingedrungen war" (MS, 100), aber bei Sartre wird eine Freiheit bewußt, zu der die Menschen glücklos verdammt sind.

Das im Juli 1943 uraufgeführte Atriden-Drama „Die Fliegen" bedeutet die Urstiftung des existenzialistischen Theaters. Es behandelt die Selbstwerdung einer Existenz, die Entdeckung des Sich-selber-Wählens und den Umschlag vom schwerelosen ins lastende Dasein durch eine schwerwiegende Tat, mit der sich der Täter identifiziert. Gleichwohl ist das Spiel der Tragödie kein nachträgliches Beispiel für eine philosophische Konzeption totaler menschlicher Freiheit in einem Existenzialismus, der nichts anderes sein will als „eine Bemühung, alle Folgerungen aus einer zusammenhängenden atheistischen Einstellung zu ziehen" (EH, 35). Es ist dessen unüberspringbares Vorspiel; denn es leistet die Katharsis der Reue und bringt eine unableitbare Angst und ursprüngliche Verzweiflung (désespoir originel) ins Spiel, von der Sartres Existenzialismus ausgeht (vgl. eh, 94).

Sartres Drama dichtet am griechischen Atriden-Mythos in nihilistischer Gegendichtung weiter. Die mythischen Gestalten sind mithin mehr als die allegorische Verkleidung einer politischen Parabel, welche das bürgerliche Publikum im Théâtre de la Cité leicht aktualisieren konnte: Ägisth als faschistische Ordnung der Deutschen, Klytemnestra als die Bußfertigkeit der Vichy-Leute, Elektra als die Not des Vaterlandes, Orest als der Terrorist der Résistence. Bezeichnenderweise bleiben bei solcher Rollenverteilung Jupiter funktionslos und „Die Fliegen" ohne sinnbildliche Kraft. Was die Fliegen, die Erinnyen des Mythos, ihrem archaischen Ursprunge nach sind, macht die Orestie des Aischylos offenbar. Bei den Toten werden sie ‚Arai' (‚Gebete') genannt. Sie tragen die flucherfüllten Gebete der mißhandelten Toten aus, die um Vergeltung rufen. In ihnen schreit Blut nach Blut. Nun ist der epochale Umschwung innerhalb der Trilogie des Aischylos gerade der Wandel der Erinnyen von chthonischen Rachegöttinnen in Eumeniden, in Hüterinnen friedvoller Gerechtigkeit. Ein Gott nämlich, der über dem Gesetz des Blutes steht, vermag die uralte Fügung der Blutrache aufzuheben, Zeus. Er löst durch die Tochter Athena am Schluß der Tragödie Orest vom Banne der Erinnyen.

> „Zeus, der Allschauende,
> fügte es so und das Schicksal"
> (Vers 1045–1046).

Sartres Drama ist die nihilistische Travestie des aischyleischen Mythos. Er führt die Dämmerung der Götter (crépuscule) in der Selbsterkenntnis Orests vor, der Argos von der Pest der Fliegen befreit. So hat die ‚Moira' den Untergang von Zeus im Aufbruch der menschlichen Freiheit vorgesehen. Daher lautet bei Sartre das letzte Wort Jupiters: „Nun, Orest, all dies war vorgesehen. Ein Mensch mußte kommen, meinen Untergang anzuzeigen. Das bist also Du?" (III, 2). Jupiter spielt dabei die Rolle des seit Xenophanes moralisch gewordenen, platonisch-christlichen Gottes. Er nennt sich ‚das Gute' („Je suis le bien" – M, 110). Darin ist sein Untergang beschlossen. Wird nämlich entdeckt, daß das Gute allein in der Autonomie unserer Freiheit gründet und daß diese sich nicht apriorischen Gesetzen unterwirft, dann schwindet die Macht der Götter zu bloßer Illusion. So geschieht in Sartres Drama ein Zweifaches mit einem Schlage. In der Anagnorisis erkennt sich der Mensch in seiner Freiheit wieder (1), und in der Peripetie schlägt die Macht der Götter in Ohnmacht um (2). Die Anagnorisis-Szene der „Fliegen" geht – wie in der Hochform des griechischen Dramas – mit der Peripetie, dem Umschwung von Glück in Unglück, zusammen. Wenn Sartre auch Sprachstil und Sprachformen der hohen Tragödie brillant in eine legere Alltagsprosa auflöst, so behält er doch diese wirkungsvolle Aufbauform bei. Auf die Analyse von Wiedererkennung und Glücksumschwung beschränkt sich die hermeneutische Betrachtung dieses vieldiskutierten und vielschichtigen Dramas existenzialer Verlassenheit.

1. Der Anagnorisis-Prozeß in der Mitte des Dramas (II, 1/4) hat das Wiedererkennen der Geschwister nur zum Vor- und Nachspiel eines Selbsterkennens, in welchem Orest zu sich selber findet. Orest nämlich kommt als ein Fremder – ein Verbannter (exilé) und Fremder in der Welt (étranger) – nach Argos. Ausgestoßen aus allen Bezügen ortsbezogener Umwelt und schuldverknüpfter Mitwelt, sucht er sich selbst in seiner wesenhaften Herkunft wiederzuerkennen. Aber er hat eben nicht an der ‚Erbschuld' der Leute von Argos teil, an der aus Langeweile geborenen, wollüstig zerstreuenden Anteilnahme an der Ermordung Agamemnons, die ein einziges Wort hätte verhindern können. In den Augen Jupiters existiert Orest in einer unerhörten Unschuld (impertinente innocence – M, 23). Er ist träumender, indifferenter Geist: erzogen in der Lehre eines „lächelnden Skeptizismus", geübt in der skeptischen Ironie, in schöner innerer Freiheit schwerelos hin- und hertreibend wie ein aus dem Spinnennetz gerissener Faden. Es ist merkwürdig, wie genau sich Kierkegaards Analyse der Angst als anziehend-abstoßender Traum der Freiheit im Falle Orests bewährt. Sein unschuldiges Bewußtsein spiegelt ihm die Freiheit irgendeiner Tat vor, welche in die Leere seines Herzens dringt – und wäre es Muttermord: „Ce sont des songes – das sind Träume" (I, 2; M, 29). So ist Orest noch nicht er selbst, und darum wird er auch von Elektra nicht erkannt. Obwohl er sich unvermittelt – ohne kunstvolle Retardierungen und ohne die Symbola wie Locke, Fußspur oder Narbe der antiken Elektra-Fassungen – zu erkennen gibt, wird er von der Schwester nicht anerkannt. Der sanftmütige Skeptiker ist nicht der, den Elektra allein als ihren Bruder erkennen, und d. h. anerkennen kann, den Rächer des Vatermordes aus dem Hause des Atreus. Zugleich wird sich Orest bewußt, wie fremd er sich selbst ist. „Wer bin ich...? ich existiere ja kaum!" (II, 1/4). Durch Elektra erst findet er sich zu einer Existenz stiftenden Tat herausgefordert. Dadurch vertieft sich der ironische Zweifel eines unbeteiligten Zuschauers zur tragischen Verzweiflung eines Handelnden, dem sich das Gute und Böse seines Engagements heillos verwirren. Er soll, um nicht am Vater schuldig zu sein, an der Mutter schuldig werden. In dieser Situation fordert Orest von Jupiter ein Zeichen, um sich als der wiederzuerkennen, der das Rechte tut. Jupiter gibt ein Wunderzeichen.

Er läßt Licht um den heiligen Stein, der das Totenreich verschließt, sprühen. Nun mag das für den Furchtsamen den Anschein eines gewaltigen Zaubers, für einen akademischen Skeptiker den Sinn eines neuplatonischen Lichtquell-Gleichnisses haben, für den Orest des tragischen Zweifels bleiben solch metaphysische Zeichen leer. „Es ist nicht für mich, dieses Licht" (II, 1/4). Jegliches Zeichen spricht aus seiner Deutung durch das deutende Subjekt. Ausdrücklich hat Sartre in seiner Diskussion der ‚Angst Abrahams' das Sein des Zeichens als Bedeuten auf das zu seiner Deutung entschlossene Ich reduziert. Nicht das ungewisse Zeichen der Stimme Gottes designiert Abraham zum Vater des Glaubens, sondern die furchtbare Deutung, die dieser ihm gibt (vgl. eh, 31). Im Falle Orest liegt die Bedeutung des Gotteszeichens allein in seiner leeren Bedeutungslosigkeit. Es zeigt, was der Gott des ewig Guten ist, Lichtzauber und Hokuspokus. Das wiederholt sich in der Schlüsselszene von Sartres ‚Faust-Drama' „Le diable et le bon Dieu". Götz, der Bastard, der ortlos und fremd weder zum Adel noch zu den Bauern gehört, sucht sein Dasein im Guten oder Bösen festzumachen und erfleht dafür vom ‚lieben Gott' ein Zeichen. Das Ausbleiben des Zeichens wird ihm zum Zeichen für das Ausbleiben Gottes. „Das Schweigen ist Gott. Die Abwesenheit ist Gott, die Verlassenheit der Menschen ist Gott. Was da war, war einzig ich" (10. Bild, 4). In seiner schweigenden Bedeutungslosigkeit wird das Zeichen Gottes zum Symbolon menschlicher Wiedererkennung. In der Absenz Gottes vergegenwärtigt sich Orest als jemand, der seine Existenz allein erfinden muß. Plötzlich findet er sich verlassen und frei. „Plötzlich ist die Freiheit auf mich herabgestürzt ..., und ich habe mich ganz allein gefühlt ..., und es war nichts mehr am Himmel, weder Gut noch Böse, noch irgendeiner, um mir Befehle zu geben" (III, 2). So vollzieht sich die Wiedererkennung des Menschen. Zeichen weisen nur hin. Die Freiheit trifft das Dasein „wie der Blitz" (II, 2/8), sie ist unvermittelt (tout à coup – M, 112) da. Vermittlungen des Denkens kommen zu spät. Sowie Orest zu sich kommt, fühlt er sich frei und entschlossen, zum Beil zu werden, das sich in das Herz von Argos bohrt. Der archaische Orest mußte, der moderne Orest will schuldig werden. An diesem Existenzentwurf glaubt Elektra den Bruder wiedergefunden zu haben und ruft ihn endlich mit seinem eigenen Namen an. Nach der Tat indes wird Elektra von der Reue und den Erinnyen eingeholt, und am Ende erkennen die Geschwister einander nicht mehr (II, 2/6).

2. Mit der Anagnorisis vollzieht sich die Peripetie. Im modernen Tragödienumschwung aber stürzt mit der Ordnung der Könige das Glück des obersten Gottes ein. Wie aber erscheint in der wachsenden Wüste der Verlassenheit noch der Gott, und was geschieht mit ihm? Jupiter herrscht als der Gott der Fliegen und der Toten. Die Fliegen sind die nihilistisch ins Christliche umgedeuteten Erinnyen, Göttinnen der Reue (II, 2/8). Durch die Macht der Gewissensbisse halten sie das Selbstbewußtsein im Modus der Reue nieder. Reue (remords) meint dabei jene Vorstellung, das Leben in einem einzigen Wurf auf ein Verbrechen gesetzt zu haben, das eigene Freiheit nicht wiedergutmachen kann und das man daher in Angst und Schrecken bis zum Tode hinter sich herschleppt. In Klytemnestra stellt sich dieses Bewußtseinsgesetz beispielhaft zur Schau (I, 4). Und das ganze Volk von Argos wird erzogen und ist durchdrungen vom Geist der Reue. So wie die Fliegen allgegenwärtig die Stadt verpesten, so kriecht die Reue in alle Winkel des Bewußtseins. Sie bietet das Machtmittel, mit dem der König der Könige über das menschliche Bewußtsein herrscht. Sein anderes Herrschaftsinstrument sind die jährlich einmal aus der Unterwelt heraufgeholten Toten. Auch sie versetzen die Lebenden in Schrecken und Reue. Das Sein der Toten ist der Blick ihrer starren, ebenso hoffnungs- wie erbarmungslosen Augen (II, 1/2). Vor diesem unsichtbaren und unverschleierten Blick (ce regard invisible et pur – M, 54) findet sich der Lebende nackt und ohne Ausflucht in seinen Verfehlungen den Toten gegenüber. Und er kann daran nichts mehr ändern; denn die Rechnung der Toten ist abgeschlossen. So behauptet sich Jupiter durch die Toten und die Fliegen.

Sartres Deutung desavouiert die christlich-existenziale Analyse der Reue. Kierkegaards Schlußsatz über die Reue in „Entweder/Oder" besagt: „Nur indem man sich selbst bereut, wird man konkret, und allein als konkretes Individuum ist man ein freies Individuum" (2./3. Abt., 264). Reue (anger, verwurzelt mit lat. angor = ‚würgende Angst') heißt zunächst der beengende Schmerz über eine Schuld, der kein Mensch entgeht. Der erwachte Geist jedes Einzelnen selbst ist ja schuld daran, daß sich die indifferente Einheit des kindhaften Gemüts in den Gegensatz von Gut und Böse entzweit. Demnach leidet der Reuige nicht nur an Schmerz über etwas Böses, sondern daran, daß sein Selbstsein Ursprung der Entzweiung zwischen dem Guten und

Bösen ist. In eins drückt Reue den Hang zur Sühne und Versöhnung aus. Sie will den absoluten Gegensatz des Bösen überwinden, ohne ihn jemals ausschließen zu können; denn die Antithesis ist konstitutiv für die Synthesis endlichen Bewußtseins. Daher ist die Reue unendlich und kommt erst in der Unendlichkeit Gottes zur Ruhe. In einer Bewegung der Isolation ‚reut sie sich' aus dem ganzen Dasein heraus und zu Gott als der Macht hinüber, die allein den unendlichen Gegensatz von Gut und Böse zu lösen vermag. Im Bewußtsein der Reue ist Gott die Versöhnung selbst. Damit schlägt die Bewegung der Isolation in die der Kontinuation um. Durch die Versöhnung in Gott findet sich das Selbst heil in die konkrete Unmittelbarkeit und in den Zusammenhang seiner Geschichte, des Geschlechts, seiner Mitwelt und Umwelt zurückgebracht. „Die Reue bringt das Individuum in die innigste Verbindung und den genauesten Zusammenhang mit einer Umwelt" (2./3. Abt., 256–257). Das ist die Spitze einer christlich-existenzialen Dialektik der Reue. Nur indem das Selbst bereut, wird es konkret, und d. h. wirklich frei. Reue ist die höchste Bedingung der sich selber wählenden Freiheit. Die nihilistische Dichtung der „Fliegen" wertet die Reue um. Reue versperrt das Sich-selber-Wählen der Existenz; sie bannt das Dasein ins Bewußtsein, verworfen zu sein, und hält es gerade davon ab, in sich selbst, d. h. auf den Grund seiner Freiheit, zu schauen.

Orest bleibt reuelos. Er hat die Verlassenheit erfahren und darin seine Freiheit entdeckt. Orest existiert im Stande einer Reuelosigkeit, die Sartres philosophisches Grundbuch „L'être et le néant" am Ende begrifflich einholt. „Wer in der Angst seine Seinsstellung realisiert, nämlich in eine Verantwortlichkeit geworfen zu *sein,* die sich bis auf seine Verlassenheit erstreckt, hat keine Gewissensbisse mehr, keine Anwandlungen von Reue...; er ist weiter nichts als eine Freiheit, die sich in vollkommener Weise selbst entdeckt" (SN, 700). Orest hat „das schmerzliche Geheimnis" der Götter und Könige durchschaut: „c'est que les hommes sont libres" (M, 84). Und ihm enthüllt sich das zweite Geheimnis: „Wenn einmal die Freiheit in einer Menschenseele aufgebrochen ist, können die Götter nichts mehr gegen diesen Menschen" (II, 2/5). Die Wiederentdeckung der totalen menschlichen Freiheit ist eine Katastrophe für den Gott. Zwar bleibt Jupiter König der Götter, der Steine, der Sterne, der Meereswogen, aber nicht mehr Herr über den Menschen. Die Natur – der Lauf der Planeten, die

Harmonie der Sphären, die Zeugung der Lebewesen – unterliegt nach wie vor seiner Ordnung nach ewigen Gesetzen. In ihr folgt alles Existierende einem wesenhaft Allgemeinen. Allein im Falle des Menschen kehrt sich diese Ordnung um. Orest hat erfahren, daß er sein eigentliches Sein nur findet, indem er es erfindet. Diese Erfahrung bezahlt er mit dem Leid der Verzweiflung und Verlassenheit. Darum graut der Natur vor dem aufständischen Menschen (III, 2). So endet Sartres Orestie in einer Katharsis der Verzweiflung. Ohne auf die umfangreiche Diskussion des offenen Schlusses, der Entsühnungs- und Erlösungsproblematik, der aufschlußreichen Analogie Orest–Christus einzugehen, läßt sich wohl zeigen: Orest reinigt Argos von der falschen Verzweiflung im Sinne der Reue. Und er stiftet das wahre Verzweifeltsein menschlichen Daseins, nämlich die Angst vor der nichtenden Kraft totaler Freiheit. Im Schlußbild nimmt Orest, da er fortgeht, die Fliegen mit sich fort wie der Rattenfänger die Ratten. Doch hinter ihm bleibt die Angst einer gottverlassenen, ordnungslosen Leere, durch die jeder muß, der zum Leben will. „La vie humaine commence de l'autre côté du désespoir" (M, 114). Eine „ursprüngliche Verzweiflung" also ist der Ausgangspunkt für den Existenzentwurf der Freiheit. Das frei gewordene Leben hat die absolute Geworfenheit (délaissement) des Menschen in die Welt erfahren und macht ernst damit, „daß Gott nicht existiert und man daraus die Folgerungen ziehen muß bis zu Ende" (EH, 15).

2. *Herleitung des Satzes: Die Existenz geht der Essenz voraus*

Alle Formen des Existenzialismus scheinen sich auf den Satz zu einigen: „L'existence précède l'essence" (eh, 17). Diese berühmte Behauptung will das Rang- und Zeitverhältnis der scheinbar geläufigen überlieferten Seinsbedeutungen von existentia und essentia vom Kopf auf die Füße stellen. Ein konsequenter atheistischer Existenzialismus sucht dabei diese Umkehrung aus dem Faktum menschlicher Gottverlassenheit herzuleiten. „Er erklärt, daß, wenn Gott nicht existiert, es mindestens ein Seiendes gibt, bei dem die Existenz der Essenz vorausgeht" (EH, 21). Damit kündigt sich in der unscheinbaren Verkehrung ‚abstrakter' Seinsbestimmungen eine Umwälzung der menschlichen Existenz in ihrem Verhältnis zum Absoluten an. Wie also steht es mit dem überlieferten Verhältnis von Existenz und Essenz (1), und wie erfolgt deren ‚existenzialistische' Revolution (2)?

1. Begrifflich trennt sich das esse existentiae (Daßsein) vom esse essentiae (Wassein) bekanntlich erst im nachthomistischen Mittelalter. Deren Scheidung degradiert die existentia zur Seinsart faktischer Vorhandenheit. Existieren besagt demnach nichts als die Tatsache, da und präsent zu sein. Dieses esse des nackten Daßseins scheint an ihm selbst philosophisch unergiebig. Die existentia gewinnt ihre Bedeutung allein in Analogie zur essentia qua causa. In seinem Kommentar zu Thomas von Aquins „De ente et essentia" definiert Cajetan daher: „Id quod realiter existit extra causas suas est ens reale" (Hrsg. M. H. Laurent, Turin 1934; IV, 59, S. 92). Zu existieren heißt für ein sachbestimmtes Seiendes, daß es außerhalb seiner Ursachen und auf sich selbst gestellt ist. Die Existenzformel des ‚esse rei extra causas' baut auf die Problemklärung der Kausalität im Werk des Aristoteles. Sie verabsolutiert dessen methodischen Ansatz, die verwickelten Ursachenverhältnisse im Blick auf das ‚durch Kunst Seiende' darzulegen; denn dieses ist uns in seinen Ursachen vertrauter als das von Natur Seiende, weil wir selbst schuld an seiner Entstehung sind. Und es ist durchsichtiger, weil bei ihm – anders als beim Naturhaften – die beiden Ursachen des Wasseins und des Wozuseins geschieden sind. Mittelalterliches Denken hält sich nun vollends an Strukturen des Hergestellten und Verfertigten, weil alles Seiende – Natur, Kunst und der Mensch – Kreatur (ens creatum), d. h. von Gott Geschaffenes, ist. Am Leitfaden des Hergestellten also hat Aristoteles ein Geflecht von vier Ursachen entfaltet. Für eine Erläuterung der Seinsverhältnisse von existentia und causa genügt es, die bloße Unterscheidung der vier Ursachen in ihrer mittelalterlichen Rezeption zu wiederholen. Damit eine Silberschale oder ein Haus wirklich werden, sind unterschiedliche Ursachen nötig: die Stoffursache, z. B. Silber oder Stein und Hölzer (causa materialis), die Formursache, d. h. eine Idee davon, was eine Schale oder ein Haus überhaupt sind (causa formalis), die Zweckursache, nämlich das, wozu eine Silberschale oder ein Haus gut sind (causa finalis), und schließlich die bewegende oder erwirkende Ursache, welche die Sache ins Werk setzt, etwa die Bauleute (causa efficiens). Nun ist das Erwirkende im Unterschied zur Materie offenbar eine äußere Ursache (causa externa). Die Materie nämlich ist das, woraus eine Sache entsteht und worin sie dauerhaft besteht (causa

interna). Der erwirkende Hersteller dagegen bleibt dem Werk äußerlich. Dieses ist gerade erst dann fertig und durchgefertigt (per-fectum), wenn es aus dem Bezug zum Verfertiger entlassen ist. Diese plane Erinnerung an den Schulrahmen der Vier-Ursachen-Lehre soll lediglich die Existenzbestimmung des esse rei extra causas sprechender machen. Eine Sache existiert, wenn sie aus den sie erwirkenden Ursachen herausgestellt ist. In eins damit leuchtet die Priorität der essentia ein. Der Titel essentia bezeichnet das, was eine Sache an ihr selber ist und wozu sie ist. Was- und Wozusein aber haben sich als Ursachen gezeigt, welche den existierenden Sachen vorhergehen. Bevor ein Wohnhaus wirklich zustande kommt, muß der Verfertiger eine Idee von ‚Haus' und die Absicht, menschlich zu wohnen, haben. So ist die essentia der Zeit, der Ursache und dem Seinsrange nach ‚früher' als die existentia.

An diesem Rang- und Fundierungsverhältnis hat sich bis zu Hegels Logik nichts Einschneidendes geändert. Darum geht der Protest des thomistischen Hegelianismus, die Existenzphilosophie sehe aus anthropozentrischer Borniertheit vom Absoluten ab und ignoriere die Reflexionsbestimmungen der Existenz in Hegels Wesenslogik, ins Leere. Dagegen läßt sich zeigen: Hegels Entfaltung der Existenzkategorie bringt lediglich Leitsätze der nachthomasischen Seinslehre auf ihren dialektischen Nenner. Die ontotheologische Dialektik der Existenz denkt beide überkommenen Sätze zu Ende: Existieren heißt Hervorgegangensein der Sache aus ihrem Grunde (a), die Essenz geht der Existenz voraus (b). Und auch Hegels ‚Gedanke' der Existenz läßt sich am Herstellen, etwa eines Hauses, veranschaulichen. Selbst für die absolut gedachten Kategorien von Wesen, Existenz und Grund behält das ‚Artefakt' seine heuristische Vorzüglichkeit.

a) Hegels Logik expliziert Existenz bekanntlich als Reflexionsbegriff. Reflexionsbestimmungen, wie Materie – Form, Inneres – Äußeres, Kraft – Äußerung, sind Begriffe, bei denen der eine das Denken zwingt, den Begriff eines anderen zu fassen. So läßt sich Wesen nicht ohne Reflexion auf Existenz (Hervorgang, Erscheinung, Äußerung) denken und umgekehrt. Reflexion benennt auf dieser Stufe der Logik mithin nicht etwa die Beziehung des Denkens auf sich. Die Selbsthaftigkeit gehört erst zur Logik des Begriffs. Im Zuge der Wesenslogik bedeutet Reflexion die Bewegung eines In-sich-Gehens, durch welche die gedachte Sache in ihre Gründe hinabgeht, um daraus hervorzugehen und gegründet da zu sein. Dabei zeigt sich: Das eksistierende Hervorgehen der Sache aus ihren Gründen und Bedingungen bildet eine „tautologische Bewegung". Bedingung meint dabei alles, ohne welches eine Sache nicht wäre, aber nicht das, wodurch sie ist. Bedingungen, Umstände, Anlässe, Voraussetzungen (wie Balken und Steine, Baugrund und Klima, Arbeitsleute und Geld) sind der hervorgehenden Sache (dem Haus) und sich auch untereinander äußerlich und gleichgültig. Grund dagegen ist das, wodurch die Sache wird, was sie ist. Beides, der (allgemeine und bestimmte) Grund und die Bedingungen, bildet eine dialektische Einheit. Bedingungen setzen ihren Grund voraus; denn erst im Lichte des Wesensgrundes ‚Haus' wird unmittelbar Daseiendes, wie Steine und Balken, als Bedingung für das Hervorgehen eines Hauses gesetzt. Und umgekehrt setzt der Grund seine Bedingungen voraus; denn kein Grund kommt, soll er wirklich etwas begründen, ohne die realen Bedingungen des Daseins aus. Im Hervorgehen der Sache aus der Einheit ihrer Gründe und Bedingungen nun heben sich formal zwei Phasen ab. Die Bedingungen sinken in ihren Grund hinab, und der Grund steigt in die Bedingungen hinauf. Das Zu-Grunde-Gehen geschieht, wenn alle Bedingungen einer Sache vorhanden und die Zeit gleichsam erfüllt ist. Dann geht die zerstreute Mannigfaltigkeit der einander nichts angehenden Bedingungen in ihrer Äußerlichkeit zugrunde und in den einigenden Grund ein. Die ‚erinnerte' Einheit aller Bedingungen ist der Grund. Zugleich geht die Sache aus dem Grunde hervor. Im Hervortreten tritt ans Licht, was in der Tiefe des Grundes verborgen war. Die Bewegung solchen Eksistierens heißt tautologisch, da der Grund nicht ein anderes Seiendes als der hervorgegangene Bestand der Sache ist. Er bleibt nicht unter oder hinter ihm zurück. In der „wesentlichen Unmittelbarkeit" der Existenz ist die Vermittlung durch den Grund aufgehoben. Der Grund ist die begründete Unmittelbarkeit des Seienden selbst. Darin bewährt sich der Gedanke der Existenz als universalontologisches Seinsprinzip. „Diese durch Grund und Bedingung vermittelte und durch das Aufheben der Vermittlung mit sich identische Unmittelbarkeit ist die *Existenz*" (Logik II, Die Lehre vom Wesen, 1. Abschn., 3. Kap.). Sein besagt demnach nicht mehr unbestimmtes Unmittelbarsein, sondern Hervorgegangensein des Wesens in eine durch Grund und Ursache vermittelte Unmittelbarkeit. In dieser Bedeutung betrifft Hegels Satz der Existenz alles Seiende. „*Alles, was ist, existiert*" (ibid.).

Herleitung des Satzes: Die Existenz geht der Essenz voraus 103

b) Ausdrücklich geht auch in dieser dialektischen Fassung des „esse rei extra causas" das Wesen der Existenz voraus. „Die Sache *ist, ehe sie existiert;* und zwar ist sie ... als *Wesen* oder als *Unbedingtes*" (ibid.). Aristoteles hat Wesen als das bedacht, ‚was das Seiende immer schon war', und Hegel wiederholt diesen Gedanken. Wesen bedeutet dem Worte nach ein Gewesen; es nennt das zeitlos vergangene Sein, das der Existenz des Jeweiligen immer schon vorausgeht und sie begründet und wahrt. In Hegels theologischer Logik geht das Wesen als das Unbedingte allen seinen Erscheinungsweisen voraus. Dabei bildet das Hervorgegangensein der Existenz im Sinne der wesentlichen Unmittelbarkeit die Mitte des Ganzen. Die Existenz leitet das Sein zur Wirklichkeit über. *Sein* ist der Anfang, das unbestimmte, unmittelbare Absolute. Das bestimmte, zur Qualität gewordene Sein heißt *Dasein*. Das begründete, durch Wesen und Grund vermittelte Dasein ist *Existenz*. Die das Wesen offenbarende Existenz nun macht den Reflexionsbegriff der *Erscheinung* aus. Die Wirksamkeit der absoluten Vernunft in der Erscheinung, das ist die wahre *Wirklichkeit*. So läuft die Wesenslogik auf die Einsicht hinaus, daß das Wirkliche vernünftig und das Vernünftige wirklich ist. Diese Erinnerung sollte anzeigen: Hegels spekulative Dialektik der Existenz bringt den thomasischen Satz „Die Essenz geht der Existenz voraus" zu absoluter Verbindlichkeit für alles wirklich Existierende. Und sie kann deutlich machen, daß ein Umbruch in den inneren Bezügen von Wesen und Existenz die Einheit von göttlicher Vernunft und existierender Wirklichkeit auseinanderbrechen läßt.

2. Sartres großflächige Kritik in „L'existentialisme est un humanisme" hält sich an die vorkritischen, rational-theologischen Anfänge solcher Existenzspekulation. (Sofern freilich Hegel nur die thomasischen Sätze über die Existenz auf den Begriff bringt, hält seine Ontotheologik Sartres pauschale Kritik nicht auf.) Diese haftet an einem an der Techne orientierten Bilde der existierenden Welt (vision technique du monde – eh, 18). Bekanntlich entwickelt Sartre seine Skizzierung des ‚Essenzialismus' an der Verfertigung eines Papiermessers. An ihr lassen sich außer dem Material drei Ursacharten abheben: der Handwerker (Wirkursache), der Begriff Papiermesser (Formursache) und die bestimmte Verwendung (Finalursache). Diese Analyse bestätigt die Vorgängigkeit der Essenz, und es ist dabei prinzipiell unerheblich, daß Sartre – der mathematischen Techne der Neuzeit folgend –

die essentia kausal als Technik der Erzeugung definiert. Danach ist das Wassein einer Sache erfaßt, wenn deren Erzeugungs-oder Konstruktionsgesetz formuliert werden kann. Insofern die essentia als Erzeugungsgesetz Formursache des zu Erzeugenden ist, geht eben auch in der Sicht einer mathematisch konstruierenden Technik die Essenz der Existenz bestimmend voraus. Und Sartre macht verständlich, warum sich dieser Vorrang im Horizont der Creatio-Metaphysik auf alles Seiende erstreckt. Sein simpler Gedanke ist folgender: Wird Gott als Schöpfergott angenommen und dieser via eminentiae als vorzüglicher Urheber und Weltbaumeister (artisan supérieur) vorgestellt, dann legt sich eine Analogie zwingend nahe: Gott verhält sich zu allem Seienden wie der Handwerker zu seinem Werk; und wie im Wirkverhältnis des Handwerkers zum Artefakt, so geht im Schöpfungsverhältnis Gottes zur Kreatur die Essenz, d. h. die Idee als Gedanke Gottes, dem faktischen Existieren voraus. Und das gilt auch und gerade für die Existenz des Menschen. So gesehen, hängt die Behauptung vom durchgängigen Primat der Essenz vor der Existenz am Glauben an einen Schöpfergott. Natürlich nimmt Sartre zur Kenntnis, daß die Glaubenskrise des Christentums im kritischen und atheistischen Rationalismus des 18. Jahrhunderts (Diderot, Voltaire, Kant) längst die Seinslehre der Creatio-Metaphysik zum Einsturz gebracht hat. Aber er macht geltend: Obwohl die Idee des Schöpfergottes in die Klammer der Kritik gesetzt ist, lebt der Grundsatz von der Priorität der Essenz vor der Existenz theoretisch und praktisch weiter. Nach wie vor richtet sich unser Existieren nach einer vorgegebenen, definierten, in sich verbindlichen Wesenheit des Menschen. Wie auch der Mensch existiert, ob als Urwaldmensch oder als aufgeklärter Bürger, ihm wird die eine und selbe zeitlose Essenz als Bestimmungsgrund seines Existierens zugedacht. So bleibt das Werden des Einzelnen von dem her ausgelegt, was er wesenhaft immer schon war, nämlich ein vernünftiges, politisches, Werkzeuge herstellendes ‚Lebewesen'. Mit ihren fortwährenden ‚Bestimmungen des Menschen an sich' aber erweist sich die kritische Aufklärung als eine zusammenhanglose atheistische Position. Ihr mangelt es an der Konsequenz, mit der Idee des Schöpfergottes auch den Primat der Essenz in Frage zu stellen. Der atheistische Existenzialismus dagegen bleibt nicht bei aufklärerischen Halbheiten stehen, er geht nihilistisch aufs Ganze. Fällt der Glaube an einen existierenden Gott der Verzweiflung anheim, dann ist eine Revision der ontologischen Grundrelation

Herleitung des Satzes: Die Existenz geht der Essenz voraus 105

fällig. Wenigstens bei einem Seienden geht die Existenz der Essenz voraus, beim Menschen.

Das zeichnet eine einzigartige Seinsverfassung des Menschen vor. Allein der Mensch existiert. Nur er findet sich in der Möglichkeit eines offenen Entwurfs (projet) vor. Ein Stein, ein Tisch, ein Blumenkohl sind das, was sie an sich sind; sie werden bruchlos durch ihr Was- und Wozusein definiert und bestimmt. Der Mensch ist indefinibel und nichts als das, wozu er sich macht. „L'homme est d'abord un projet, qui se vit subjectivement" (eh, 23). Das existierende Subjekt wählt sich ursprünglich als Entwurf seiner selbst. „Das ist der erste Grundsatz des Existentialismus. Das ist es auch, was man die Subjektivität nennt" (EH, 11). In diesen Hauptsätzen legt sich das Sartresche Denken von Anfang an fest: Existenz ist seinsmäßig Entwurf. Das Sein des Entwurfs ist Leistung der Subjektivität. Die Leistung des Subjekts ist der durch nichts vorbestimmte, zu erfindende Entwurf seiner selbst.

Bekanntlich hat Heidegger im „Humanismusbrief" Sartres Satz ‚Die Existenz geht der Essenz voran' kritisch charakterisiert. Er sei ein metaphysischer Satz; denn er kehre den platonischen Essentialismus einfach um, die Umkehrung eines metaphysischen Satzes aber bleibe ein metaphysischer Satz und verharre in einer Seinsvergessenheit, welche über den unterschiedlichen Bezügen von Existenz und Wesen des Seienden die Eröffnung des Unterschiedes selbst vergißt. Und Sartres Grundsatz sei ‚existentialistisch'; er spreche, indem er die Existenz des Menschen als Entwurf zum Anfangsgrund allen Wesens erhebt, die letzte Übersteigerung der Subjektivität in der ‚Epoche' der neuzeitlichen Metaphysik aus. Darum sei Sartres These schließlich ‚humanistisch' in einem verkürzenden Sinne. Sie versetze den Menschen in eine Lage (sur un plan), wo es nur noch Menschen gebe (où il y a seulement des hommes – Hu, 79, vgl. eh, 36). Vielleicht aber existiere der Mensch in einer Offenheit, in der das Sein sich ins Offene gibt, so daß der Mensch gar nicht das Sein entwerfe, sondern vom Sein in die Wahrheit des Seins ‚geworfen' werde. In solcher Abgrenzung vom ‚Existentialismus' zeichnet sich die eigentliche Weite und Spannkraft der Existenzphilosophie ab. Die Dichte ihrer phänomenologisch-ontologischen Grundprobleme kommt freilich erst zum Austrag, wenn Sartres Ansatz der menschlichen Existenz und Freiheit in den konkreten Bezügen von Bewußtsein, Sein und Nichts entfaltet wird.

3. Unwahrhaftigkeit.
Die regressive Analyse alltäglichen Bewußtseins

Der Mensch zeichnet sich seinsmäßig als das Seiende aus, bei dem die Existenz der Essenz vorausgeht. Wie aber läßt sich eine so vorgezeichnete Seinsverfassung durchdringen? Einen Leitfaden bietet die Zergliederung des Phänomens der Unwahrhaftigkeit (mauvaise foi) im 2. Kapitel von Sartres Hauptwerk „L'être et le néant". Das hier thematisch untersuchte Existenzial ist scharf von der Lüge zu trennen. Zur Lüge gehört ein Lügender, der die Wahrheit kennt, und ein Anderer, der über den wahren Sachverhalt getäuscht wird und vor dem der Lügner als derjenige auftritt, der die reine Wahrheit sagt. Unwahrhaftigkeit dagegen meint eine problematische Art der Selbstbelügung. In ihr mache ich mir selbst über mich etwas vor und stelle unangenehme Wahrheiten als Lüge, angenehme Irrtümer als Wahrheit vor mich hin. Dieses Phänomen hat einen zweifachen methodischen Vorrang. Es geht untrennbar mit dem menschlichen Dasein mit, und es weist auf einen Grundzug menschlichen Bewußtseins hin. Die Unwahrhaftigkeit durchsetzt das durchschnittliche Verhalten. Zumeist hält man sich nicht im Stande reiner Wahrhaftigkeit oder offener Lüge sich selbst (und anderen) gegenüber auf. Alltäglich bewegt man sich vielmehr in jenem unfesten Schweben, in welchem man seine Lage nicht wahrhaben will und sich unwissentlich darüber betrügt. Solche Selbstverschleierung breitet sich unausweichlich aus, weil sie der Tendenz des Daseins entgegenkommt, vor sich selbst in seiner Nichtigkeit auszuweichen. Das leitet auf den wahren Seinscharakter des Menschen hin. Der Unwahrhaftige nimmt einen Tatbestand *nicht* an. Er verweigert sich z. B. der Wahrheit, feige gewesen zu sein oder nicht geliebt zu werden. Nein-sagend hält er sich für den, der nicht feige war und der geliebt wird. Das zeigt auf eine gewisse ‚Negativität' des existierenden Selbstverhältnisses hin. Menschliches Sein besteht nicht an sich in bruchloser Koinzidenz mit sich; es ist seiend in einer Distanz sich selbst gegenüber, die durch die nichtende Kraft des Nichts aufgerissen wird. Diese vorgreifende Anzeige soll lediglich bekräftigen: Weil die mauvaise foi dem Dasein wesenhaft ist (essentielle à la réalité humaine – EN, 83) und weil sie auf das Nichts inmitten des menschlichen Seins hinleitet, ist sie von methodischer Vorzüglichkeit. Sie treibt zur Ausarbeitung der Frage: „Was muß der Mensch in seinem Sein sein, wenn er unwahrhaftig sein können soll?" (SN, 101).

Sartres phänomenologische Ontologie stellt sich methodisch auf den Boden der Intentionalität, d. h. der gegenseitigen Zusammengehörigkeit von Intentio (Noesis/Meinen) und Intentum (Noema/das Vermeinte/‚die Sache selbst') als dem Wesen des Bewußtseins überhaupt. Sie verfolgt die Frage: Was besagt solches Zusammengehören ontologisch? Dabei nimmt Sartre im Grunde die Leistung des Husserlschen Ansatzes auf. Der Ausgang von der Intentionalität entgeht den idealistischen und realistischen Scheinproblemen über das Verhältnis des Bewußtseins (als einer inneren, psychischen Perzeption) zum Sein (als dem physischen, realen Objekt außer-mir). Aber Sartre sucht die in Husserls Phänomenologie liegengelassene ontologische Frage des intentionalen ‚Vorstellens-von' aufzunehmen: Was ist das Für-sich-Sein des präreflexiven cogito in der Nichtung des ihm vorausliegenden Seins an-sich? Der diese Frage aufschließende methodische Weg ist nicht mehr der einer phänomenologischen Reduktion, sondern der einer „régression analytique". Die phänomenologische Reduktion führt den untersuchenden Blick von der natürlichen Einstellung des in die Welt der Dinge und Personen hineinlebenden Menschen auf das transzendentale Bewußtseinsleben zurück, so daß das naiv erfaßte Seiende nun als Bewußtseinskorrelat des noetisch-noematischen Bewußtseins erscheint. Die analytische Regression deskribiert die ‚Sache selbst' als Phänomen des Bewußtseins, um die sie ermöglichenden Seinsbedingungen herauszugliedern. Diese Mischmethode von Deskription und transzendentaler Analytik lebt ebenso von Sartres genialer Beschreibungskunst wie von seinem Konstruktionsvorsatz, das Bewußt-sein als Freiheit und Entwurf durchzugliedern. Die Fruchtbarkeit und Grenze dieses Verfahrens zeichnen sich deutlich in der Deskription (1) und transzendentalen Regression (2) des leitenden Daseinsphänomens, der mauvaise foi, ab.

1. Die Deskription beschreibt keine Grenzsituation, sondern eine banale Alltagsszene; denn an ihr zeigt sich das Dasein so, wie es zumeist ist. Es handelt sich um das Rendezvous einer jungen Frau mit einem Anbeter und um das Ritual der Bewunderung, der geistreichen Konversation, der wachsenden Annäherung im Klima des geheimen Reizes sexueller Begehrlichkeit. Beschrieben wird die mauvaise foi der kokettierenden Frau, die sich ihre Lage selbst dann noch ausweichend verschleiert, als der Partner sie zur Entschiedenheit drängt, indem er ihre Hand ergreift. „Man weiß, was nun geschieht: die junge Frau

überläßt ihm ihre Hand, aber *sie merkt nicht,* daß sie sie ihm überläßt. Sie merkt es nicht, weil es sich zufällig so fügt, daß sie in diesem Augenblick ganz Geist ist. Sie reißt ihren Partner mit fort bis in die höchsten Höhen empfindsamer Spekulation, sie redet vom Leben im allgemeinen, von ihrem Leben im besonderen; sie zeigt sich von ihrer wesenhaften Seite: eine klare bewußte Persönlichkeit. Und inzwischen vollendet sich die Trennung von Leib und Seele; die Hand ruht regungslos zwischen den warmen Händen ihres Partners: weder zustimmend noch widerstrebend – eine Sache. Wir behaupten, diese Frau sei unwahrhaftig" (SN, 102). Offenbar ist ein Ausweichen im Spiel. Die junge Frau sucht der Entscheidung aus dem Wege zu gehen, ob sie sich engagieren soll oder nicht. Darum flüchtet sie in einen beziehungsreichen Selbstbetrug, und zwar im Hinblick auf die Zeit, das Verhältnis zum Anderen, ihre Leibgebundenheit und ihren Welthorizont. Vor allem sperrt sie sich gegen eine Zukunft, in welcher der Andere bedrängender auf sie zukommen könnte. In Relation zum Anderen verstellt sie sich die Blickrichtung, daß sie für ihn Objekt seiner Begierde ist, auch wenn er in ihren Augen respektvoll und aufrichtig erscheint. Sie übersieht geflissentlich das Faktum, daß sie einen Körper hat, der sie der Situation geschlechtlicher Beziehungen aussetzt, und tut so, als wäre das Sexuelle in ein rein geistiges Verhältnis aufgelöst. Und schließlich gibt sie vor, ganz innerweltliches Objekt, leblose Hand, und nicht handhabendes Zentrum im Horizont ihrer Welt zu sein.

2. Dem Phänomenbestand der Unwahrhaftigkeit liegen hauptsächlich vier ihn ermöglichende Bedingungen zugrunde: die Gegensätze von Faktizität und Transzendenz (a), Für-sich-Sein und Für-Andere-Sein (b), Innerweltlichkeit und Weltzentrum (c), Zukünftigkeit und Gewesenheit (d). Indem sich der Unwahrhaftige bald auf die eine oder andere Seite des Gegensatzes schlägt oder bald die eine mit der anderen identifiziert, kann er sich im Widerspruch seines zwiespältigen Seins vor sich selbst verbergen. Das ist eine natürliche Sophistifikation. Wird ihr Schein aufgelöst, dann treten die wahren Strukturen menschlicher Existenz – die nichtend-doppeldeutige Zeitlichkeit, Freiheit, das Mitsein und In-der-Welt-Sein – ins Offene.

Die Aufklärung beginnt bei den vordringlichen Existenzialien der Faktizität und Transzendenz (a). Faktizität (facticité) bedeutet, sich in eine Situation eingelassen finden (délaissé dans une situation). Faktisch finde ich mich situiert durch meinen Platz, den Leib, eine Position, meine Vergangenheit, die Umgebung, den Bezug zum Anderen. Die Kontingenz dieses Faktischen, hineingeboren zu sein in eine bestimmte Zeit, Umgebung, Mitwelt und ‚geworfen' in den Leib und die Sterblichkeit, drückt ein nacktes Daßsein aus, das ich nicht gewählt und entworfen habe. Transzendenz (transcendance) dagegen meint die bewußte Stellungnahme zum faktisch Gegebenen, dergestalt, daß ein sich entwerfendes Subjekt das bloß Faktische nichtet und übersteigt. Ontologisch gesprochen: Der Für-sich-Seiende bezieht sich auf sein An-sich-Sein, indem er es transzendiert. Sich übersteigend, reißt sich das existierende Subjekt von seinem Eingelassensein in Situationen los und überschreitet sich auf das hin, was es nicht wirklich ist, wozu es sich aber entwirft. Weil nun beides, Transzendenz und Faktizität, zur menschlichen Realität gehört, kann sich das Selbst über sich selbst täuschen. So überspielt die unaufrichtige Frau, indem sie sich zu den Höhen empfindsamer Spekulation aufschwingt, das Faktum der Leiblichkeit und der geschlechtlichen Nähe. Grundsätzlich gelingt solche Selbstverschleierung eben dadurch, daß man von der Faktizität in die Transzendenz oder umgekehrt von der Transzendenz in die Faktizität hinübergleitet. Daraus lebt die tiefe Zweideutigkeit und die unaufhörliche Selbstentschuldigung uneigentlichen Existierens.

Dasselbe artikuliert sich anders, wenn unser Miteinandersein in die Untersuchung gezogen wird (b); dann kommt das Gegeneinander des Für-sich-Seins und des Für-Andere-Seins zum Zuge. Beide bewähren sich als irreduzible Seinsweisen menschlichen Daseins. Von dieser gleich ursprünglichen, zweifachen Seinsbeziehung macht die mauvaise foi nun einen zweideutigen Gebrauch. So kann der Für-sich-Seiende gleichsam zum Für-Andere-Sein davonlaufen. Dann sagen wir uns: Ich bin ganz das, was ich für andere bin, z. B. ein achtenswerter Mensch und eine als Geist respektierte Person. Jedermann kann tun, als wäre er gänzlich so, wie er sich im Blick des Anderen präsentiert. Umgekehrt kann man ebensogut dem Für-Andere-Sein entlaufen. Dann ignoriere ich den Blick des Anderen, sofern er mich etwa zum Leibwesen verdinglicht; denn jedermann kann tun, als wäre er nicht an sich seiendes Objekt und erblicktes Leibwesen, sondern ausschließlich Blickzentrum seines Welthorizonts.

Damit stößt die Analytik der Unwahrhaftigkeit auf die Zweiseitigkeit unseres Weltverhältnisses (c). Einerseits kommt jegliches Subjekt im Welthorizont des Anderen mit vor wie ein Objekt unter anderen, andererseits entfaltet es selbst Welt als Bezugsfeld seiner Möglichkeiten. So ist jedermann Objekt einer fremden und Subjekt (Zentrum, handhabende Lebensmitte) einer je eigenen Welt. Auch davon profitiert die mauvaise foi. Der Unaufrichtige kann fingieren, nichts anderes als ein vorfindliches Vorkommnis zu sein. So ruht die Hand der betroffenen Frau regungslos zwischen den Händen des Partners wie eine Sache und scheint ein Gegenstand mehr neben anderen Objekten zu sein, aber nicht selbst Instrument des Entfernens und Handhabens von Weltbezügen.

Schließlich aber beruht die Möglichkeit der mauvaise foi auf dem Charakter der existenzialen Zeit (d). „Endlich wollen wir auf jene Synthesen aufmerksam machen, die mit der nichtenden Doppeldeutigkeit der drei zeitlichen Ek-stasen ihr Spiel treiben" (SN, 105). Daseinsanalytisch sind mit den zeitlichen Ekstasen jene drei Erstreckungen oder ‚Entrückungen' gemeint, welche gleich ursprünglich die Einheit unserer zeitlichen Zeitlichkeit bilden: die Zukünftigkeit (avenir), in welcher das Dasein im Entwurf seines Seinkönnens vorlaufend auf sich zukommt, die Gewesenheit (passé), in der es – aus dem Vorlaufen auf sich zurückkehrend – das übernimmt, was es war, und die Gegenwärtigung (présence), welche uns ermöglicht, in der jeweiligen Lage bei Innerweltlichem zu sein. Nun ist mit Sartre darauf zu sehen: Die drei Ekstasen erlauben der mauvaise foi, ihr Spiel zu treiben, weil ihnen eine nichtende Doppeldeutigkeit (l'ambiguïté néantisante) eignet. Das kann für alle drei Ekstasen durchkonstruiert werden. Die Gewesenheit ist nichtend-doppeldeutig; denn ich bin meine Vergangenheit und bin sie nicht. Einerseits macht das, was ich selbst gewesen bin, mein Wesen aus, andererseits eröffnet die Gewesenheit mir die Möglichkeit, mein Wesen nicht zu sein. Ich kann meine Vergangenheit aufheben, sühnen, verleugnen oder einfach hinter mir zurücklassen. Das nützt die mauvaise foi aus. Einerseits kann man sich in seine Gewesenheit als sein Wesen vergraben, um sich keiner Veränderung und Schuld mehr auszusetzen. Andererseits kann jedermann seine Vergangenheit für null und nichtig erklären, um vor Vorwürfen und Groll dem gegenüber loszukommen, was er einst war. Entsprechend doppelsinnig ist die Zukünftigkeit; denn ich bin meine Zukunft und bin sie nicht. Einerseits bildet die Zukünftigkeit den Spielraum meines eigenen Entwurfs, andererseits entrückt sie mich in eine Möglichkeit, die ich jederzeit auch nicht sein kann. Auch das nützt die mauvaise foi aus. Gesetzt, ich will das Bisherige los sein, dann kann ich so tun, als wäre die Zukunft mein wirkliches Leben. Andererseits kann ich fingieren, jeden Entwurf, der mir lästig wird, total negieren zu können. Und eine entsprechende Doppeldeutigkeit hält die Gegenwärtigung offen; denn ich bin meine Gegenwart und bin sie nicht. Einerseits bildet die Erstreckung der Gegenwärtigung meine jetzige Weltlage. Andererseits schafft jeder Augenblick meine Situation um. Daher kann jemand wie ‚die unaufrichtige Frau' meinen, er wäre ganz an die Gegenwart gebunden, und kann doch jede Konstellation und Bindung leicht nehmen, sobald er sich an das nichtende Moment der Gegenwärtigung hält.

Die anfängliche Frage: Was muß der Mensch sein, sofern er wesenhaft unwahrhaftig existiert? ist aufgelöst. Der Mensch hat eine ursprüngliche Zeitlichkeit, Transzendenz, Weltlichkeit und ein genuines Mitsein zu Bedingungen seiner Existenz. Deren ‚nichtende Doppeldeutigkeit' legt das menschliche Verhältnis von Ich, Sein und Nichts auf die Formel fest: Ich bin nicht das, was ich bin, und ich bin das, was ich nicht bin. Und eben weil ich mein Sein in der Weise des Nichtenkönnens bin, verfalle ich ständig der Unaufrichtigkeit; denn das Dasein sucht sich außer Reichweite zu bringen – vor sich selbst. Was der Mensch sich verschleiert, ist die eigene, in der Angst offenbare Faktizität, zur Freiheit verurteilt zu sein. Was aber ist dann Angst?

4. Die Furcht, Furcht zu haben.
Von Angst und Tod des freien Sterblichen

Die Darlegung der Angst innerhalb der Existenzphilosophie scheint in einem Widerspruch zu stecken. Sartre erklärt, ihn auflösen zu können. „Kierkegaard beschreibt vor der Schuld die Angst und charakterisiert sie als Angst vor der Freiheit. Aber Heidegger, der bekanntlich von Kierkegaard stark beeinflußt ist, betrachtet im Gegensatz dazu die Angst als das Erfassen des Nichts. Diese beiden Beschreibungen der Angst scheinen uns nicht einander zu widersprechen: im Gegenteil, sie beinhalten sich gegenseitig" (SN, 71). Kierkegaard hat die Angst als Übergangskategorie im unschuldigen, träumenden Bewußtsein aufgefunden und als Schwindel der Freiheit beschrieben. Heidegger, der bekanntlich von Kierkegaard überhaupt nicht beeinflußt ist, hat in seiner Freiburger Antrittsvorlesung 1929 dargelegt: „Die Angst offenbart das Nichts" (WiM, 32), in der Grundbefindlichkeit der Angst (des Todes) enthüllt sich das Nichts (als von sich abweisendes Verweisen auf das im Ganzen entgleitende Seiende). Was demnach in der „hellen Nacht der Angst" deutlich wird, ist das Erstaunliche: daß Seiendes ist und nicht nichts ist. Kierkegaards These von der Angst als Schwindel der Freiheit und Heideggers Rede von der Angst als Offenbarkeit des Nichts, auf die Sartre anspielt, scheinen einander zu widersprechen; denn schließen sich nicht die Angst vor der unendlichen Möglichkeit unserer Freiheit und die Angst vor dem Nichts (das sich dem Selbstsein und der Freiheit entzieht, weil es beides ermöglicht) aus? Nach Sartres Deutung aber komplementieren sich die Angst, die Freiheit und das Nichts auf dem Grunde menschlichen Bewußtseins. „Angst ist die Seinsweise der Freiheit als Seinsbewußtsein" (SN, 70).

So gesehen, grenzt sich die Angst von der Furcht durch die Haltung des Bewußtseins ab. „Furcht ist ein unreflektiertes Ergreifen des Transzendenten und die Angst ein reflexives Ergreifen des Selbst" (SN, 71). Furcht (appréhension irréfléchie du transcendant) richtet sich auf etwas Bedrohliches, das sich uns von außen nähert. Furcht ist Furcht vor der Welt. In ihr sind wir außer uns und ganz beim Fürchterlichen, das aus der Welt auf uns zukommt. Das Wovor der Angst dagegen steigt in mir selbst auf. Ich ängstige mich darum, ob ich angesichts einer drohenden Beeinträchtigung standhalte oder versage. In der Angst hat sich das Bewußtsein auf sich selbst und seine Freiheit gewendet. Angst ist Fürchten, sich zu fürchten (peur d'avoir peur – EN, 65). Beispielhaft dafür sind Stimmung und Reflexionsprozeß in dem 1946 im Théâtre Antoine uraufgeführten (und seitdem wegen seiner Mischung aus Naturalismus und reflektiertem Pathos kaum noch gespielten) Stück „Tote ohne Begräbnis". Gefangene Maquisarden warten auf einem dunklen Speicher darauf, von der Vichy-Miliz zur Folter abgeholt zu werden. Es ist nicht so sehr die Furcht, die sich breitmacht. Selbst angesichts der bevorstehenden Schmerzen und eines qualvollen Todes geraten die Gefangenen nicht außer sich. Vielmehr fürchten sie sich vor der Ungewißheit, wie sie sich halten werden. Aus dieser Angst stürzt sich Sorbier – eine von Sartres Variationen der Figur des Schwächlings – durchs Fenster zu Tode, weil er weiß, daß er die Probe auf seine Existenz als Widerstandskämpfer aus Schwäche nicht bestehen würde.

Sartres Abgrenzung der Angst als „appréhension réfléchie du soi" ist bemerkenswert. Sie unterläuft die klassische, idealistische Scheidung von Freiheit und Furcht. Fichtes „Die Bestimmung des Menschen" von 1800 hat darüber belehrt, wie das Wissen von der Freiheit die Furcht vor den Dingen auflöst. In einer Reflexion, die einsieht, daß die Dinge nicht selbständig sind und uns bedingen, sondern in ihrem Gegenständlichsein vom reinen Ich bedingt werden, verfliegt die Furcht des Menschen, von den Dingen bestimmt zu sein. Das erwachte Bewußtsein unbedingter Freiheit hebt den Widerspruch zwischen dem Herzen, das wünscht, frei zu sein, und dem Verstande, der erklärt, kausal determiniert zu werden, auf. Die Reflexion auf die Freiheit des Ich befreit den Menschen aus diesem verzweifelten Zustand. Sartre geht einen Schritt weiter. Die Beseitigung der Furcht durch den Rückgang auf eine unbedingte Freiheit zieht die Angst groß; denn das Bewußtwerden unserer durch nichts bedingten Freiheit ist Angst. Bezeichnenderweise wird diese Verknüpfung von Reflexion und Freiheit mit der Angst von Sartre im Zusammenhang mit der Zeitlichkeit des Daseins ‚regressiv' entwickelt. Die Struktur der Angst zeigt sich am deutlichsten in der Angst vor der Zukunft wie in einer Angst vor der Vergangenheit.

Die Analyse der Angst vor der Zukunft (angoisse devant l'avenir) beginnt mit der Deskription eines klassischen Angstphänomens, des Schwindels vor dem Abgrund. Jemanden, der am Rande eines Abgrunds auf einem geländerlosen Steig wandert, kann die Furcht ergreifen, auf bröckligem Gestein abzustürzen, und ihn mag die Angst vor dem Schwindel der Tiefe packen. Was ist der Mensch, daß er sich so fürchten und ängstigen kann? Die Analyse setzt bei der Furcht ein. Ich fürchte mich vor etwas außer mir, z. B. dem losen Gestein, das mich abstürzen läßt. Und im unreflektierten Schauder, in die Tiefe mitgerissen zu werden, fürchte ich um mich als das Leibwesen, das von äußeren Ursachen determiniert ist. In der Furcht fühle ich mich zukünftigen Möglichkeiten ausgeliefert, die nicht bei mir stehen. Daraus rettet eine Reflexion auf unsere Freiheit, insofern diese zukünftige Möglichkeiten (der Rettung) entwirft, die in ihrer Macht stehen. Der Wille eröffnet sogar – nach Fichte – allererst menschliche Zukünftigkeit. „Durch ihn ist der Begriff einer Zukunft überhaupt als einer solchen, erst möglich; durch ihn wird sie nicht nur umfaßt, sondern auch bestimmt; es soll eine *solche* Zukunft sein" (Grundlage des Naturrechts, § 11). Aber die Befreiung von der Furcht wird mit Angst erkauft. Das ist das existenzielle Menetekel: Die Reflexion auf eine absolute Freiheit gebiert Angst. Diese entsteht vorzüglich aus dem Bezug unserer Freiheit zur Zukünftigkeit. „In das Innere dieser Beziehung hat sich ein Nichts geschlichen" (SN, 74). Die Struktur der existenzialen Zeit ist nichtend. Zukünftigkeit ist nicht, sie ermöglicht sich. Meine Zukunft ist das, was ich zu sein habe, sofern ich es auch *nicht* sein kann. Grundsätzlich ist ja das, was ich bin, nicht Grundlage und Substrat dessen, was ich sein werde. Beim Menschen geht eben nicht das essentielle Wassein der Existenz voraus. Weil so in jedem Augenblick ein anderer Existenzentwurf im Spielraum der Zukunft möglich ist, bin ich nicht der, der ich sein werde. Damit verschwindet die Sicherheit, mit welcher der Wille die Zukunft als eine solche setzt, und es nistet sich Angst vor der Zukunft im Bewußtsein ein, zur Freiheit verdammt zu sein (SN, 189). So schaudert den, den der Schwindel ergreift, vor sich selbst im Durchspielen seiner Möglichkeiten, etwa sich selbst in die Tiefe fallen zu lassen. Mithin schließen sich Freiheit, Nichts und Angst im Vorblick auf die Zukünftigkeit des Daseins zusammen. „Das Bewußtsein, seine eigene Zukunft zu sein in der Weise, sie nicht zu sein, das ist genau das, was wir *Angst* nennen" (SN, 74).

Obwohl Angst sich vordringlich auf die Zukunft richtet, kommt auch Angst vor der Vergangenheit (angoisse devant le passé) auf. Sie ist das klare Bewußtsein, seine eigene Gewesenheit zu sein in der Weise, sie nicht zu sein. Der fragliche Phänomenbestand läßt sich in der Angst des Spielers vor dem ‚grünen Tisch' beschreiben, und deren Analyse deckt dieselben existenzialen Verhältnisse auf, die in der Angst vor der Zukunft herrschen. Ein Spieler hat sich, um die Furcht vor dem möglichen Ruin durch die übermächtige Spielleidenschaft zu bannen, in den ‚magischen Kreis des Entschlusses' eingeschlossen: Ich will nicht mehr spielen. Gerade die Reflexion auf meine unbedingte Freiheit aber flößt Angst ein; denn zwischen meine Vergangenheit und meine Freiheit tritt das Nichts. Im Verhältnis zu meinem gewesenen Wesen herrscht eine Nicht-Koinzidenz und freie Distanz. Ich kann es übernehmen oder verwerfen. Weil das Gewesensein mithin keineswegs die Gegenwart determiniert, hindert den Spieler nichts, immer wieder mit dem Spielen anzufangen. Darum erfaßt ihn beim Anblick des Spieltisches die Angst vor seiner Ungebundenheit. Also bestätigt sich auch im Zusammenhang mit der vergangenen Zeit die These: „In der Angst ängstigt sich die Freiheit vor sich selbst, insofern sie immer von *nichts* beunruhigt oder behindert wird" (SN, 78).

Löst Sartres Analyse der Angst nun das Versprechen ein, die scheinbar zerspaltenen Ansätze bei Kierkegaard und Heidegger widerspruchsfrei zu vereinigen? Äußerlich jedenfalls schließen sich die gegensätzlichen Bezüge der Angst zur Freiheit (des träumenden Geistes – bei Kierkegaard) und zum Nichts (einer nichtenden Offenbarkeit – bei Heidegger) zusammen: Angst ist Bewußtsein der nichtenden Freiheit. In Wahrheit faßt Sartre die Resultate existenzialer Angstanalyse gar nicht zusammen, er gibt sie aus der Hand. Heidegger wie Kierkegaard verstehen die Angst als eine erschließende Grundbefindlichkeit, die ursprünglicher ist und weiter trägt als die Reflexion des Selbstbewußtseins. Sartre reduziert Angst auf einen Modus ‚reflexiver Apprehension', nämlich auf die Furcht, sich zu fürchten. Und das Denken Heideggers bedenkt den genuinen Zusammenhang von Angst, Tod und Nichts; Sartre dagegen trennt den freien Sterblichen vom Sein zum Tode.

Sartres Grundsatz über den Tod lautet: „Der Tod ist, ebenso wie die Geburt, ein reines Faktum; er kommt von Draußen und verwandelt uns in Draußen" (SN, 687). Diese Doppelthese ist polemisch. Sie richtet sich gegen die ‚Humanisierung des Todes' durch Dichter (Rilke, Malraux) und Denker (Heidegger), welche die Sterblichkeit zum eigensten Sein des Menschen verklären. Der Tod aber ist ein reines Faktum und als solches zufällig und absurd. Die unsinnige Kontingenz seines An-sich-Sein zeigt sich im ‚jähen Tod'. Unbestimmbar, unvorhersehbar macht er das Erwarten eines Alterstodes zur Narrheit. Grundsätzlich muß es verkehrt erscheinen, den Sinn des Lebens auf das Sichrüsten zum Tode hin zu setzen. Im Hinblick auf die Absurdität des ‚erwarteten Todes' parodiert Sartre Pascals berühmtes Fragment 199 (vgl. SN, 672). Danach gleicht das menschliche Dasein einem zum Tode Verurteilten, der alles daran setzt, sich auf dem Schafott gut zu halten, und der inzwischen an einer Grippe stirbt.

Natürlich kann man mit dem Tode rechnen, auf eine festgesetzte Hinrichtung warten, aber man kann nicht vom Warten auf den Tod den Sinn des Lebens erwarten. „Es ist widersinnig, daß wir geboren sind, es ist widersinnig, daß wir sterben" (SN, 688); denn der Tod liegt außerhalb der Sinnentwürfe und Ängste meiner Freiheit. „Da er ist, was immer jenseits meiner Subjektivität liegt, ist kein Platz für ihn in meiner Subjektivität" (SN, 689). In Wahrheit verwandelt der Tod – gleichsam von ‚Draußen' – das Für-sich des Subjekts in ein ‚Draußen', d. h. ins An-sich-Sein (vgl. SN, 173). Tod meint hierbei den Zeitpunkt des Sterbens, jenes infinitesimale Jetzt, in welchem sich unser An-sich-Sein und Gewesensein für immer auf uns legt. Solange die sich entwerfende Freiheit der Existenz das An-sich-Sein des Daseins nichtet und das, was es war, negiert, ist Leben. Die Lebendigkeit des Lebens nämlich besteht in einem unaufhörlichen Aufschub (être-en-perpétuel-sursis; EN, 599), welcher ständig den Abschluß in ein Wesen an-sich nichtet. Der Tod negiert diese Negation und setzt das Dasein im An-sich-Sein fest: Das Spiel ist aus, es bleibt keine Karte mehr zum Einsatz (SN, 153).

Der Mensch ist endlich, aber nicht der Sterbliche. Sterblichsein ist wie das Geborenwerden ein reines Faktum. Es gehört so wenig zum Für-sich-Sein des Menschen, daß es dieses gerade im An-sich erstarren läßt. Als Grenze der Subjektivität und Kehrseite menschlicher Entwürfe bleibt der Tod draußen. Endlichkeit dagegen gehört ins menschliche Bewußtsein hinein. Der Mensch macht sich selbst endlich, indem er bestimmte Möglichkeiten unter Ausschluß anderer wählt. Endlichkeit gibt es überhaupt nur innerhalb eines sich begrenzenden Entwerfens. Endlichkeit und Sterblichkeit treten auseinander. Wohl erschafft der Mensch seine Endlichkeit aus dem Akt der Freiheit (SN, 688), aber er existiert nicht in einer „Freiheit-zu-Sterben" (SN, 672). Damit verwandelt Sartre Heideggers fundamentalontologische Frage nach der Angst, dem Nichts und dem Tode in ein Grenzproblem der Subjektivität zurück. Nach Heidegger wohnt der Mensch in der Nähe des Todes, und der Tod vermag „als äußerste Möglichkeit des Daseins das Höchste an Lichtung des Seins und seiner Wahrheit" (SvG, 186). Und danach gipfelt die daseinsanalytische Heraushebung einer „sich ängstenden *Freiheit zum Tode*" (SuZ, § 53) im Satz: „Der Tod ist als der Schrein des Nichts das Gebirg des Seins" (VA, 177). Sartres Analyse von Angst, Nichts und Sterblichkeit dagegen dringt auf das Bewußtsein des Endlichen, nicht mehr der Sterbliche zu sein. Sie endet mit dem Satz: „Ich bin nicht ‚frei um des Sterbens willen', sondern ich bin ein freier Sterblicher" (SN, 689).

5. Der Blick

Die eigenartigste These Sartres über den Tod lautet: Der Tod ist der Triumph des Anderen über mich. Der Sterbliche begreift den Sinn des Todes, wenn er sich als künftige Beute der Lebenden entdeckt (SN, 684). Das evoziert die Frage: Was konstituiert menschliches Miteinandersein überhaupt? Sartres phänomenologische Ontologie (SN III, 4. Kapitel) erteilt die Antwort: Der unmittelbare und fundierende Bezug des existierenden Ich zum Fremd-Ich ist der Blick. Diese These ist einschneidend. Jedenfalls beansprucht sie, das Wahrheitsproblem in der Fremderfahrung aufgelöst und die ‚Klippe des Solipsismus', an der – nach Sartre – die überlieferten, prominenten Theorien der Intersubjektivität scheitern, zu überwinden. Alle Theorien des Mitseins, welche vom Sehen des Ich ausgehen, können den Zweifel an der Existenz anderer Iche (weder auf dem Wege des rationalen Analogieschlusses noch der Einfühlung oder einer analogisierenden Appräsentation) ausräumen. Um zur Gewißheit zu gelangen, ist der Ansatz vom Sehen des Ich auf das Gesehenwerden von Anderen umzukehren. Das tut Sartres Blickanalyse (und lange vor ihr Fichtes Lehre von der Aufforderung). Auch sie entfaltet sich methodisch in den beiden Schritten einer analytischen Regression, in einer Deskription des aufschlußreichen Phänomens des Mitseins und in der Rückführung der beschriebenen Gegebenheit auf die existenzialen Bedingungen ihrer Möglichkeit.

Dabei ist wiederum von einem alltäglichen Phänomenbestand auszugehen. Das ursprüngliche Verhältnis von mir zum Anderen ist eine konkrete, durchgängige Beziehung. Ich kann sie alle Augenblicke erfahren; denn jederzeit sieht der Andere mich an. Freilich ist das Sein des Blicks von vornherein von einem zweifachen verengenden Vorverständnis zu befreien, soll nicht die gesamte Untersuchung der Fremderfahrung eine falsche Richtung einschlagen. Das Von-Anderen-gesehen-Werden hängt nicht am Auge als dem Sinnesorgan unseres Sehens. Zwar werde ich mir in den meisten Fällen bewußt, angeblickt zu sein, wenn sich ein Paar Augen auf mich richten. Aber das Auge ist dabei nur ein vorzüglicher Träger des Blicks (support du regard). Träger des Blicks können auch die Fenster im Haus auf dem Hügel, die Bewegung einer Gardine, der knackende Ast im Walde, das Knarren einer Diele im Hause sein. Alle diese Blickträger verweisen von sich auf mich in meiner Verwundbarkeit als erblickbares Objekt. In diesem weiten Sinne – und das ist die zweite nötige Vorkorrektur – meint der Titel ‚le regard' seinsmäßig gar nicht eine Seinsbeschaffenheit des Auges, etwa dessen ‚Silberblick', seine ‚Tücke' oder kuhäugige Schönheit; dann nämlich wäre der Blick Bestandteil eines innerweltlichen Objekts, das ich meinerseits betrachte. Das Erfassen des Blicks dagegen meint jene Einstellung, welche den Blick als Forum ansieht, vor dem ich als an sich seiendes Objekt betrachtet werde. Fange ich den Blick des Anderen, dann bin ich mir bewußt, vom Anderen erblickt zu sein. Erst der richtig vorverstandene Blick gibt eine angemessene Basis für die Theorie des Anderen ab. Auf ihr beruhen Fremderfahrung und Intersubjektivität. Und offensichtlich läßt sich diese alltägliche Grundverbindung von Ich und Fremd-Ich an Beispielen deskribieren.

Das eingängige Beispiel, an das sich Sartres phänomenologische Deskription hält, entrollt die Szene eines Dramoletts gleichsam in zwei Auftritten. Beim ersten Auftritt ist der Protagonist allein auf der Szene. Er scheint offenbar entschlossen, seiner Eifersucht auf den Grund zu gehen und ein vermuteten Schauspiel hinter einer verschlossenen Tür am Ende des Korridors zu belauschen. Er schleicht zur Tür, beugt sich über das Schlüsselloch und späht hindurch. Plötzlich – und damit beginnt der zweite Auftritt – hört er Schritte. Er schaut auf und sieht den Blick des Anderen. Ihn durchläuft gleichsam vom Kopf bis Fuß ein Schreck. Auf einmal, vor dem forschenden Blick des Anderen, findet er sein Tun gemein. Der Andere bringt ihm die Gewöhnlichkeit seines Treibens vor Augen.

Die methodische Explikation orientiert sich zunächst an dem ersten Teil dieses Vorgangs. Ihre Deskription hält eine bestimmte Situation menschlichen In-der-Welt-Seins fest. Welt meint dabei – in Vermischung von Husserls intentionaler Horizontalität mit Heideggers ‚Verweisungsganzheit der Bedeutsamkeit' – den Horizont eines von einem jeweiligen Daseinsentwurf geleiteten ‚Zeugkomplexes'. Welt meint so ein Verweisungsganzes, in welchem jedwedes innerweltliche Zeug auf ein anderes verweist, für das es da ist. So verweist die Diele als Zugang zur Tür, die Tür in ihrer Sperrigkeit auf das Türschloß, das Schlüsselloch dank seiner Öffnung auf ein ‚Schauspiel' hinter der Tür. Festgemacht und erschlossen ist dieser Verweisungszusammenhang von Zeug offenbar im Dasein dessen, der das letzte Worumwillen dieser Zweck-Mittel-Bezüge darstellt. Die Welt des Eifersüchtigen baut sich auf aus der Eifersucht eines Daseins. Nun aber ist für die Deskription entscheidend: Solange jemand allein für sich in sein Treiben vertieft ist, bewegt er sich auf der Ebene des nichtsetzenden Bewußtseins. Er handhabt gleichsam seine Eifersucht, ohne sich in seinem Wesen und An-sich-Sein als Eifersüchtiger zu sehen. Er geht ganz im umsichtigen Hantieren mit innerweltlich Dienlichem oder Hinderlichem, d. h. im Ausgestalten einer von Eifersucht durch und durch gefärbten Welt, auf. Diese Deskription erlaubt eine analytische Regression. Welche Bedingungen sind notwendig, damit die Situation des Eifersüchtigen möglich wird? Es bieten sich hauptsächlich zwei ineinander verflochtene Existenzialien an, der Gegensatz von Faktizität und Transzendenz und das daraus entspringende Spiel der Unwahrhaftigkeit. „Diese Situation spiegelt mir meine Faktizität und zugleich meine Freiheit wider" (SN, 346). Offensichtlich findet sich der Eifersüchtige durch alle vier Momente der Faktizität in seine Weltlage gebracht: durch sein zufälliges Am-Platze-Sein (die raum-zeitliche Nähe zum vermeintlichen Schauplatz des Treuebruchs), durch seine Leiblichkeit (die ihn in Geschlechtsbezüge treibt und im Liebesneid festnagelt), durch seine Vergangenheit (die ihn z. B. eine große Liebe erleben ließ), endlich durch seine Position (etwa als Ehemann oder Freund). Zugleich aber spiegelt solche Welt der Eifersucht Transzendenz und Freiheit des jeweiligen Daseins wider. Seine Lage verdankt sich ja dem Entschluß, den ‚Zusammenhängen' auf den Grund zu gehen. Und das steht so sehr bei ihm, daß er diese ganze quälende Welt der Eifersucht aus freien Stücken überschreiten und ein Anderer werden kann. Eben durch die ständige Möglichkeit, das, was er an sich ist, zu transzendieren, verschleiert sich dem Eifersüchtigen sein Bewußtsein. Er kennt sich nicht als der, der er an sich ist. Vielmehr ist er darauf aus, der zu sein, der er nicht ist, nämlich nicht eifersüchtig und hinterhältig, sondern der Bewahrer seiner Ehre oder der Rächer verletzter Treue. „Hier liegt, wie wir gesehen haben, der Ursprung der Unwahrhaftigkeit" (SN, 347). Für sich allein also entgeht jedermann dem, was er an sich ist. Er ist ständig über sein An-sich-Sein hinaus, und zwar zumeist in Zuflucht zu falschen Bildnissen seiner selbst. Diese bequeme Situation ändert sich mit einem Schlage durch das Auftauchen des Anderen.

Der Auftritt des Anderen verlangt zunächst seinerseits eine Beschreibung. Offenbar begegnet mir der Andere als der Blick, der mich trifft. Ich sehe den Anderen als den, der mich ansieht. Und auf einmal, in unvermitteltem Übergang, finde ich mein Tun, das lauschende Herumspähen an der Tür, gewöhnlich. Das bedeutet: Plötzlich verändert sich meine Geradehin-Einstellung; jetzt „sucht das Ich das unreflektierte Bewußtsein heim – le moi vient hanter la conscience irréfléchie" (EN, 306). Ich gehe nicht mehr im Vollzug der Eifersucht auf, ich erlebe mich in meiner peinlichen Lage. Welches aber sind nun die Bedingungen, die ein solches Erlebnis ermöglichen? Die Einsicht einer analytischen Regression lautet: Scham oder Stolz. „Die Scham oder der Stolz enthüllen mir den Blick des Anderen und mich selbst am Ziele dieses Blickes, sie bewirken, daß ich die Situation eines Erblickten *erlebe,* nicht *erkenne*" (SN, 348). Sartre entdeckt das Existenzial der Scham (und dessen Korrelat, Hochmut und Stolz) als konstituierende Momente ursprünglichen Miteinanderseins. Es hat drei Aufbaumomente, eine Art Reflexion, Intentionalität und Intersubjektivität; denn alles Schämen bedeutet ein Sichschämen über etwas vor jemandem. La honte est honte de soi devant autrui. Scham zählt für Sartre zu den präreflexiven modi cogitandi; sie ist eine Weise des Ich-stelle-vor; alle Vollzüge des Schämens enthalten den Rückbezug auf ein Subjekt, das sich schämt. Freilich ergibt der Selbstbezug des Schamgefühls keine Selbsterkenntnis im Sinne des sich wissenden Wissens. Gleichwohl unterscheide ich mich, indem ich mich schäme, in anderer, nämlich erlebnismäßiger Weise von mir selbst. So sucht im Gefühl der Scham das Ich unser unreflektiertes Sein heim. Ich bin nicht bloß eifersüchtig, ich schäme mich meiner Eifersucht. Zugleich ist das Schämen intentional, d. h. hingespannt auf etwas, das im Modus der Scham zur Vorstellung kommt. Stets schäme ich mich über etwas, das ich getan oder unterlassen, gesagt oder verschwiegen, gedacht oder auch nicht gedacht habe. Worüber ich mich aber letztlich in jedem Fall schäme, das bin ich selbst; denn jegliches, dessen ich mich zu schämen habe, ist ein von mir zu verantwortendes Tun oder Lassen. So gesehen, scheint alle Scham ein pures Phänomen präreflexiver Selbstdurchdringung zu sein. Das aber übersieht den dritten, entscheidenden Bestandteil der Scham, den Bezug zum Anderen. Ursprünglich nämlich entstammt das Sichschämen über sich gar nicht der Bewegung einer Reflexion. Seine Grundstruktur hat ein Aufbaumoment mehr, die Vermittlung durch den Blick des Anderen. Demgemäß lautet die volle Explikation des Aktes der Scham: Ich schäme mich für mein Tun und Lassen über mein ‚Wesen' vor dem Blick der Anderen. Scham ergreift niemanden direkt in unmittelbarer Gewissenserforschung. In der Scham findet man sich nackt als Objekt vor dem Blick eines fremden Subjekts. Evidentermaßen ist solches Offensein für den Anderen außer-mir unvereinbar mit der reflexiven Haltung. Und offenbar streitet dieser Befund auch gar nicht mit dem Grundbestand des Gewissens. Theologisch-biblisch ist doch das Gewissen immer schon als Scham vor dem Auge Jahwes (1 Kg 16,7; Dn 3,55 u. ö.) ausgelegt worden. Und seit Augustin bedeutet Gewissen conscientia coram deo (und nicht bloß ‚Bewußtsein eines inneren Gerichtshofs im Menschen'). Eine atheistische Position zieht daraus die Konsequenz: Weil es Gott nicht gibt, gibt es nur ein Forum, vor dem sich der Mensch schämt, der Blick des anderen Menschen. Es fiele nicht schwer, das Korrelat dieses Existenzials, den Stolz, in gleicher Weise freizulegen. Im Stolz finde ich mich in präreflexivem Bewußtsein selbst hervorragend, ich bin stolz auf mich selbst, und jedermann ist stolz vor den Augen der Anderen. Im ganzen hat die regressive Analyse, die zu den Existenzialien Scham und Stolz durchstößt, zum Resultat: Der Bezug zum Fremd-Ich basiert auf dem Gesehenwerden durch den Anderen, welches elementar in Scham oder Stolz ‚erlebt' wird.

Sartres Theorie des Blicks vollbringt eine Wende in der Frage nach dem Sein des alter ego. Die Analyse der Intersubjektivität geht nicht mehr vom Ich aus, das den Anderen als Objekt (autrui-objet) ansieht, sie beginnt beim Anderen als einem Subjekt (autrui-sujet), von dem ich mich als Objekt erblickt sehe. „Das ‚Vom-Anderen-gesehen-Werden' ist die Wahrheit des ‚den-Anderen-Sehens' " (SN, 343). Dieser Weg führt an der ‚Klippe des Solipsismus' vorbei zur Gewißheit der Fremdexistenz. Das läßt sich aus Sartreschen Prämissen erhärten. Voraussetzung ist der ontologische Befund: Das für-sich-seiende Dasein schuldet die Feststellung seines An-sich-Seins dem Sein-für-Andere. Ich kann mich selbst nicht definieren und wesensmäßig feststellen, weil ich eben das *nicht* bin, was ich bin. Ich bin ein faktisches

An-sich-Sein immer nur der Weise des transzendierend-nichtenden Darüber-hinaus. Darum kommt jegliche Objektivierung auf dem Wege der Selbstwahrnehmung immer schon zu spät. Für-mich bin ich niemals der, der ich gewesen bin. Überdies entspringt daraus, daß ich meine Faktizität transzendiere, die mauvaise foi, und die Selbstverschleierung entfernt das Urteil über sich selbst noch weiter von jeder Sachlichkeit. Mithin bin ich grundsätzlich der, der niemals für sich selbst Objekt sein kann. Die Wahrheit über mein ‚Wesen an-sich' wird mir vor dem Blick des Anderen zumeist schamvoll bewußt. Und man kann keineswegs Prädikate wie ‚gewöhnlich', ‚eitel', ‚feige', die uns vermittels des Anderen zukommen, ablehnen, gereizt und wütend wie vor einem schlechten Portrait. Der Grundzug der Scham nämlich ist die Anerkennung (reconnaissance – EN, 266), und Anerkennung ist der Gegenbegriff zur Unwahrhaftigkeit. In der Unwahrhaftigkeit verschleiere ich mir mein ‚Wesen', im Anerkennen schaue ich dem Faktum meines Gewesenseins in die Augen. So erkennt der Eifersüchtige die Gewöhnlichkeit seines eifersüchtigen Treibens an. Die Scham deutet nicht. Wer sich wirklich schämt, gibt zu, daß er jenes Objekt ist, als das der Andere ihn sieht. Gesetzt also, ich schulde mein feststellbares An-sich dem Vom-Anderen-gesehen-Werden, dann wird die Annahme existierender Iche außer mir vom monadischen Zweifel erlöst. So gewiß ich nämlich meines eigenen An-sich-Seins bewußt werden kann, so gewiß ist die Existenz der Anderen, ohne die ich meines ‚Wesens' niemals gewärtig wäre. Das ist zwar keineswegs phänomenologisch evident, aber doch unter den Prämissen der Sartreschen Ontologie transzendental-deduktiv zwingend. Und zu einer festeren Gewißheit kann es eine Erörterung des Mitseins auf dem Niveau der Intersubjektivität nicht bringen.

6. *Die Hölle, das sind die Anderen*

Totsein heißt, dem Blick der Anderen endgültig ausgeliefert sein. Diese These stützt sich auf eine eigenartige Sartresche Meditation über unser Dasein nach dem Tode. Die Toten sind; denn niemals existiert der Mensch ohne Zusammenhang mit den Toten. Aber jene existieren, seien sie den Lebenden nah oder fern, ganz übergegangen in die Seinsweise des An-sich-Seins und völlig entfremdet im Sein-für-Andere. Nur die Lebenden können sich dagegen wehren, abschließend verdinglicht zu werden. Vom Moment des Todes an ist ein Menschenwesen dem Urteil der Anderen hilflos ausgeliefert. Tote können die Bilanz ihres Lebens, welche Andere ziehen, nicht mehr korrigieren. Der Blick des Anderen nagelt den Gewesenen schicksalhaft fest. Eben solch ewiges Verdammtsein durch den Blick der Anderen ist das Leitmotiv in Sartres infernalischem Kammerspiel „Bei geschlossenen Türen". Dessen ursprünglicher Titel war bekanntlich „Die Anderen". Die drei Toten – Garcin, Estelle, Ines –, die in die Hölle einer zerfleischenden Dreierbeziehung geführt werden, sind alle drei mörderische Betrüger. Vor dem Blick der Anderen nun entgleitet der Schleier der Selbstbelügung. Mehr und mehr werden sie ganz das, was sie wirklich gewesen waren und nun unabänderlich sind. Ihr Tod hat ihnen mit der Zukünftigkeit und Transzendenz jede Chance zur Abänderung genommen, und die Anderen machen ihnen schonungslos die Selbstverlorenheit bewußt. So ergeht es Garcin, dem ‚Helden' dieses existenzialistischen Totentanzes. Vor dem Blick der unbarmherzigen Ines zerbröckelt der Schutz seiner Lebenslüge. Garcin, ‚Journalist und Literat', macht sich vor, aus pazifistischer Überzeugung in den Tod gegangen zu sein. Aber im Seconde-Empire-Salon der Unterwelt für Betrüger gibt es keine Spiegel. Tote in der Hölle können sich nicht mehr mit ihren eigenen Augen sehen. Es gibt nurmehr einen Spiegel: die wimpernlosen Augen der Anderen. Diese bilden das Forum, das darüber richtet, wer Garcin in seinem Leben gewesen ist. Die Anderen werden seine Henker. Vor ihren Augen – in der folternden Helle des Tag und Nacht brennenden elektrischen Lichts – enthüllt er sich als das, was er wesenhaft war: der Feigling, der sich aus Angst davongemacht hat, als es sich zu bewähren galt. Und ein ans Licht gezogener Feigling wird er nun für immer sein. Seine Qual wird darin bestehen, daß der Blick der Anderen sein Bewußtsein wachhält. „Die Hölle" – das ist Garcins Entdeckung, nachdem das Spiel der mauvaise foi ausgespielt ist – „das sind die anderen" (BgT, 97).

Diese These ist im Grunde alt. Sie beherrscht vor allem die neuzeitlichen Theorien gesellschaftlich-politischer Praxis: Das Sein des Menschen unter Menschen sei ein Inferno von Mißtrauen, Haß, Neid und ein Kampf aller gegen alle. Das ließe sich von Hobbes' programmatischer Metapher des ‚Wolfsmenschen' (homo homini lupus) über Hegels Dialektik von Herrschaft und Knechtschaft auf der Bewußtseinsstufe eines Kampfes auf Leben und Tod bis zur politisch-ökonomischen Analyse von Konkurrenz und Entfremdung im Werk von Karl Marx aufzeigen. Sartres phänomenologische Ontologie des cogito nimmt die alles übergreifende Kategorie der Entfremdung auf. „Dieses Ich, das ich bin, bin ich in einer Welt, die der Andere mir entfremdet hat" (SN, 348). Das Existenzial der aliénation wirft ein letztes Schlaglicht auf das Konzept von Mitwelt und ‚Interaktion' bei Sartre.

Der existenziale Ansatz der Entfremdung gewinnt in der Ausarbeitung der Sartreschen Intersubjektivitätslehre immer größere Schärfe. Er kommt zuerst im Gefolge der Dezentralisations- oder Ausblutungstheorie zur Sprache (vgl. SN, 338–342). Auf diesem Boden bedeutet Entfremdung das Ausbluten oder Abfließen meiner Welt auf ein fremdes Weltzentrum hin. Die Durchführung dieser These geht – vorläufig und traditionsgemäß – vom reinen Ich als Zentrum und Pol eines Welthorizontes aus. So gedacht, ordnet das Ich ‚ent-fernend' jegliches innerweltlich Begegnende auf sich zu und übersieht notwendigerweise sich selbst als entfernungs- und leibhaftes Objekt in der Welt. In diesem Ordnungsgefüge meiner Welt tritt der Andere auf, und zwar zunächst ‚additiv', d. h. als ein Objekt mehr neben anderen Objekten. So taucht in einem Park, den ich als die Welt meiner Erholung um mich herum habe, neben der Bank hinter dem Rasen vor dem Denkmal ein Spaziergänger auf. Aber das so eingeordnete Objekt ist mit unendlicher Wahrscheinlichkeit den anderen innerweltlichen Dingen gegenüber privilegiert. Es entpuppt sich als Subjekt, das seinerseits die Gegenstände meiner Welt auf sich hinzieht. Damit bildet der Andere gleichsam ein Loch in meinem um mich geschlossenen Weltkreis. Durch dieses rinnen die Dinge unaufhörlich ab; denn sie bieten dem Anderen eine Seite dar, die mir grundsätzlich entgeht. „So bin ich mein *ego* für den Anderen inmitten einer Welt, die in Richtung auf den Anderen abfließt" (SN, 348). Das Abfließen meiner Welt in Richtung auf den ‚Objekt-Anderen' geschieht wie eine innere Blutung. Immerhin läßt sich die so geartete Entäußerung aufheben. Bildkräftig gesprochen: Das Ausbluten meiner Welt kann gestillt werden. Die Dezentralisierung meiner Welt durch den Anderen ist negiert, wenn ich den Anderen als autrui-sujet nichte. Den Anderen als solchen nichten heißt, ihn zu einem Ding meiner Welt erstarren lassen, indem man ihn ausschließlich als orthaftes Zeug und dienliches bzw. undienliches Mittel ansieht und behandelt. Das entfremdet einen Menschen in seinem Für-sich-Sein. Auf diesem Wege treibt die Gefahr des Auseinanderfallens und Ausblutens der Welt (désintégration totale de mon univers) das Dasein in einen Kampf zweier Freiheiten um ihre Welthabe. Jede Freiheit sucht die andere mit den Mitteln der Verdinglichung vom Anteil an ihrem Weltbesitz auszuschließen. So weist eine schlichte phänomenologische Beschreibung auf die Tragödie menschlichen Miteinanderseins. Das Phänomen, daß mir unausweichlich Abschattungen meiner Weltvorstellung entgehen, die dem Fremd-Ich zufließen, scheint ein harmloser Sachverhalt. Es zeigt in Wahrheit auf eine Art lautloses Drama, in welchem der Mensch den Menschen entmenschlicht.

Ihre heilloseste Fassung gewinnt Sartres These von der aliénation aber erst auf dem Grunde der Blickanalyse. Hier verschärft sich der Aspekt der Entfremdung, weil das Ausbluten meiner Welt durch den Anderen kein Ende findet. Der Blick des Anderen bewirkt, daß ich mich jenseits meines zentralen In-der-Welt-Seins finde: an sich seiend und festgestellt in einer fremden Welt. Dem bin ich hilflos ausgeliefert. Es gibt kein Gegenmittel; denn der ‚Blick' ist nicht lokalisierbar und so gleichsam als Loch in einer Welt abzudichten. Der Blick des Anderen bildet ja nichts als das Forum, vor dem ich mich in meinem An-sich-Sein festgenagelt finde. Darum entkomme ich der Entfremdung nicht, wenn ich versuche, den Blick des Anderen zum Objekt meiner Welt zu machen. Er kommt nirgendwo als Objekt vor. Natürlich ist diese heillose Entfremdung wechselseitig. Das ergibt den Zirkel eines Höllenkreises, in welchem keiner dem Anderen entkommt. Die Revolutionierung der Intersubjektivitätstheorie in Sartres phänomenologischer Ontologie des Blicks radikalisiert die neuzeitliche Rede vom substanziellen Konflikt und von der konkreten Entfremdung.

Die tiefste Qual menschlicher Existenz ist das Bewußtsein, die Entfremdung in ein verworfenes An-sich-Sein ohne Aussicht auf Erlösung immer wieder durchzuleben. Das ist die Hölle. In „Huis Clos" hat Sartre diese Grenzsituation menschlichen Bewußtseins in Szene gesetzt. In der Hölle des Bewußtseins erstirbt die Furcht vor Marterwerkzeugen, und ebenso erlischt die Angst, d. h. die Furcht, sich zu fürchten. Was sich ausbreitet, ist die Verzweiflung, sterben zu wollen und nicht zu können, weil man schon gestorben ist. Am Schluß des endlosen Totenreigens stürzt sich Estelle mit einem Brieföffner auf Ines, um sie zu töten und dadurch den Kreis gegenseitigen Quälens zu sprengen. Diese verzweifelte Bewegung erstarrt im Bewußtsein, daß der Tod den Verlorenen keine Erlösung bietet. Hier kommt auf entgegengesetztem Wege Kierkegaards ‚Krankheit zum Tode‘ – der kalte Brand des Widerspruchs, zu sterben und doch nicht zu sterben – wieder: „Der Verzweifelte kann nicht sterben; ‚so wenig der Dolch Gedanken töten kann'" (24./25. Abt., 14). Für eine bruchlose atheistische Position gibt es weder Himmel noch Hölle, aber es existiert die Höllenqual in der Verkettung zwischen-monadischer Bindungen über den Tod hinaus. In der ‚zerbrochenen Welt' breitet sich eben jene Grundbstimmung aus, die Kierkegaard Krankheit zum Tode genannt hat. Über Sartres innerweltlichem Unterweltspiel steht das Motto „L'enfer c'est les autres". Das ist wie ein Palimpsest, auf dem der getilgte Spruch aus der Offenbarung des Johannes wieder lesbar wird: Die Verworfenen „werden den Tod suchen und nicht finden; werden begehren zu sterben, und der Tod wird vor ihnen fliehen" (IX, 6 – HC, 182).

7. Praxis und faktische Freiheit

„Die Fliegen" sind der Prolog, „Bei geschlossenen Türen" der Epilog zur existenzialistischen Verkündung menschlicher Freiheit. Was aber beinhaltet die These ‚Existenz ist Freiheit'? Bevor sich ein kritisches oder unkritisches Denken in der Antinomie zwischen Determinismus und Indeterminismus verliert, muß der angemessene Phänomenbestand zurückgewonnen werden, und zwar im Rückgang auf die Durchschnittlichkeit unseres Handelns. Alltäglich gehen wir in Besorgungen aller Art, im tätigen Umgang mit den Dingen auf. Menschliches Dasein vollzieht sich praktisch in einer Unzahl verschiedenartiger Beschäftigungen. Das Ganze dieser Verrichtungen heißt griechisch Praxis, neuzeitlich ‚Aktion'. Praxis bedeutet sonach jene Lebensweise, in welcher sich der Mensch notwendigerweise zuerst und beständig zeigt: ein Sich-zu-schaffen-Machen des Lebens mit den Dingen, um die Gestalt der Welt ins Erträgliche zu verändern (modifier la figure du monde – EN, 487). In praktischem Tätigsein sind wir, solange wir sind; denn aufhören, tätig zu sein, bedeutet, aufhören zu sein. Gehört nun die Freiheit nicht zu den göttlichen Dingen, sondern zur endlich-menschlichen Existenz und vollzieht sich menschliches Dasein prinzipiell praktisch, dann ergibt sich die Praxis als derjenige Phänomenbereich, dessen Analyse regressiv zum Sein der Freiheit führt. Und in der Tat kommt nach Sartre die Eigentümlichkeit der Freiheit ans Licht, wenn die Bedingungen menschlicher Aktion freigelegt werden.

Zum Vollbringen einer Handlung gehört ein Mehrfaches: ein Vorhaben, ein Beweggrund und ein Ziel. Zunächst verlangt das Tätigsein ein bewußtes Entwerfen (projet conscient). Nur dann sprechen wir überhaupt von einer Tätigkeit, wenn von ihr gesagt werden kann: Das zu tun, hat jemand eigens vorgehabt. „Der ungeschickte Raucher, der aus Unachtsamkeit ein Pulvermagazin in die Luft fliegen ließ, war nicht *tätig*. Dagegen war der Arbeiter, der in einem Steinbruch eine Sprengung ausführen sollte und den Auftrag ausführte, tätig" (SN, 552). Jede Aktion verlangt ein angespanntes Aussein auf das, was zu tun ist. Alle Vorhaben brauchen überdies einen Antrieb. Wir sind aus auf etwas aus Anlaß von etwas. Zur Praxis gehört ein Anlaß oder Beweggrund (un motif ou un mobile). Dieses zweite Aufbaumoment impliziert das Bewußtsein eines Mangels in der faktischen Realität (manque objectif). Tätig werde ich immer dann, wenn das Gegebene nicht zureicht. Nur auf das bin ich aus, was mir fehlt und als Fehlendes bewußt wird. Faktisches Sein wird mithin erst dadurch zum Beweggrund, daß es als ungenügend und nichthaft zu Bewußtsein kommt. Jedes Motiv setzt solche Nichthaftigkeit voraus. Beweggrund und Anlaß für die revolutionäre Aktion der Arbeiter von 1830 z. B. war nicht einfach deren faktische Misere. Zum Aufstand veranlaßt sahen sie sich erst, als ihnen die Fehler und Mängel ihrer ökonomischen und politischen Lage bewußt wurden. Nur so wird ein Sein, etwa das wirtschaftliche Elend der Arbeiterklasse, zum Antrieb einer Tat. Es muß als etwas Nichthaftes gesetzt, d. h. als Mangel erlitten werden. Daß es dazu kommt, bedarf es eines Zieles. Ziel (fin) als Aufbaumoment der Praxis bedeutet das Woraufhin des Entwurfs, das Sinn gibt. Ziele eröffnen den Spielraum der Aktion und machen von daher rückwirkend einsichtig, was dem faktischen Sein mangelt. Ziel ist idealer Sachverhalt als reines, gegenwärtiges Nichts. Sich ein Ziel setzen, heißt somit, das faktisch Gegebene auf jenes zukünftige Sein hin zu überschreiten, um dessentwillen die Aktion geschieht. In solch umrißhafter Beschreibung zeichnet sich das zu oft beredete und zu selten bedachte Sein der Praxis deutlicher ab: als komplexes Gebilde von Anlaß, Vorhaben, Tun und Ziel (motif-intention-acte-fin – EN, 491). Das wiederholt offenkundig die Praxis-Analyse der aristotelischen Ethik (den Zusammenhang von ὄρεξις – τέλος – προαίρεσις) auf der Stufe und in der Sprache des Selbstbewußtseins.

Sartres Darlegung stellt darüber hinaus die entscheidende existenzialontologische Bedingung menschlicher Praxis heraus, die reine zeitigende Nichtung des An-sich-Seins. Das läßt sich wiederum im Rückblick auf das politische Handeln der Arbeiter von 1830 demonstrieren. Deren ökonomische Notlage wird Anlaß zur revolutionären Tat, sobald sie als Mangel bewußt wird. Dazu bedarf es eines Vorlaufens in die Zukünftigkeit desjenigen Zieles, welches gegenwärtig ein Nichts ist. Das Bewußtsein ‚entrückt' so in die Vorstellung eines glücklichen Lebens als seine eigene Möglichkeit, und es kommt von da auf seine miserable Lage als solche zurück. Dieser Prozeß des Bewußtseins bringt dem Arbeiter seine Situation als unerträglich vor Augen und bewegt ihn zu einer Aktion, welche die Welt verändern will.

Die Analyse der Praxis erhellt die Möglichkeit der Freiheit. Keine menschliche Aktion ist determinierte Wirkung in der Kette wirkender Ursachen, jede ist Manifestation der Freiheit. Nach den Prinzipien des Determinismus untersteht jede Art Wirken dem Gesetz der Naturkausalität, die Begebenheiten der Natur ebenso wie die Geschehnisse der Geschichte. Für jede menschliche Aktion findet sich, oft tief im Ursachengewebe versteckt, ein zureichender äußerer Grund. Danach entsteht revolutionäres Handeln eben aus dem sozialen Elend, dieses durch bestimmte Eigentumsverhältnisse, jene entstehen aus dem Stand der Produktionsbedingungen usw. Aber der Determinismus simplifiziert den komplexen Aufbau der Praxis und verwechselt Antrieb und Ursache. Natürlich geschieht nichts ohne Anlaß und Motiv. (Das Gedankenspiel von Buridans Esel zwischen zwei gleichen, jeden besonderen Beweggrund paralysierenden Heuhaufen ist eine Eselei.) Aber das Motiv ist nicht die äußere Wirkursache menschlicher Tätigkeit, sondern ihr integraler Bestandteil. Faktisches Sein wird ja erst dann zum Beweggrund, wenn es durch das zeitigende Bewußtsein ‚genichtet' ist. Und dieses nichtende Sichlosreißen vom bloß faktischen Sein im Vorlaufen zu selbstgesetzten Zielen ist Freiheit.

Mit der Vorstellung der Freiheit aber ist die Faktizität unserer Endlichkeit zusammenzuhalten. Dann drängt sich eine beängstigende Ansicht auf. „Ich bin dazu verurteilt, frei zu sein" (SN, 560). Die Freiheit, die sich als Grundlage all unserer Tätigkeit bewährt, ist nicht ihre eigene Grundlage. Menschliches Dasein kann bedingungslos wählen, aber es kann nicht nicht wählen. Gesetzt, wir wählten unsere Freiheit prinzipiell selbst, dann wäre jene die Freiheit wählende Wahl ihrerseits Bekundung von Freiheit, und dieser die Freiheit wählende Freiheitsakt müßte wiederum aus Freiheit gewählt werden und so fort ins schlechte Unendliche. Mithin haben wir nicht gewählt, frei zu sein. Und selbst ein Verzicht auf unsere Entscheidungsfreiheit, etwa im Selbstmord, wäre eine Entscheidung. Zu den unentrinnbaren Faktizitäten menschlichen Lebens, wie Leiblichkeit, Tod, Arbeit, Geschlechtlichkeit, zählt zuerst das Faktum, in Freiheit existieren zu müssen. Wir sind in die Freiheit geworfen, und wir sind zur Freiheit verdammt. „Der Mensch, der verurteilt ist, frei zu sein, (trägt) das ganze Gewicht der Welt auf seinen Schultern" (SN, 696). Der Gigant Atlas trägt das Himmelsgewölbe zur Strafe für seine Teilnahme am Kampfe der Titanen auf Seiten des Kronos; er wirft seinen Schatten auf das Reich der Freiheit.

Was der moderne Mensch auf sich zu nehmen hat, ist die Last einer absoluten Verantwortung (responsabilité absolue – EN, 612; vgl. SN, 696–700). Weder usurpierte Begriffe wie Schicksal oder Zufall noch ewig geltende Werte entlasten ihn von dem Bewußtsein, alles ihm Zukommende als Urheber verschuldet zu haben. Selbst im Falle eines Krieges, den ich nicht herbeigeführt und nicht erklärt habe, gilt der Satz: „Was mir zustößt, stößt mir durch mich zu" (SN, 697). Sobald ein Krieg in meine Welt einbricht, ist er mein Krieg. Ich muß mich entschieden dazu verhalten, sei es, daß ich ihn als bellum iustum bejahe, sei es, daß ich mich ihm durch Selbstmord oder Fahnenflucht verweigere, sei es, daß ich auf eine Entscheidung verzichte und mich in ihn hineinziehen lasse. Dabei kann sich die Wahl nicht nach an sich seienden Werten (wie Vaterland, Familie, Ehre usw.) richten. Wir finden solche Werte – in einem ‚Wertehimmel' über uns – nicht vor, und keine Intuition, kein Wertfühlen oder irgendeine intellektuelle Anschauung (intuition contemplative – EN, 74) können uns den Anblick solch idealer, von ‚Wertträgern' unabhängiger Qualitäten verschaffen. Es gibt keine ewigen Werte an sich, sie sind mit dem

Himmel abgeschafft. Auch das ist die Konsequenz einer kohärenten atheistischen Position. „Wenn Gott nicht existiert, so finden wir uns keinen Werten, keinen Geboten gegenüber, die unser Betragen rechtfertigen" (EH, 16, eh 37 u. ö.). Werte sind das Gute, welches ein Ziel unseres Handelns überhaupt erst sinnvoll und verstehbar macht. Werte gründen in ihrem Anerkannt- und Gewähltsein durch die menschliche Freiheit. Gebote wie ‚Handle anständig!', ‚Verhalte dich nicht gemein!' sind in kraft, sofern und solange ein existierendes Subjekt sie als verbindlich anerkennt. Werte sind das von mir anerkannte Gute. Sie stammen aus meiner Wahl. Es liegt bei mir, ob und warum ich mir diesen oder jenen Wertmaßstab zu eigen mache. Werte gibt es nur als gewählte. „Folglich ist meine Freiheit die alleinige Begründung der Werte" (SN, 82). Ist unsere Freiheit das einzige Fundament der Werte (l'unique fondement des valeurs – EN, 74), dann ist jeder für alles verantwortlich, außer für sein Verantwortlichsein selbst. Dazu ist er verurteilt.

Wird dies bewußt, dann kommt ethische Angst (angoisse éthique) auf. Ethische Angst ist Angst vor den Werten (angoisse devant les valeurs – EN, 74). Hier wird klar, daß der Mensch seine Werte verantwortet „ohne Rechtfertigung und unentschuldigt" (injustifiable – SN, 83). Alles andere – Tiere, Pflanzen, Steine – ist durch sein Wesen entschuldigt. Einzig der Mensch hat die Schuld für seinen Daseinsentwurf und den Wertmaßstab seines Handelns (échelle de valeurs) zu tragen. Die Freiheit zwingt menschliche Existenz, sich zu machen, anstatt zu sein (SN, 561). Wir sind dazu verurteilt, Ziele und Werte setzend, unser faktisches An-sich-Sein zu nichten. Kein Mensch kann einfachhin ‚sein', wie ein Stein oder ein Baum ist, ohne Grund und Ziel, ohne Nichtsein, ganz von seinem Sein erfüllt. Der freie Sterbliche ist in eine andere Seinsart hineingeboren: für-sich zu sein im Nichten des An-sich-Seins. Steht es so, dann erhebt sich die älteste und jüngste Frage der Ontologie: Was sind das Nichts und das Sein im Dasein des Seienden, das wir je selber sind?

8. *Das Nichts im Herzen des Bewußtseins*

Die parmenideische Frage nach dem Nichts und dem Sein schlägt auf das menschliche Dasein zurück. Daher kristallisiert sich Sartres Onto-

Das Nichts im Herzen des Bewußtseins 131

logie in jenem Abschnitt, der das unmittelbare Sein der ‚réalité humaine' freilegt: „Die Anwesenheit bei sich" (SN, 125–132). Hier wird das Nichts im Schoße des Bewußtseins aufgespürt. Um dem prüfend nachzugehen, sind drei Gedankenschritte nachzuvollziehen: die Abhebung des Bewußtseins vom Sein (1), die Rückführung des Bewußtseins auf das präreflexive cogito (2) und die Deduktion des Nichts auf dem Boden präreflexiven Bewußtseins (3).

1. Eine erste Ortsbestimmung des Nichts orientiert sich am existenzialen Satz des Bewußtseins. „Das Sein des Bewußtseins ist ein Sein, dem es in seinem Sein um dieses selbst geht" (SN, 126). Diese These greift Heideggers formalen Ansatz des Daseins in einer wesentlichen Rückverwandlung auf. Dergestalt nimmt das Bewußtsein Anteil an sich, daß es sein An-sich-Sein im Entwurf des Seinkönnens ständig in Frage stellt und überholt. Der Mensch existiert in der Freiheit des Selbstentwurfs. Sofern das Entwerfen den Grundzug des vorstellenden Seins hat, vollzieht sich alles menschliche Sein im Medium des Für-sich-Seins. Da-sein bleibt elementar *Bewußt*-sein. Das bringt eine erste Klärung in der Frage nach dem Ursprunge des Nichts. „Das bedeutet, daß das Sein des Bewußtseins nicht mit sich selbst in einer vollständigen Gleichung koinzidiert" (SN, 126). Selbstbewußtsein ist Einheit von Unterschiedenem. Es ist, indem es sich auf sich bezieht, und es bezieht sich auf sich, indem es sich von sich unterscheidet. Existenzialistisch ausgedrückt: Das sich entwerfende Bewußtsein ist nicht das, was es ist, und ist das, was es nicht ist. Daher kommt es nie zu einer vollen Übereinstimmung mit sich (adéquation plénière). Bewußtsein ist geprägt durch das Nichts im Sinne der Nicht-Koinzidenz, und es schließt sich selbst vom reinen Sein aus.

Sartres These vom Sein lautet: „L'être est. L'être est en soi. L'être est ce qu'il est" (EN, 34). ‚Das Sein ist', das bedeutet, antropomorph ausgedrückt: Es ist zuviel, überflüssig, sinnlos (de trop). In seinem nackten Daßsein taucht Seiendes grund- und ziellos, unfaßlich-unergründlich in der Welt auf; denn alle Begründungen und Zielsetzungen stammen aus dem Bewußtsein. Das transphänomenale ‚Ist' stößt jedes eindringende Bewußtsein von sich ab, seine amorphe Sinnlosigkeit öffnet sich allein im Ekel. Der zweite Charakter des Seins besagt: Es ist an sich. Das bedeutet, ontologisch expliziert: Das Sein bezieht sich weder auf anderes noch auf sich selbst. An-sich-Sein heißt im Felde der Subjektivität Nicht-für-sich-Sein. Sartre zieht daraus die

Konsequenz, das Sein sei ungeschaffen. Als an sich seiend bezieht es sich nicht auf anderes, auch nicht auf den Entwurf eines Schöpfergottes. Und es bezieht sich auch nicht in Negation seines Nichtseins affirmativ auf sich selber. Ausdrücklich blendet das ‚soi' im ‚en-soi' jeden reflexiven Sinn ab. Der dritte Charakter des Seins besagt vielmehr: Das Sein ist, was es ist. Das bedeutet, vom Einessein her bedacht: Das schlechthin beziehungslose Sein ist ‚massiv'; es ist eine von keinem Nichtsein, keinem Werden, keiner Zeit unterbrochene Positivität. Darum ist das Sein in keiner Hinsicht das, was es nicht ist. Es ist, was es ist: reine Fülle des Seins, lautere Identität. Solche Seinsdichte (densité d'être) schließt das Nichts (Nicht-Koinzidenz) und das Bewußtsein vom reinen Sein aus; denn die Identität komprimiert das Einessein mit sich so vollständig, daß kein Loch, keine Spalte dazwischen übrigbleibt. Das Sein gibt nicht die kleinste Andeutung einer Dualität frei, aus der das Bewußtsein lebt. Das hat weitreichende ontologische Konsequenzen. Hegels ‚Gedanke' einer Selbigkeit von Sein und Nichts fällt dahin. Das Nichts qua Nicht-Koinzidenz erweist sich so wenig als das reine Sein in seiner unbestimmten Unmittelbarkeit, daß es gleichsam von dessen massiver Identität abprallt und in das Sein des Bewußtseins eindringt.

2. Als Nicht-Koinzidenz findet sich das Nichts im Seinsbereich des être pour soi, und zwar nicht eigentlich auf der Stufe des Selbstbewußtseins (des cogito qua apperceptio), sondern auf der des *Bewußtseins* (des präreflexiven cogito). In der Einheit des Selbstbewußtseins ist die Nicht-Identität zwar deutlich, aber nicht fundamental. „Wir glauben ... gezeigt zu haben, daß ein präreflexives *cogito* die Grundbedingung jeder Reflexivität ist" (SN, 127). Sartre nennt das reflexive cogito auch setzendes Bewußtsein (conscience positionelle) oder idea ideae und versteht darunter das erkennende Wissen, das weiß, daß es weiß. Die Reflexion im Stande des sich wissenden Wissens setzt sich selbst im Unterschied zum Gegenstande, und zwar in der Helle der Erkenntnis. Das präreflexive cogito dagegen ist nicht setzendes Bewußtsein (conscience non positionelle). So existiere ich z. B. im Fühlen einer Lust, eines Schmerzes oder etwa im Durchzählen der Zigaretten in der Dose. Dabei bin ich ganz erfüllt von Lust und Schmerz, oder ich bin bei der Sache (dem Zählen der Zigaretten), ohne bewußtlos zu sein. Ich unterscheide mich nicht wissend von dem, was ich bin oder tue, und habe doch Bewußtsein davon. Mithin

bin ich seiend und meines Seins präreflexiv bewußt, und zwar zugleich. Weder existiere ich zuerst in einer bestimmten Lust, die dann noch zum Bewußtsein und gleichsam zur Qualität einer bewußten Lust kommt, noch existiert zuerst ein leeres Bewußtsein, das dann das Sein der Lust annimmt wie Wasser, das man färbt. Im präreflexiven cogito sind Bewußtheit und Sein untrennbar und mit demselben Schlage da. „Das Bewußtsein ist etwas Vollständiges an Existenz" (SN, 21).

Dieses Bewußt-sein nun liegt aller Selbstbewußtheit voraus und seinsmäßig zugrunde. Das präreflexive cogito ist „condition première de toute réflexivité" (EN, 112). Im Zuge der Reflexion nämlich gerät das Bewußtsein in ein Dilemma. Entweder verläuft es im unendlich iterativen Regreß des „Ich-weiß-daß-ich-weiß", oder es macht im Widerspruch eines Wissens halt, das sich seiner nicht bewußt ist. Dieses Dilemma läßt sich nur durch die Annahme des präreflexiven Bewußtseins vermeiden. Das Prinzip der idea ideae führt ins Leere, weil es sich in seinslosen Verhältnissen der Selbsterkenntnis bewegt. Das reflektierende Ich ist ja grundsätzlich selbst wieder ein erkanntes Sein. Das Bewußtsein aber ist erkanntes *Sein,* insofern es *ist,* und nicht, insofern es *erkannt* wird. Sicherlich hat der Deutsche Idealismus die Ichheit des Ich als das Leben und Sein im Prozeß eines sich von sich unterscheidenden Zu-sich-Kommens gedeutet, aber diese Seinslehre sieht geistvoll über die Existenz des jemeinigen Bewußtseins hinweg. Konkret besehen, ist das sum des sum cogitans präreflexiv. Hinter diese Wirklichkeit unserer Existenz kann nicht zurückgegangen werden.

3. Wie aber steht es nun mit Sein (Identität) und Nichts (Nicht-Koinzidenz) im Hinblick auf die Wirklichkeit des Bewußtseins? Dem präreflexiven cogito kommt keine Art reflexiver Unterschiedenheit zu. Das ist noch einmal einzuschärfen. Das existierende Subjekt ist „nicht etwa eine Einheit, die eine Dualität enthält" (SN, 128); denn als Einheit einer Zweiheit vollzieht sich das selbstbewußte Wissen. Indem es sich nämlich als Wissen weiß, unterscheidet es sich vom Gegenstande und ist als vom Gegenstande (Nicht-Ich) Unterschiedenes (Ich). Ebensowenig aber bildet das existierende cogito „eine Synthese, welche die abstrakten Elemente der These und Antithese übersteigt und aufhebt" (SN, 128). Auch die dialektische Einheit absoluten Wissens erliegt einem Dilemma. Entweder verliert sich das Wis-

sen in endloser Iteration, insofern jede Synthesis sich selbst wieder als Antithesis einer höheren Synthese herausstellt. Oder es macht bei einem Absoluten halt, das die Seinsart des An-sich-Seins hat. Das absolute Wissen nämlich hält sich nicht mehr wie das Selbstbewußtsein in der Unterscheidung zum Gegenstande auf, es weiß sich als das Sein des Gegenstandes selbst. Das im Anderswerden zu sich zurückkehrende Wissen ist das wahre Unendliche (le véritable infini): die sich begreifende Einheit seiner mit dem Gegenstande. Eine aufgehobene Nicht-Koinzedenz aber bedeutet für Sartre eben jene Seinsfülle und Seinsdichte, die für uns undurchdringlich ist. Die Wirklichkeit endlichen Bewußtseins bleibt der ‚dialektischen' Identität des Seins fern und liegt der ‚dualen' Einheit des Ich existierend zugrunde.

Welche Art Unterschiedenheit, wenn denn Nicht-Koinzidenz das Bewußtsein überhaupt konstituiert, gehört dann aber zum präreflexiven cogito? Das Bewußtsein existiert in einem „Doppelspiel der Rückverweisung" (double jeu de renvoi). In diesem ‚Doppel' verweisen Bewußtsein und Sein in eins den Blick des zuschauenden Bewußtseins wechselseitig von sich weg und durch das andere auf sich zurück, ohne identisch in sich aufzugehen. Das Zigarettenzählen z. B. zeigt sich als ein Sein, das auf einen Reflektierenden verweist, der aber so ‚am Zählen ist', daß er zugleich wieder als Reflektierender ins Sein entgleitet. Was in diesem Doppelspiel des Verweisens von-sich-weg auf-sich-zu deutlich heraustritt, ist ein reines Sich (soi). Und die Erfassung des ‚Sich' ergibt den Grundsatz des Bewußtseins: Das Bewußtsein ist seiend in der Weise des Anwesendseins-bei-sich (présence à soi). Seiendes im Sinne gegenwärtiger Anwesenheit (présence) ist bei sich (à soi), sofern sich das Spiel der Dualität von Sein und Bewußtsein vollzieht. So ist in der Langeweile der, der sich langweilt, bei sich, ohne sich zu reflektieren, da er gleichsam im Gelangweiltsein versinkt. Was aber ermöglicht das Für-sich-Sein als Anwesendsein-bei-sich? Was trennt das existierende Subjekt von sich? Ein erster Bescheid lautet: Es ist nichts (ce n'est rien – EN, 116), d. h. nichts Bestimmtes außer (extra/praeter) dem Für-sich. Was Menschen gewöhnlich voneinander trennt, mögen die räumliche Entfernung, ein Zeitraum, seelische Unstimmigkeiten, verschiedenartige Individualitäten sein. In jedem Falle zeigt sich das principium separationis als ein an ihm selbst bestimmbarer Sachgehalt, dem eine trennende Funktion zukommt. Was dagegen das Bei-sich-Sein aufspaltet, kann kein bestimmtes Anderes außer ihm sein. Ein drittes, auseinanderspaltendes Anderes – etwa das ‚Nacheinander der Zeit' – würde die durchsichtige Einheit des unmittelbaren Bei-sich zerstören, aber nicht ermöglichen. Bedingung der Trennung ist nichts Bestimmtes, sondern das Nichts. Das Nichts (le néant) ist somit nicht etwas Seiendes, das trennt. Es ist nichts, außer daß es die massive Dichte des Seins im Dasein ‚entdichtet'. Darum verschwindet das Nichts, sobald man es feststellen will: Es ist ja nicht etwas. Aber es erscheint, wenn man das Bewußt-sein feststellen will: Was ich bin, bin ich nicht. „Ce négatif qui est néant d'être et pouvoir néantisant tout ensemble, c'est le *néant*" (EN, 116). Das Nichts ist nichts als die das An-sich nichtende und das Bei-sich sein lassende Macht im Herzen des Bewußtseins.

9. *Der Zirkel von Nichts und Freiheit*

Die Schlußfrage ist vorbereitet. Wie gehört die Freiheit des Daseins in das Nichts und das Sein hinein? Über die Zugehörigkeit des Nichts zum Dasein scheint eindeutig entschieden. „Es kommt zum Sein gewiß nur durch ein besonderes Sein, nämlich die menschliche Wirklichkeit" (SN, 131). Das duldet wohl keinen Zweifel mehr. Wird das Nichts von der Seinsdichte des Seins ausgeschlossen und findet es in der seinslosen Reflexion keinen Grund, dann kann es allein vom Dasein unterhalten werden. Und in der Tat kommt das Nichts durch den Menschen in die Welt. Das hat Sartres Lehre von den ‚négatités' ausführlich erläutert (SN, 59–65). ‚Negiertheiten' (Heideggers ‚nichtendes Verhalten des Daseins'; vgl. WiM, 37) bilden einen Typ von Wirklichkeiten, welche das Nichtsein in ihr Sein einschließen: Entfernung, Abwesenheit, Änderung, Andersheit, Zurückweisung, Bedauern, Zerstreuung, Verbot, Frage, Reue, Haß usw. Diese Gestalten des innerweltlichen Nichts (néant intra-mondain) tauchen, ins Sein der Welt zerstreut, überall auf, und zwar nicht etwa als eine zufällige innerweltliche Sache neben anderen, sondern als notwendige existenziale Bedingungen für den Ordnungs- und Zeugzusammenhang der Welt (vgl. SN, 64). „Sie leiten ihren Ursprung von einem Akt des Menschenwesens her, entweder von einer Erwartung oder von einem Entwurf" (SN, 64). Die Abwesenheit (absence) z. B. von Pierre in einem Café existiert nur im angespannten Suchen dessen, der die Anwesenheit des Freundes in der vertrauten Welt eines Caféhauses enttäuscht vermißt. Analog existiert die wesenhaft auseinanderhaltend-trennende und begrenzende Entfernung (distance) nur aus dem Entwurf einer je auf mich hin geordneten Welt. So kommt das Nichts durch ein nichtendes Verhalten des Daseins – nicht etwa schon durch die urteilsmäßige Verneinung – in die Welt. Und das ist möglich, weil allein menschliches Dasein das Nichts in einem Gefüge von Freiheit und Für-sich-Sein unterhält. „Das Für-sich ist das Sein, das sich selbst dazu bestimmt, insofern zu existieren, als es nicht mit sich selbst koinzidieren kann" (SN, 131). Freiheit (Selbstbestimmung) ist der Entwurf menschlichen Seinkönnens in einem Spielraum von Möglichkeiten, den die Nicht-Koinzidenz des Bewußtseins offenhält.

Dasein und Sein, Freiheit und Nichts kreisen ineinander – in einem circulus vitiosus. Dem Sartreschen Vernehmen nach gibt es ohne Dasein kein Nichts, ohne Nichts keine Nicht-Koinzidenz des bei-sich seienden Bewußtseins, ohne Nicht-Koinzidenz keine Freiheit, ohne Freiheit keine menschliche Wirklichkeit, ohne Nichts mithin kein Dasein. Der formale Fehler des Zirkels ist ein Indiz. Er weist auf eine ontologische Befangenheit des Existenzialismus in der ungeklärten Ambivalenz des Sinnes von Sein. ‚Sein' hat ebenso den Wert des zu nichtenden An-sich im Herzen des Bewußtseins wie den Wert einer höchsten Seinsfülle. Das ist zu präzisieren. Auf der einen Seite bedeutet Sein nichts anderes als das der ‚Entdichtung' durch das Nichts vorausgesetzte An-sich-Sein. Das fortdauernde Verfallen des Seins ansich zur Anwesenheit bei-sich nennt Sartre ausdrücklich ontologischen Akt (acte ontologique). In ihm kommt das Sein in seiner kompakten Distanzlosigkeit nur als ‚degradiertes' in jenem ‚Sturz' des Nichts vor, durch den sich das Für-sich herstellt. Und von hier aus konstruiert Sartre seinen „ontologischen Beweis" für die Existenz eines transphänomenalen Seins an-sich aus dem Begriff endlichen Bewußtseins (SN, 27–30): Ein transphänomenales Sein ist als zu nichtendes eben jene notwendige Bedingung, ohne die menschliches Bewußt-sein-von-etwas nicht existieren kann. Auf der anderen Seite bleibt das Sein in der Fülle seiner reinen Identität unantastbar, und es erscheint so vom Bewußtsein unerreicht und vom Nichts unberührt. Und das nennen alle Gott.

Die Ambivalenz des Seins macht das Dasein im Kreise des Existenzialismus zweideutig. Da-sein hat ebenso sein Ziel im Entwerfen des eigenen, endlichen Seinkönnens wie im Streben, Gott zu werden.

Der Zirkel von Nichts und Freiheit 137

Sache des Menschen ist es, sein An-sich-Sein ständig zu übersteigen, um nicht zur massiven Identität eines kontingenten und überflüssigen Seienden zu erstarren, wie sicher auch der Sterbliche vom Tode, d. h. dem Gewesensein, eingeholt wird. So aber wird dem Dasein ein ontologischer Mangel bewußt, nämlich das Fehlen einer lebendigen Erlösung von seiner Freiheit und Nicht-Koinzidenz. Was einem Für-sich-Seienden fehlt, das sucht es sich zu ergänzen: „das absolute Sein des Sich mit den Eigenschaften der Identität, der Reinheit, der Dauer usw. und als Grund des Sich" (SN, 148). Das eröffnet ein neues, überraschendes Ziel menschlichen Daseins. „Mensch sein heißt, darauf abzielen, Gott zu werden" (SN, 712 u. ö.).

So dreht sich das Ganze im Kreise. Der Mensch befreit sich von Gott, um reuelos Mensch werden zu können, und er „macht sich zum Menschen, um Gott zu sein" (SN, 783). Und offenkundig ist der Drang, Gott zu sein, eine unerfüllbare Leidenschaft (passion inutile); denn solange der Mensch ist, nagt das Nichts im Herzen seines Bewußtseins wie ein Wurm (SN, 61). Der absurde Aufstand der Freiheit gegen das Nichts verdichtet sich in einem mythischen Existenzsymbol, in Atlas, dem Brudersohn des Sisyphos. Nun gibt es in diesem griechischen Sagenkreis eine beziehungsreiche Erzählung. Atlas verweigert Perseus, dem Sieger über die Medusa, die Gastfreundschaft. Da enthüllt dieser das starre Medusenhaupt, und Atlas verwandelt sich in einen gigantischen Felsen.

V. Existenz und Liebe (Marcel)

1. Haben und Existenz. Destruktion des Ich-habe

Auf allem existenzialen Denken liegt der Riesenschatten des Nihilismus. Die Verkündigung des ‚tollen Menschen' in Nietzsches „Fröhliche Wissenschaft" (§ 125) „Wohin ist Gott? ... *Wir haben ihn getötet* – ihr und ich! Wir alle sind seine Mörder" ist vielleicht der furchtbarste Anstoß für Gabriel Marcels Suchen nach dem Heil menschlicher Existenz in der ‚zerbrochenen Welt'. Was für Sartre Anlaß war, Konsequenzen aus dem Ruin von etwas zu ziehen, an das er nie geglaubt hatte, erfüllte Marcel mit heiligem Entsetzen (vgl. MP, 37 ff). Für diesen Kontrast der Grundstellungen sind Marcels Kritiken an Sartres Götzendämmerungs-Stück „Die Fliegen" aufschlußreich. Entschieden verwirft er Sartres dichterisches Experiment, den Gedanken vom Absterben des antik-christlichen Götterglaubens als Befreiung der menschlichen Existenz durch Reinigung von Furcht und Reue im Mythos einer Tragödie durchzuspielen. Für Sartre ist der Orest der „Fliegen" der tragische Held im Weltalter des Nihilismus, für Marcel verkörpert er nichts als ein Ethos der Ungeniertheit (MP, 155–157). Das kommt am Schluß des Dramas heraus. Prahlerisch nimmt Orest, Reue und Furcht einfach fallen lassend, vor allem Volk das Verbrechen des Muttermordes auf sich. Er hat die Empfänglichkeit für das göttliche Gesetz verloren. Daher hebt das Ende der Orest-Tragödie das Tragische, d. h. das Sichvergehen an heiligen Gesetzen und die Wiederherstellung ihrer Ordnung im Austragen der Schuld, auf. Orest proklamiert menschliche Freiheit als Wirklichkeit einer Tat, die sich als Bruch mit jeder Ordnung, als Verbrechen, äußert. Darum steht er am Ende allein. Seine Tat stiftet keine neuen Ordnungen und Gemeinschaften. Folgerichtig schlägt Orest das angebotene Königtum aus und geht seines Weges. Im Grunde – das ist Marcels Fazit – ist solche Freiheit unschöpferisch, weil sie für das Geheimnis der Liebe keinen Raum läßt. Was im Sartreschen Denkspiel zur Sprache kommt, ist nichts als der Wille zur Desakralisierung der Existenz. Ohne das Numinosum der Liebe aber findet sich menschliches Dasein zur Freiheit verdammt (vgl. STh, 209–220). Der wahrhaft befreiende mythische Heros ist für Marcel Perseus, der Sohn des Zeus und der Danae. Wie er der Gorgo Medusa, deren Anblick alles versteinert, das Haupt abgeschlagen hat, so tut es im Zeitalter des Nihilismus not, das Prinzip des Ich und des Habens zu destruieren; denn es verfügt über „die zerstörerische Macht der Versteinerung, welche die Alten dem Gesicht der Gorgone beilegten" (ST, 56).

Marcel hat für die lange vorbereitete Auseinandersetzung mit dem Prinzip des Habens endgültig im Essay von 1933 „Entwurf einer Phänomenologie des Habens" (SH, 169–188) den Grund gelegt. Die Erfassung des Habens orientiert sich dabei am einfachsten Fall des possessiven Habens, dem Besitzen (eines Fahrrades, Bildes, Hauses); denn an diesem durchsichtigsten und geschichtsträchtigsten Phänomen des Eigentum-Habens lassen sich die invarianten Wesenszüge des Habens – auch für das ‚implizierende' Haben von Eigenschaften – am leichtesten herausheben. Haben zeigt sich seinsmäßig als eine dreifach artikulierte Relation des Ich. Haben besagt: Ich habe etwas (a); ich habe nur das, was ich vermag (b); ich bin von meinem Besitz besessen (c). Für die Entfaltung dieser drei Wesensmomente ist von der Relationalität auszugehen (a). Haben ist eine Relation. Deren Relate sind ein bestimmtes Etwas (Quid), nämlich das, was man hat, und eine bestimmte Person (Qui), die etwas hat. Ursprünglich ist dabei der Bezug auf die 1. Person, das Ich. *Ich* habe etwas, auf das ich mich als meinen Gegenstand richte und das ich als zu mir gehörig an mich nehme. Das Ich ist das Zentrum jeglichen Habens und Besitzergreifens. Dagegen benennen die Wendungen ‚du hast, er hat, es hat, wir haben' übertragene Ableitungen. Vordringlich zeigt sich das Haben eben als intentionale Relation der ersten Person, und das habende Ich bewährt sich als ein ‚Ich vermag etwas'. Innerhalb der Relation des Habens hat das Qui einen Vorrang vor dem Quid; es ist von der Seinsart des Vermögens. Ich-habe bedeutet demgemäß: Ich besitze ein Vermögen im Sinne eines Könnens oder der Verfügungsgewalt (δύναμις, potentia). Das besagt nicht nur, daß ich über meinen Besitz verfüge, sofern ich ihn übertragen oder verkaufen kann. Etwas haben bedeutet zuvor, etwas damit anfangen können. Ich habe eigentlich erst ein Fahrrad, wenn ich es sicher beherrsche.

Aber dieses Sichaneignenkönnen hat eine Grenze (b); denn das, was ich mir einzuverleiben trachte, ist außer mir und von mir ablösbar. Es sperrt sich dagegen, von mir eingenommen zu werden. Solche Innen-Außen-Spannung durchherrscht das Gefüge von Haben und Nicht-Haben, von Setzen und Entgegensetzen dessen, was nicht ich selber bin. Nur eine oberflächliche Ansicht versteht Haben als eine äußerliche Konjunktion, bei der zum Habenden die Habe additiv hinzukommt. In Wahrheit drängt das possessive Subjekt danach, seinen Besitz – Menschen wie Dinge – an sich zu ziehen, um eine unzerteilbare Einheit mit ihm zu bilden. Aber das weckt Verzweiflung, Furcht und Angst; denn der Bezug zu all meinem Hab und Gut löst sich mit der Zeit unausweichlich auf. Charakteristisch für solches Entgehen ist mein Leibhaben. Ich habe meinen Körper in der Weise, daß ich mich eins mit ihm fühle und doch merke, wie er sich mir unaufhörlich entzieht. Und solches Spannungsverhältnis entwickelt eine eigene Dialektik von Herrschaft und Knechtschaft (c). Anfänglich erscheint der Habende als dominierender Herr. Er besitzt ja Verfügungsgewalt über alles, was er sein eigen nennt. An der Grenze seines Vermögens, d. h. an der Fremdheit des Angeeigneten, schlägt das Verhältnis um. Läßt der Besitzende nicht von seinem Habenwollen ab, dann wird er von seiner Besitzgier besessen. Urtypisch für diesen Prozeß ist wiederum unser Verfügen über den Leib. Anfänglich erscheint er als williges Werkzeug, das ich beherrsche. Mein Körper dient mir als Organ der Weltvermittlung. Und ich verfüge so selbstherrlich über ihn, daß ich ihn im Selbstmord zerstören kann. Auf Dauer aber schlägt das Verhältnis um. Jedermann erfährt an einer bestimmten Grenze seine Abhängigkeit von der Kondition, ja der Laune des Körpers. Und je mehr er sich auf ihn fixiert, desto mehr liefert er sich ihm aus. Sein Körper droht, ihn gleichsam aufzufressen. Dieselbe Dialektik widerfährt uns mit der von uns gehandhabten Apparatur der Technik. Im Horizont des Habens kann die Technik nur instrumentell verstanden werden. Technik scheint nichts als Instrument menschlicher Naturbemeisterung zu sein. Aber unaufhaltsam kommt an den Grenzen der Verfügungsmacht zutage: Der Herr der Technik ist in Wahrheit Knecht seiner eigenen Gemächte. Bleibt das Wesen der Technik unter die Auslegung des Habens gestellt, dann ist ihr der Mensch ausgeliefert. An ihm vollzieht sich die Dialektik der technischen Welthabe, und der Mensch fällt einer „unverständigen und unerträglichen Versklavung" (SH, 176) anheim.

Haben und Existenz. Destruktion des Ich-habe 141

Von solcher Unfreiheit kommt menschliche Existenz nicht los, solange nicht das Prinzip allen Habens, das Ich, destruiert ist; denn das Ich-stelle-vor (cogito) ist ein Ich-habe-Vorstellungen. Im Stande von Vorstellungen sein heißt, sich jegliches Seiende als ein von mir Vorgestelltes zuzustellen. Angesichts solcher Reflexion des Vorgestellten auf den Vorstellenden aber erstarren die konkrete Existenz meiner selbst, das Mitsein mit anderen und die Wirklichkeit des absoluten Seins zu Korrelaten des Ich-habe. Die Reflexion des sich selber denkenden Denkens zerreißt die konkrete Einheit des Ich-existiere. Das existierende Selbst nämlich ist leibhaft in der Welt, und zwar ursprünglich mit Anderen zusammen in Teilhabe am göttlichen Sein. Als Resultat einer langwierigen Gedankenarbeit erklärt Marcel nun: Das Prinzip des cogito zerstört die Existenz des Menschen in seinem ursprünglichen Bezug zu seinem Leib, seiner Zeitlichkeit, seiner Situation, zum Anderen und zum Sein-selbst. Das sei vorläufig wenigstens für das Problem des Leibes erläutert. Bekanntlich ist die Trennung der substantia cogitans von der substantia extensa gegenüber der Einheit von Seele und Leib hilflos. Sie kann im Grunde den Dualismus von bewußter und körperhafter Substanz in der menschlichen Wirklichkeit nicht vermitteln. Die Perspektive des Ich-habe blendet faktisch die Leiblichkeit menschlichen Existierens ab. Sie nimmt den Leib bestenfalls als ein Werkzeug in die Vorstellung, das man hat und über welches das Ich zu verfügen glaubt. In Wirklichkeit aber habe ich nicht bloß Bewußtsein von meinem äußeren Leib, ich bin mein Leib. Ich existiere in eine Leiblichkeit geworfen, die gleichsam von innen her an meinem Sein Anteil hat. Es ist mein Leibhorizont, innerhalb dessen sich mir Welt empfindungsgemäß, zeithaft, stimmungs- und erlebnismäßig erschließt. Das Ich existiert also inkarniert in konkreter Leib- und Welthaftigkeit. Und es existiert, indem es heraussteht in die Wirklichkeit der Anderen. Und solche Existenz kann das Ich nicht einholen. Das monadische Selbstbewußtsein findet keinen Weg, von sich zur Existenz des Anderen in seiner Andersheit herauszukommen. Der Mitmensch erstarrt vielmehr zum Objekt, das ich mir als ein fremdes Ich vorstellig mache. Und das possessive Subjekt will die Wirklichkeit eines reinen, personalen Du auch gar nicht zulassen, es sucht den Anderen vielmehr als sächliches Objekt in seine Weltvorstellung einzuordnen. So demontiert das Ich den Anderen zur Idee, die es von ihm hat, und macht wirkliche Kommunikation unmöglich. Vor allem aber vergißt das Ich das Existieren als Herausstehen in das Mysterium des Seins. Marcel erläutert das Präfix ‚ex' in diesem Zusammenhang als ein surgir, émerger (vgl. „Existence et objectivité", JM, 309 ff.). Beides heißt wörtlich auftauchen, sich plötzlich erheben; es meint in der Sache das Auftauchen der menschlichen Existenz aus dem herrschenden Seinsverständnis der Objektivität und ihr Sicherheben zum absoluten Sein. Im Bannkreis des Ich-denke freilich herrscht überall eine relative Bedeutung von Sein. Zu sein besagt, Gegenstand sein. Als Seiendes zugelassen ist allein das, was Objekt des vorstellenden Subjekts werden kann, und das Drängen auf Objektivität verbietet, sich zu einem nicht-objektivierbaren, absoluten Sein zu erheben. Dabei spielt das reflektierende Ich nicht nur den unbeteiligten Zuschauer, der allen Begebenheiten als seinen Vorstellungen zusieht. Das Ich-denke ist vielmehr der Akt, durch den das Subjekt die Welt an sich reißt, so daß Sein und Haben zusammenfallen.

So undifferenziert Marcels Kritik an der großen Idee der Subjektivität auch geblieben sein mag, sie macht doch deren Existenzblindheit klar. Und sie eröffnet die Frage: Wie kann der Habitus des Ich durchbrochen und die konkrete Existenz wiedergefunden werden? „Sein und Haben" beruft sich auf die Existenzsphäre der Liebe. „Nun wissen wir, daß die Ebene des *Selbst* und des *Anderen* transzendiert werden kann: Sie ist es in der Liebe und in der Nächstenliebe" (SH, 179). Diese These nimmt zwei Charakteristika der Liebe vorläufig in Anspruch. Die Liebe kreist nicht um das Ich, sondern um das Du; und sie begehrt nicht Unterordnung, sie ordnet das eigene Selbst einer höheren Realität unter. Indem sie so die Subjekt-Objekt-Spannung des Habens transzendiert, erscheint die Liebe als „die wesentliche ontologische Gegebenheit" (SH, 179).

2. Problem und Geheimnis.
Eröffnung einer metapositivistischen Fragestellung

Das Zeitalter positivistischer Wissenschaft ist ontologiekritisch. Zum Hebel der Kritik dient die – zuletzt im logischen Positivismus Wittgensteins lakonisch formulierte – Unterscheidung von Problem und Geheimnis: Sinnvoll in wissenschaftlich adäquater Sprache kann nur über Probleme gesprochen werden; vom Mystischen muß alle Wissenschaft schweigen. Für den existenzialen Rückgang auf das ontologische Geheimnis der Liebe wird solches positivistische Interdikt zur entscheidenden Methodenfrage. Marcel hat den Zusammenhang von problème und mystère – wie seine „Metaphysische Tagebücher" ausweisen – in immer neuen Anläufen durchreflektiert. Dabei lautet der methodische Grundsatz: „Nous exposons ce que nous avons, nous révélons ce que nous sommes" (EA, 195). Diese Generalregel stellt problème und exposition, mystère und révélation im Gefolge der existenzialen Unterscheidung zwischen avoir und être zusammen; denn die Grenze dessen, was methodisch als Problem erfaßt werden kann, fällt mit dem Horizont des Ich-habe zusammen, das Heraustehen der Existenz (in Sein und Mitsein) dagegen ragt in das Gebiet des Geheimnisses hinein. Wie aber ist ein Problem, das wir haben, darlegbar, und wie enthüllt sich das Geheimnis, das wir sind?

Probleme können exponiert werden. Die methodische Exposition verwandelt einen fraglichen Sachverhalt in einen Forschungsgegenstand. Das geschieht, indem sie eine vorgetragene Sache auf ihr Erfaßtwerden durch mich zurückbezieht. In Ausarbeitung dieser ‚1. Reflexion' ist die Methode seit Descartes' „Regulae ad directionem ingenii" Herr über die Wissenschaft geworden. Seitdem beruht alle erfahrbare Wahrheit auf der Methode; denn die Lösung von Sachproblemen wendet sich auf Verfahrensregeln zurück, welche unser Vorgehen im Ergründen des Sachbereichs lenken. Auf dem Wege eines durchgeregelten Exponierens bemächtigt sich das ingenium des Ich der Welt. An Wissenschaft und Technik glauben, heißt sonach, die Wirklichkeit der Welt als eine Anhäufung prinzipiell lösbarer Probleme anzusehen. Das ist bekanntlich zu einer kritischen Hauptthese des logischen Positivismus geworden: Problemfragen können eindeutig beantwortet werden; Sätze dagegen, die nicht entscheidbar wahr oder falsch sind, sind nicht als Sätze zuzulassen. Geheimnisse sind von dieser Art; sie bleiben für eine wissenschaftlich genaue Sprache unzugänglich. ‚Lebensprobleme' müssen nach positivistischer Maxime im unmittelbaren Leben selbst bewältigt werden; Problem und Geheimnis, Wissenschaft und Leben sind strikt voneinander zu trennen. Für Marcel aber brechen gerade in Grenzsituationen Fragen auf, die einzig darum zum Schweigen verurteilt werden, weil sich ein positivistischer ‚objektiver Denker' von ihnen nicht berühren läßt; denn ein unbeteiligtes Exponieren von Problemen geschieht in der Sphäre des Habens, in welcher das Ich alle konkreten Existenzbezüge ausklammert.

Indessen – hat die Zurückhaltung der neuzeitlichen Methode gegenüber dem Bereich des ‚ontologischen Mysteriums' nicht recht? Ein Mysterium ist doch wesenhaft unauflösbar und unergründlich. Ein Geheimnis, welches flach und offen auf der Hand liegt, ist keins. Es gehört doch eher zu ihm, daß es sich, je näher man seiner Lösung zu kommen glaubt, nur desto weiter in seine Tiefe zurückzieht. In der Tat, das Geheimnis läßt sich nicht exponieren und technisch-wissenschaftlich meistern. Aber vielleicht durchdringen sich Probleme, die der Mensch hat, derart, daß sie von sich her in das Geheimnis übergehen, das wir sind. Das Geheimnis ist meta-problematisch. „Ein Mysterium ist ein Problem, das nach und nach seine eigenen Gegebenheiten überprüft ... und sich dadurch gerade als einfaches Problem überschreitet" (OG, 20; PA, 56). Beispiele für solchen Transzensus sind Fragen nach dem Bösen, nach dem Leib, nach dem Sein und nicht zuletzt die Frage nach der Liebe; denn Liebe „fällt mit dem Metaproblematischen zusammen" (OG, 23; PA 60). Natürlich ist auch die Liebe zum Gegenstand wissenschaftlichen Forschens gemacht worden; so stellt sie einen objektiven Sachverhalt dar, der als Thema biologischer, psychologischer, physiologischer, soziologischer, ethnologischer, historischer Untersuchungen exponiert und als Geschlechtstrieb, Wille zum Leben, bloße Selbstbestätigung, komplizierter Prozeß im Sozialverband usw. auf den Begriff gebracht werden kann. Aber das Problem verändert sein Ansehen, wenn der Fragende darauf achtet, wie sein eigenes Existieren in das Urfaktum der Liebe verwickelt ist. Dann werden die Fragen unabweisbar: Wer bin ich, dessen Existenz auf einer unbedingten Liebe im Zusammensein mit einem Du beruht? Und was ist das Sein in diesem Zusammensein?

Solche Fragen können nicht weiter exponiert werden; denn ein Tatbestand, in den ich selbst engagiert bin, verschwindet, wenn ich ihn objektivierend vor mich bringe. Das Geheimnis bildet eine Sphäre, *„in der die Unterscheidung des in mir und des vor mir ihre Bedeutung und ihren Hauptwert verliert"* (SH, 126). Diese Einsicht hält eine Reflexion ‚in zweiter Potenz' offen. In ihr wird die erste Reflexion, indem sie über sich selbst reflektiert, ihrer Beschränktheit inne; sie gewinnt die Einsicht, der konkreten Existenz niemals entsprechen zu können. In dieser zweiten Reflexion vernichtet sich das Ich als erstes Prinzip der Erkennbarkeit des Seins. Ihr leuchtet ein, daß die reflexiven Unterscheidungen von Subjekt und Objekt, In-mir und Vor-mir eine Wirklichkeit, in die das Dasein einbegriffen ist, nicht einholen. So wird klar, daß etwas, was nicht positivistisch wissenschaftlich exponibel ist, darum nicht überhaupt unerkennbar bleiben muß. Die positivistische Regel, alles, was sich nicht rational problematisieren läßt, ins Irrationale abzuschieben, gilt ja allein für die Ebene der ersten Reflexion. Sie gilt nicht in einer Sphäre, in welcher die Unterscheidungen objektiv – subjektiv, rational – irrational entkräftet sind. Im Bereich des Metaproblematischen versagt jedes rationale Argumentieren, und doch herrscht in ihm Einsicht. Für die Relationen der Liebe etwa gibt es kein Beweisen und kein Widerlegen. Kein Argument sichert unwiderleglich, ob ich jemanden liebe oder nicht, und kein Beweisgrund erklärt, warum ich gerade diesen liebe und nicht den anderen. Und doch verfügt der Liebende über eine ganz eigene Evidenz, insofern das Zusammensein mit Anderen zur konkreten Einheit der Existenz gehört, die jenseits der Reflexionsunterscheidungen liegt.

Das Geheimnis enthüllt sich in seinen Strukturen und Bedingungen im Vollzug eines andenkenden Versammelns (vgl. OG, 27; PA, 64). Marcels Existenzial der Versammlung (recueillement) hebt sich gegen das von Pascal bekämpfte Sein der Zerstreuung wie gegen Descartes' Hypothesis der coagitatio ab. Auch die Jagd nach wissenschaftlichen Entdeckungen und nach technischer Bewältigung von im Grunde gleichgültigen Problemen muß als jene ablenkende Zerstreuung ins Äußere und Mannigfaltige (divertissement) erscheinen, die ein Sichversammeln auf die eigene sterbliche Existenz scheut. Aber hat nichts Descartes ein Sich-auf-sich-Versammeln zum Prinzip neuzeitlichen Menschentums erhoben? Heißt cogitatio denn nicht wörtlich coagitatio, nämlich das Zusammentreiben der Mannigfaltigkeit unserer Vorstellungen in die einigende Einheit des Ich? Nach Marcel ist das cogito gegenüber der wirklichen Existenz blind. In Wahrheit bildet das existierende Ich nichts als den Ort (siège), an dem sich das Sein versammelt findet (vgl. OG, 16; PA, 56). Menschliches Dasein ist die Stätte für die Andacht des Seins. Das Andenken (penser à) wahrt das Geheimnis, das Denken (penser) stürzt sich auf Probleme. Denken ist eben ein Vor-sich-Haben von etwas, auf das ich mich als meinen zu klärenden Gegenstand richte. Andenken ist

Andacht. In der Andacht versammle ich mich auf das Sein hin, das mich umgreift, und bewahre die Sphäre des Geheimnisses im Vollzug der zweiten Reflexion, welche das Ich-habe als das Absolute ständig setzt und absetzt. Auf diesem Methodenweg enthüllen sich deutungsfähige Strukturen von Mitsein und Sein. Ein Positivismus, der die Erschließungsmöglichkeit des Geheimnisses wegen des zur universalen Methode erhobenen mißtrauischen Zweifels nicht anerkennt, handelt treulos. Er verrät die wirkliche Bestimmung menschlicher Existenz.

3. Formen der possessiven Liebe (Marcel, Kierkegaard, Sartre)

Wer und wie wir sind, enthüllt sich in konkreten Modi unseres Zusammenseins; denn existence besagt in Wirklichkeit coexistence. Daß das ‚Mitsein' oder ‚le pour-autrui' eine unableitbare Gegebenheit menschlichen Daseins bedeutet, ist eine durchgängige Voraussetzung der Existenzialanalyse. Daß das ursprüngliche Miteinandersein im Geheimnis der Liebe gründet, bildet die eigentümliche Basis der Marcelschen Seinsdeutung. Wahrhaft zu sein, heißt, zusammensein (être ensemble) mit einem Du auf dem Urgrunde der Liebe. In einer zerbrochenen Welt aber erstarrt das Zusammensein alltäglich zu einem Einander-Haben. Marcel nennt den versteinerten Zustand der Liebe ‚amour possessif' (GU, 293). Struktur und Spannweite des Existenzials verfallener Liebe lassen sich im Umkreis der modernen Daseinsanalytik als einfache Besitznahme (a), als Verführung (b), als Scheitern (c) aufspüren.

Possessive Liebe erliegt dem Willen, den Anderen an sich zu fesseln und sich verfügbar zu machen (a). In der Existenzsphäre des Habens gedeiht keine Zweiheit, in welcher der Andere als unvergleichliches Du zum Leben des Ich wird. Der Zugriff des Habens verwandelt das Du in ein unpersönliches Es, in ein vergleichbares, tauschbares Objekt. Darum herrschen in der Welt possessiver Liebe Vergleich, Besitznahme, Kauf und Tausch, wobei sich der Wert des Geliebten am persönlichen Interesse des Besitzergreifenden bemißt. Und dem Willen des Habenden liegt einzig daran, das Geliebte seinen eigenen Zielen und Wünschen unterzuordnen (MT, 307). So geht es einer besitzergreifenden Liebe immer nur um sich selbst. Nichts geschieht

Formen der possessiven Liebe (Marcel, Kierkegaard, Sartre) 147

in ihr um deinet-, alles geschieht um meinetwillen, der ich den Anderen als einen mir dienlichen Besitz und Genuß – bis zur Besessenheit – will. Solche Art Liebe kennt eigene Hingabe nur in der Weise der Vorspiegelung als Mittel zur Verführung. Daher lautet der Tenor der Liebesbriefe, die Kierkegaard den Verführer im „Tagebuch des Verführers" – dem abgründigsten psychologischen Roman des frühen 19. Jahrhunderts – schreiben läßt: „Ich gehöre Dir allein; ich bin nicht, ich habe aufgehört zu sein, um Dein zu sein" (1. Abt., 439).

Kierkegaards „Tagebuch des Verführers" spricht in Kategorien des Ästhetisch-Erotischen (b). Wer ästhetisch existiert, sucht unablässig in ein Verhältnis zum Schönen zu treten. Wer ästhetisch-erotisch lebt, den reizt die tiefe weibliche Unschuld. Unschuld charakterisiert jenes Stadium des Menschen, in welchem der Geist träumt und von der Freiheit wie von dem Gegensatz zwischen geschlechtlicher Leiblichkeit und reinem Geiste noch nichts weiß. Für den Erotiker liegt nun das Weibliche seinem Wesen nach innerhalb des Bereichs von Natur, Unschuld, träumendem Geist. Die Seele, die von der Liebe träumt, weil die Liebe in ihr träumt, fühlt Widerstand und Angst in sich, sich zum Erotischen in ein entschiedenes Verhältnis zu setzen. Folgerichtig bedeutet Verführung ein Herausführen aus der Unschuld in die Freiheit erotischer Leidenschaft, und zwar unter der Kategorie des Interessanten. Das Interessante ist das Element verführender Liebe. Ein bloßes Genießen ohne die Spannung im Kampf zweier Freiheiten ist kunstlos. Don Juan, der Frauen genießt wie ein Glas Champagner in einem schäumenden Augenblick, versteht nichts von der Kunst der Verführung. Gänzlich uninteressant ist es, ein Mädchen auf Dauer äußerlich durch Ehevertrag in Besitz nehmen zu wollen. Der Erotiker weiß, daß man im gesetzlichen Besitz einer Frau sein kann, ohne sie zu besitzen, und er meidet die Langeweile wie die Pest. Ihn fesselt allein der Kampf um die freie Hingabe der Unschuld, deren Form Widerstand ist. „Ist in der Liebe kein Kampf, so hat sie aufgehört" (1. Abt., 407). Die Spannung, wie der Widerstand sich auflösen läßt, vertreibt dem ästhetisch-erotisch Existierenden die Zeit und gewährt ihm eine ewige Unterhaltung. Dabei dreht es sich nicht darum, ein Herz zu stehlen, vielmehr liegt alles daran, es für sich heranzubilden. Das Objekt der Verführung muß von Gnaden der Natur schön sein, es soll durch die Kunst des Verführens interessant werden. Dafür ist in der Unschuld die erotische Hingabe so aufzuwecken, daß die Weiblichkeit in ihrer höchsten Federkraft, in der Freiheit sich schenkender Leidenschaft, genossen werden kann. Die possessive Liebe als Verführung begehrt nichts, „das nicht im strengsten Sinn Gabe der Freiheit ist" (1. Abt., 396). In der Existenzsphäre des Erotisch-Ästhetischen bilden mithin die Unschuld, das Interessante, die Leidenschaft und die Freiheit die Kategorien der besitzergreifenden Liebe im Stile der Verführung.

Ihnen entspricht das atemberaubende Protokoll von Kierkegaards mehrfach verschlüsseltem Tagebuch des Verführers. In ihm notiert der Ästhetiker Johannes, ein Artist der Mädchenverführung, Strategien, Intrigen und den unaufhaltsamen Fortschritt seines mit diabolischer Überlegenheit geführten Verführungsfeldzuges vom 4. April bis 25. September. Seine Methode, die Bürgerstocher Cordelia mit der Geduld und Unerbittlichkeit einer Spinne einzuspinnen, hat ein psychologisches Ziel: Das, was der Verführer will, soll vom Willen des Mädchens ausgehen. Johannes freit um Cordelia, aber nicht um sie ehelich heimzuführen, sondern um sie nach dem Genuß freigewordener Leidenschaft zu verlassen. Solches Freien folgt einem raffiniert entworfenen Plan. In einer ersten Phase sucht Johannes die ahnungslose Schöne zu einer geistigen Begehrlichkeit zu bringen, die nurmehr das einzige Interesse kennt, überall und in allem den Geliebten zu erblicken. In einer zweiten Phase lehrt er Cordelia, sich in sie hineindichtend, Poesie und Wirklichkeit zu verwechseln, damit sie die Verlobung, die Ehe, das feste Land der Wirklichkeit, aus dem Gesicht verliert. In einer dritten Phase erhebt er die naive Leidenschaft des Mädchens zur reflektierten. Durch einen Scheinrückzug aus dem Verlobungsverhältnis läßt er das Erotische zu ihrer Waffe werden, mit der sie den Geliebten an sich fesseln soll. So wird die Verführte selbst zur Verführerin ihres Verführers. In der nämlichen Nacht endlich, in welcher der Ästhetiker die Liebe des Mädchens erhält, ist alles vorüber. Mit dem Widerstand, dem Kampf, den Intrigen, der Spannung des Verführens verschwindet das Interessante aus dem Liebesverhältnis. Was jetzt noch in der Perspektive des Erotischen aussteht, ist eine Langeweile fürs ganze Leben.

Sartre teilt den Ansatz der Liebe als Besitzergreifung und Verführung einer fremden Freiheit, aber er favorisiert nicht Kategorien des Ästhetischen unter Führung des Interessanten, sondern Kategorien des dramatischen Konflikts. Das folgt aus der Prämisse der Sartreschen

Intersubjektivitätslehre: Jede Anspannung der Liebe ist zum Scheitern verurteilt (c). Der Grundstellung der Blick-Analyse zufolge bedeutet, einen Anderen lieben: vom Anderen geliebt werden wollen. Liebe ist die „gesteigerte Anerkenntnis meines Erblickt-Seins" (SN, 469); denn in einem Sehen, das sich von einem Anderen geliebt sieht, erscheint die eigene, grundlose Faktizität nicht mehr ‚überflüssig'. Sie gewinnt den Sinn, für einen Anderen ‚alles zu sein'. Und in dieser Aussicht, sich in seinem kontingenten Dasein gerechtfertigt zu sehen, gründet die Hochstimmung der Freude beim Entwurf der Liebe. Aber der Entwurf scheitert, und die Erwartung schlägt unausweichlich in Enttäuschung um. Was nämlich der Liebende will, widerspricht sich selbst. Er möchte eine fremde Freiheit besitzen. Sein Wünschen geht auf die Unmöglichkeit, von einem freien Subjekt geliebt zu werden, das sich ganz dem Liebenden unterordnet. Und die Enttäuschung darüber kommt gerade dann auf, wenn der Entwurf, vom Anderen geliebt zu werden, glückt. Im Grunde gehen im ‚projet de se faire aimer' Liebe und Verführung ununterscheidbar ineinander über. Der Liebende stilisiert sich nämlich zum fesselnden Objekt (objet fascinant), um für den Anderen die ganze Welt zu sein und dadurch aus seiner an sich überflüssigen Existenz gerettet zu werden. Im Glücken aber scheitert die Liebe. Wendet sich wirklich der Andere dem ihn Liebenden in Liebe zu, dann strebt er seinerseits danach, ganz und gar geliebt zu werden. Folglich begibt er sich seiner Freiheit und macht sich zum vordringlichen Objekt in der Welt des Anderen, um durch dessen freie Zuneigung erhoben zu werden. Das ergibt ein heilloses Wechselspiel, das nie ins Gleichgewicht kommt. Die Liebe stiftet kein stetes Zusammensein. Ihr Scheitern wirft die Liebenden vielmehr auf sich zurück, ohne sie von der Last der Freiheit und Faktizität gerettet zu haben.

Der Ansatz des existenzialistischen Dramatikers – wie der des erotischen Ästhetikers und der des possessiven Subjekts – kann Liebe nur in der ausweglosen Situation des amour possessif verstehbar machen. Das folgt aus der bei Sartre explizit gewordenen Hypothese: Der Sinn des Für-Andere-Seins ist der Konflikt. Dagegen hat Marcel eingewendet (vgl. HV, 246 u. 257): Erblickt man im Anderen nur die eigene Hölle, dann verzerren sich die schlichtesten Phänomene der Freundschaft und Gastfreundschaft, Geschlechtsliebe und Familienliebe, Nächsten- und Gottesliebe. Und dann weicht die Problemerhellung vor dem Geheimnis der Liebe in die Phantasmen der Selbstreflexion zurück.

4. Die Existenzialien der Kommunikation im Aufriß einer ‚konkreten Philosophie'

Marcel nennt seine ontologische Andacht konkrete Philosophie. Sie kreist nicht um das Sein in seinen kategorialen und transzendentalen Bedeutungen, sondern dringt auf das Sein in den konkreten Bezügen menschlichen Zusammenseins. So enthüllen sich tragende Strukturmomente von Kommunikation und Kommunion: Interpersonalität (a), Verfügbarkeit (b), Zugehören (c), Dyadik (d) und Freiheit (e). Deren Aufriß ist hier nur in Rücksicht auf eine Kritik der possessiven Liebe nachzukonstruieren.

Menschliches Zusammensein ist ein Zueinandergehören von Personen (a). Bezeichnenderweise bildet das ‚Man' den Gegenbegriff zu Person (vgl. MT, 109 ff.). Auch für Marcel nennt dieses Existenzial „den eigentlichen Ort jeglicher Flucht und jeglichen Ausweichens" (MT, 110). Unpersönlich weicht das Dasein davor aus, sich zu engagieren, und flieht in die Anonymität der verantwortungsfernen ‚Menge'. Als Person dagegen engagiert sich das Dasein rückhaltlos in der Wirklichkeit. Der Zeitungsleser zum Beispiel verharrt durchschnittlich in der Existenzweise des Man. Für ihn bleiben die berichteten Fälle lauter Unwirklichkeiten. Wer dagegen, etwa beim Lesen einer Verleumdung, für die Unschuldigen eintritt und alle Folgen seines Eintretens auf sich nimmt, profiliert sich als jemand, der in der 1. Person redet: „Ich bin es, der so gehandelt hat" (ST, 106). Engagement – das Grundwort in Sartres „morale d'action et d'engagement" (eh, 63) – hat sonach eine zweifache Bedeutung: das Sicheinsetzen für eine Sache in persönlicher Verantwortung und das Sichbinden an etwas, das alle Menschen bindet. Aber während für Sartre das Engagement auf die totale Freiheit und Angst des Einzelnen zurückgestellt ist, öffnet sich nach Marcel der engagierte Einzelne einem vorgängigen Zusammensein.

Die Person gibt die dem Man eigentümliche Haltung der Verweigerung auf (b), um in der Existenzweise der Verfügbarkeit (disponibilité) zu existieren (vgl. ST, 43–61). Alltäglich herrscht das Man in Formen des Sichverweigerns. Ein ganz mit sich selbst erfülltes Ich öffnet sich nicht den Anderen und verschließt sich in letzter Konsequenz noch im Selbstmord; denn „der Selbstmord ist wesensmäßig eine Verweigerung" (ST, 80). Das vom Haben besessene Ich in der Gestalt des Man verweigert sich jeglichem Anruf (invocation) – der Aufforderung, der Bitte, dem Hilferuf – und speist jeden Hilfesuchenden mit geläufigen Redensarten ab. Ob sich nun das Ich dem Du verweigert oder öffnet und verfügbar macht, entscheidet über die Art und Weise des Einander-Zugehörens (appartenance). Und darin scheiden sich possessive Liebe und echte Zuneigung (c).

Offenkundig kann von einer Sache angemessen gesagt werden ‚Sie gehört mir'. Die Behauptung dagegen ‚Dieser Mensch gehört mir' erregt Empörung. Das rührt daher, daß Wert und Würde einer Person die Zudringlichkeit des besitzergreifenden Habens abweisen. Erst eine Person – und niemals das Man – kann dagegen sagen ‚Ich gehöre dir'. Das aber drückt dann aus: ‚Ich vertraue mich dir an und nehme alle Folgen meines Entschlusses auf mich'. Dazu gehört ein offenes Verfügbarsein. Wer sich in „Obsession des eigenen Ich" (ST, 55) einem Du verweigert, kann den Anruf ‚Ich gehöre dir' nur possessiv verstehen: ‚Du gehörst mir als mein Besitz'. In einem Sichöffnen, in welchem eine Person auf die andere eingeht, gewinnt das Einander-Gehören einen ganz anderen Sinn. Die Rede ‚Du gehört mir' bedeutet dann: ‚Ich lasse dich teilhaben an dem, was ich bin und tue'. In solcher Zugehörigkeit gedeiht das ‚dyadische' Verhältnis der Liebe (d).

„Das Wesen, das ich liebe, ist so wenig wie möglich ein Drittes für mich; und gleichzeitig entdeckt es mich mir selbst" (MT, 208; JM, 146). In gängiger Kommunikation herrscht, weil der Andere darin nicht nur als ein Zweites (in der 2. Person des Du), sondern immer auch als ein Drittes (in der 3. Person des Er/Sie/Es) begegnet, ein triadisches Verhältnis vor. Die Liebe dagegen erstrebt eine Zweiheit von Ich und Du, die sich scheut, den Anderen zum Objekt zu versächlichen. Nur die possessive Liebe will des Du als eines Es habhaft werden. Uneigennützige Liebe dagegen will das dyadische Verhältnis zu einem reinen Du wahren. Und erst ein in der Grundbefindlichkeit der Liebe offenbares Du entdeckt mir mein eigentliches Sein als Teilhaben an einem getreuen Zusammensein. Während in der triadischen Ich-Du-Es-Relation der Andere ebenso wie ich selbst – letztlich durch die Existenzweisen des Habens und des Man – verstellt und verdeckt bleiben, kommt im dyadischen Bezug meine Existenz als Koexistenz ins Freie. Und das geht vom Du aus. In der Liebe geschieht es, daß ich zu mir selbst komme, indem ich mich vorbehaltlos und ohne Mißtrauen und Zweifel auf ein Du verlasse, so wie der Andere sein Wesen im Sichverlassen auf mich als seinem Du findet. Die Dialektik einer Erfüllung durch Selbstentäußerung findet sich so aus dem Problembezirk von Selbstbewußtsein und ‚Arbeit' in den ontologischen Kreis der Liebe zurückgebracht. Im reinen Ich-Du-Bezug der Liebe wird die menschliche Existenz für den Anderen und eben dadurch für sich selbst offen.

So gesehen, verdankt sich die existenziale Freiheit und Offenheit nicht einem Akt der Selbstbestimmung, sie gründet im Ereignis der Liebe (d). Selbstbestimmung bedeutet, schlicht gesagt, den Willen des Ich, seine Angelegenheit in der Welt selbst (auto) zu besorgen. Solche Autonomie ist neuzeitlich als „eine zuerst vorausgesetzte und dann abgewiesene Nicht-Heteronomie" (SH, 185) konzipiert worden. Danach entspringt Freiheit aus dem Drang, nicht von einem Fremden bestimmt zu werden. Und ihre Konzeption beruht auf dem Fehlschluß: Alles, was sich nicht selbst bestimmt, ist fremdbestimmt und unfrei. Offenkundig aber findet die große Idee der Autonomie da ihre Grenze, wo das Seinsverständnis des Habens und die Furcht vor Fremdbestimmung sinnlos werden, in der Region der Liebe (vgl. SH, 141). In der Einwilligung, sich ganz vom Anruf des Nächsten und vom Zugehören zu einem reinen Du bestimmen zu lassen, kommt gerade Freiheit ins Offene. Sie befreit von jener Entfremdung, in der alle lebendigen Bezüge versachlichen und erstarren. Und die sich schenkende Liebe verwirkt eben nicht, sie verwirklicht freies Miteinkönnen mit seinem Nächsten. Existenziale Freiheit und Nächstenliebe sind dasselbe.

5. „Amour oblatif".
Die Existenz in der Achse christlicher Wahrheiten

Unentfremdete Liebe ist von der Seinsart des „amour oblatif". In dieser von Marcel aufgelesenen Wortprägung (GU, 293) spricht der religiöse Sinn von frz. oblation, nämlich Opfer, Hingabe, Sichdarbringen. In ihr klingt auch die Paulinische Überlieferung vom pneumatischen Eros der Agape an. Was die sich hingebende Liebe charakterisiert, ist ihre Unbedingtheit. Bedingungslose Hingabe an ein Du gibt es im Endlichen. Das enthüllt sich in einer einzigartigen Grenzsituation, im Tode des Anderen, den wir lieben. Der Tod ist die Krise endlicher Liebe. Er scheint das Für-immer in ein Nie-wieder zu pervertieren. Endet aber die Liebe wirklich mit dem Tode, dann ist kein Du, sondern ein ‚Jemand' gestorben. Bricht sie nicht ab, dann bleibt ein Du gegenwärtig, das niemals mehr zum Er und Es verfallen kann. Wer einen Menschen in Wahrheit liebt, kann zu ihm sagen: ‚Du wirst nicht sterben'. Sofern Sterben heißt, für die Anderen fortgehen, sterben diejenigen nicht, die in unbedingter Weise geliebt werden. Auch die Toten gehören zum Universum des Menschen, und sie können näher sein als die Lebenden – nicht als Geister der Rache, wie in Sartres Welt der „Fliegen", sondern als Zeugen bedingungsloser Liebe. Woher aber kommt den Sterblichen die faktische Absolutheit endlicher Liebe zu? Nicht aus dem Vermögen des sich selbst entwerfenden Ich; denn „die Liebe saugt das Selbst, den Autozentrismus ganz auf" (SH, 187). Und überhaupt nicht aus der Macht von Geschöpfen; denn „es ist die ontologische Ohnmacht, die der Kreatur eigentümlich ist" (SH, 187). Mithin ist die Unbedingtheit kreatürlicher Liebe von Gnaden eines Unbedingten. „Ein Wesen wirklich lieben heißt, es in Gott lieben" (MT, 233; JM, 158).

So bestimmt und durchstimmt sich menschliches Existieren als Koinzidenz von Lieben, Glauben und Hoffen. In „Homo Viator" hat Marcel eine ‚métaphysique de l'espérance' entworfen. Diese grenzt ein inneres Hoffen von aller äußerlichen Hoffnung und optimistischen Berechnung ab. Äußerliches Hoffen besteht in der Erwartung eines zukünftigen Gutes, das für meine Existenz im Grunde gleichgültig ist. Der Optimismus beruht auf einer Kalkulation, die fest damit rechnet, daß alles Kommende zum besten ausläuft. Ein inneres Hoffen dagegen glaubt ex profundis an Erlösung aus dunklen Lebenssituationen und überwindet den Widerspruch der Verzweiflung, in der sich – wie Kirkegaard gezeigt hat – das Selbst verzehren will, ohne sich je verzehren zu können. Das glückt nicht im stoischen Standhalten, sondern im ruhigen Erwarten eines mich rufenden Du. Hoffen heißt: auf dich hoffen. Das eben ist ein Grundzug der oblativen Liebe. Die unbedingte Hoffnung – etwa einer Mutter, ihren als tot bezeugten Sohn wiederzusehen – ist letztlich das Recht, absolut zu lieben (HV, 55). Und solch liebendes Hoffen ist ein absolutes Glauben (HV, 50). Der Kranke, der anerkennt, daß er nach menschlichem Ermessen verloren ist, und dennoch nicht in Hoffnungslosigkeit verfällt, glaubt. Nur im Glauben gibt es ein bedingungsloses Hoffen, und nur im Lieben gibt es den bedingungslosen Glauben. In unentfremdeter Existenz sind Hoffen, Glauben und Lieben eins.

Je tiefer konkretes Philosophieren in die menschliche Natur eindringt, desto näher rückt das Dasein in die Achse der christlichen Wahrheiten (ST, 81 f.). Nur eine Liebe, die mit Glaube und Hoffnung koinzidiert, kann die zerbrochene Welt wieder menschlich machen. Die Angst weicht, wo der Tod sich wieder als „Tor der Hoffnung" (JM, 248) enthüllt. Die Ich-Einsamkeit löst sich auf, wo die oblative Liebe herrscht. Der ‚pathologische Zwischenzustand' des passiven Nihilismus ist überwunden, wo der Glaube im konkreten Zusammensein erfährt: Gott hat sich nicht von mir zurückgezogen. Verzweiflung ist das Schlüsselwort des absurden Daseins im Zeitalter des Nihilismus (GU, 303), Liebe das Schlüsselwort für einen ‚christlichen Existenzialismus', der den Nihilismus hinter und unter sich hat.

6. *Christlicher Existenzialismus?*

Ist die konkrete Philosophie mit der Aufdeckung christlicher Existenzialien ins Ziel gekommen? Haben sich ihr die konkreten Daseinsbezüge zum Du (a), zur Mitwelt (b), zu Gott und zum Sein (c) enthüllt, oder verlieren sich die Spuren, auf denen Marcels christlicher Existenzialismus dem Geheimnis des Seins nachgeht, ins Unwegsame? Marcels Denken endet nicht mit abschließenden Lösungen, sondern in offenen Fragen.

Wie steht es zuerst mit der Enthüllung des reinen Du (a)? Wird der Andere nicht spiritualisiert, wenn ihm in der Liebe über den Tod hinaus eine ewige Präsenz als das Du zuerteilt wird, das niemals mehr ein Es werden kann? Und wird der Mitmensch nicht vergöttert, wenn sein Mich-Anrufen eigentlich der Anruf Gottes ist? Offenkundig legen sich christlichem Denken die Sätze nahe: Von seinem Nächsten angerufen zu werden, heißt, von Gott beansprucht zu sein; – Gott spricht zum Menschen nur durch den Mitmenschen; – Glauben bedeutet, seine ganze Existenz auf die Invokation des Du setzen. Parallelen mit christlichen ‚Dialogikern' (Ebner, Gogarten) drängen sich auf, und Marcel hat die geistige Verwandtschaft mit Friedrich Ebner – unter Ausschluß des ‚Christozentrismus' und einer Dialogik der Sprache – ausdrücklich anerkannt. Aber laufen solche Wege christlicher Existenzerörterung nicht Gefahr, in Feuerbachs nihilistische These einzumünden: Die Einheit von Ich und Du – ist Gott?

Und vermag die oblative Liebe zum Du tatsächlich die konkrete Mitwelt zu durchdringen (b)? Eine christliche Philosophie des Konkreten ordnet die Ich-Du-Beziehung dem Bereich des Gesellschaftlichen vor. Das ist prohibitiv gemeint. Das Geheimnis interpersonalen Zusammenseins soll nicht vom gesellschaftlichen Sein her begründet werden. Die Gesellschaft in ihren Gruppierungen und Klassen – Objekt der Soziologie und politischen Ökonomie – gehört zum Bezirk des Problematischen und in den Herrschaftsbereich des Habens. Dort begegnet der Einzelne lediglich als Individuum einer Gattung, d. h. als ‚parzelliertes Man'. Als Individuum verschwindet der Mensch in den sozialen Funktionen einer Funktionsgesellschaft, die unter den Gesetzen des Habens steht. Eigentlich existiert der Mensch nur im Mitsein bedingungsloser Liebe. Aber weicht damit die christliche Existenz nicht in das innerliche, private Reich dyadischer Zwiesprache aus? Die ‚Kommunion' der Liebe kann das Urleiden des Einzelnen, das Alleinsein, aufheben. Kann sie auch die Entfremdungen der verdinglichten sozialen Kommunikation ändern? Natürlich ist jeder Andere, christlich verstanden, der Nächste, und wohl nirgends sonst erfüllt sich der revolutionäre Aufruf zur Brüderlichkeit reiner als in den Gemeinschaften oblativer Liebe. Aber ist es nicht das Alpha und Omega christlicher Liebe, das gesellschaftliche Sein zu übersteigen, um sich in reiner Gemeinschaft mit Gott zu bergen?

Und geht so die konkrete Philosophie wirklich über den ‚Gott der Philosophen' zurück zum personalen, lebendigen Gott präscholastischen Christentums (c)? Die Verbindlichkeit der aristotelisch-scholastischen Theologie hat da ihre Schranke, wo sich existenziales Andenken auf das Geheimnis des Seins hin versammelt. Alle Scholastik folgt – wie der Atheismus – dem Irrweg, das Mysterium in ein Problem zu verwandeln. Als Lösung des Kausalitätsproblems im Begriff der causa sui, als in seiner Existenz bewiesenes ens necessarium, als in seiner Allgüte gerechtfertigtes ens perfectissimum gibt es

Gott wirklich nicht (vgl. SH, 217 ff.; JM, 65). Gott ist aber auch nicht ‚der Gott Abrahams, Jakobs und Isaaks', wie ihn Kierkegaards Existenztheologie wiederholt: als der Unbegreifliche, dem der Glaubende nur durch Furcht und Zittern hindurch näher kommt. Marcels ‚christlicher Existenzialismus' nimmt jenen persönlichen Gott an, der mich anruft, zu dem ich bete, in dem ich mich liebend wiederfinde. Wie aber stehen dieser Gott, das Sein und das Dasein zusammen? Kommt das Suchen nach dem Sein im christlich-religiösen Bezug zum absoluten Du ins Ziel? Nach Marcel eignet dem Dasein die ausgezeichnete Seinsart, in der Unruhe eines ontologischen Verlangens (exigence ontologique) zu existieren. Jenes geheimnisvolle Seinsverlangen – die Unruhe eines Heimwehs – drängt den Existierenden dazu, mehr zu sein als ein Bündel von Funktionen in einer zerbrochenen Welt und im ‚Ort der Treue' zu sich zu finden. Aber was besagt diese abschließende Seinsthese eines christlichen Existenzialismus, das Sein sei der Ort der Treue? Spricht sie vom Sein des Daseins, vom Wesensort des höchsten Seienden oder vom Sinn des Seins? Das bleibt ungeklärt. Wohl dringt Marcels Ontologie zu einer Unterscheidung zwischen dem Sein des Daseins, dem höchsten Seienden (dem absoluten Du) und dem Sein selbst vor, aber sie nimmt solche ontologische Differenz wieder vorsichtig zurück (MP, 213). Christlich gedacht, decken sich eben das Sein und das höchste Seiende (MP, 154), und das Sein eines personhaften Gottes wird zur Ortschaft, in welcher sich die schöpferische Treue des Daseins erfüllt.

Die Schranken einer christlich-religiösen Weltorientierung und Ontologie hat wohl kein Denker der Existenz härter markiert als Karl Jaspers: die Mystik der absoluten Kommunikation, die Dogmatik der Glaubenswahrheiten, den Quietismus schlechthinniger Hoffnung. Danach nähert sich eine senkrechte und direkte Kommunikation, in welcher sich der Mensch in einem höchsten Du verliert, dem Selbstmord. Religiöse Unmittelbarkeit flieht aus der horizontalen Kommunikation. Religiöse Offenbarungswahrheiten schließen die Weltorientierung in Schranken ein und lähmen das Wagnis philosophischen Glaubens. Jaspers' „Metaphysik", die den persönlichen Gott als Chiffre der Transzendenz deutet, löst daher die geschichtlichen Ereignisse der Verkündigung (Inkarnation, Passion, Auferstehung) in einer umfassenden Symbolik der Geschichte und Existenz auf. Und seine Existenzerhellung schließlich ersetzt im christlichen Dreiklang von Glaube, Liebe und Hoffnung das unbedingte Hoffen durch das Ethos des Scheiterns. Konsequenterweise hat Marcel in „Grundsituation und Grenzsituationen bei K. Jaspers" (ST, 208–235) erklärt, Jaspers verweltliche in unpassender Weise die Substanz religiöser Grundbegriffe, deren vitale Kraft er vorher gebrochen habe. Das wird im Hinblick auf die Grenzsituation der Schuld – dem abstrakten Rückstand der Erbsünde – gesagt. Aber es zielt auf das gesamte Verhältnis von Existenz und Transzendenz, in welchem die personale Beziehung zum absoluten Du Gottes nur noch als Mythos und die Liebe vorzüglich als das absolute Bewußtsein der Phantasie, auf Chiffren des Seins einzugehen, vorkommen.

VI. Existenz und Grenzerfahrung (Jaspers)

1. *Grenzen der Weltorientierung*

Das 1932 erschienene, umfassende Grundbuch der Jaspersschen Existenzanalyse trägt den alten Titel „Philosophie". Es nimmt äußerlich die Gliederung der Schulphilosophie in die drei Disziplinen Kosmologie, Psychologie und Theologie auf und geht im Rahmen einer „Weltorientierung", „Existenzerhellung" und „Metaphysik" den ewigen Fragen nach: Was kann ich von der Welt wissen? Was soll ich in meiner Existenz tun? Wie kann ich Gott glauben? Und es läßt sich von der vertrautesten und ausweglosesten aller Fragen leiten: Was ist das Sein? Indessen – dieser Ansatz negiert von Anfang an jede Ontologie als Wissenschaft und nimmt alle Versuche, das Sein als absolutes Prinzip systematisch zu entwickeln, in eine schwebende Ungewißheit zurück. Die Zurücknahme in die existenzielle Unruhe menschlichen Seinsglaubens ist das Element dieser Philosophie. Keine Bedeutung von Sein kann je als gewisser Anfangsgrund eines Weltsystems etabliert werden. Die Vielheit ontischer Unterschiede – totes und lebendiges, dingliches und personhaftes, ideales und reales Sein – bleibt vielmehr in der Schwebe eines prinzipiell geteilten Seins einbehalten. Das verdeutlicht Jaspers (in einer souveränen Oberflächendiskussion) an der neuzeitlich vordringlichen Subjekt-Objekt-Spaltung. Darin tritt dem Sein als Objektsein das Ichsein gegenüber. Das Ich spaltet sich vor allem ins Bewußtsein-überhaupt, d. i. in die auf reine Gegenständlichkeit gerichtete Subjektivität, und den Geist, d. i. den auf Ganzheit gerichteten ‚Begriff'. Aber das Ich bezieht sich seinerseits auf ein Objektsein, ‚hinter' dem ein Ansichsein notwendig zu denken ist. Darum scheitern alle Versuche, eine dieser drei Hauptbedeutungen von Sein – Objektsein, Ichsein, Ansichsein – zu verabsolutieren. Im Grunde betreibt das Denken des *einen* Seins seine eigene Selbstaufhebung. Indem es ein Prinzip herausarbeitet, macht es dieses als Prinzip fraglich, indem es ein Sein absolut setzt, setzt es dieses als Absolutes ab. Es gibt keine Philosophie als Lehre vom Sein. Philosophie ist „Erfahrung der Grenze" (Ph II, 8).

Unser Dasein ist „überall von Grenzen betroffen" (Ph I, 45). Die Grenze läßt Übergriffe scheitern und verweist den im Scheitern Erfahrenen auf ein anderes jenseits der Grenze. Ein erfahrenes Transzendieren wiederholt und verwandelt die zu Lehrstücken verkrusteten Teile der überlieferten metaphysica specialis. Die Einheit dieses Prozesses hat schon in „Die geistige Situation der Zeit" (1931) eine durchschlagende Formulierung gefunden. *„In die Schwebe gebracht* durch das Überschreiten aller das Sein fixierenden Welterkenntnis (als philosophische Weltorientierung), *appelliert* dieses Denken (als Existenzerhellung) an seine Freiheit und schafft den Raum seines unbedingten Tuns im *Beschwören* der Transzendenz als Metaphysik" (SdZ, 145). Offenbar greifen drei Verfahrensweisen ursprünglichen Philosophierens ineinander, ein In-die-Schwebe-Bringen, Appellieren und Beschwören. Alle drei entsprechen einer sich vertiefenden Grenzerfahrung, die sich im Erforschen der objektiven Wirklichkeit (Weltorientierung), bei der Mitteilung existenzialen Selbstseins (Existenzerhellung) und aus der Deutung der Transzendenz (Metaphysik) ergibt. Dabei ist der erste methodische Schritt entscheidend. Er versetzt die geschlossene Weltorientierung und das allgemeingültige Wissen in die Schwebe und läßt sich auf etwas verweisen, das nicht Welt und nicht objektiv wißbar ist und doch ist: die Existenz.

Welt ist der „Inbegriff alles dessen, was mir durch Orientierung des Erkennens als ein zwingend für jedermann wißbarer Inhalt zugänglich werden kann" (Ph II, 1). Welt begreift die körperhafte Natur, die kulturelle Geisteswelt und das weite Land der Seele in sich als das Ganze dessen, was einem ‚zwingenden Wissen' zugänglich ist. Demzufolge bildet die Frage nach dem für jedermann gültigen Wissen das Grenzproblem menschlicher Weltorientierung. Dabei hält sich Jaspers fraglos an einen an der modernen exakten Naturwissenschaft orientierten, die methodischen Besonderheiten der Geisteswissenschaft außer acht lassenden, positivistischen Wissenschaftsbegriff. Dieser fordert Objektivität, d. h. Gegenständlichkeit, Allgemeingültigkeit, Widerspruchslosigkeit und Wertfreiheit auf der Basis von Tatsachen. Die Fakten der Naturwissenschaft und die Quellen der Geisteswissenschaft sind Gestalten des Objektiven, die einfach da sind und zur Kenntnisnahme zwingen. „Das Zwingende ist die *Tat-*

sache" (Ph I, 90). Für das philosophische Erfahren der Grenze kommt alles darauf an, die Reichweite objektiven Wissens, und d. h. die Grenzen unserer Welt, streng einzuhalten. Dafür muß konstatiert werden: Die Naturwissenschaft stößt an die Grenzen des schlechthin Unfaßlichen, des Endlosen und Chaotischen (letztlich auf die in Kants Dialektik entdeckte und nach Jaspers unauflösbare kosmologische Antinomie). „Die *Geisteswissenschaft* stößt an die Grenzen des Unverstehbaren" (Ph I, 166), das schlechthin Geschichtliche und die Existenz (letztlich auf das von Leibniz angezeigte Labyrinth der Freiheit). In einer Besinnung auf die Grenzen von zwingendem Wissen und gegenständlicher Welt werden in eins die Antinomie und Disharmonie der Welt wie die Zerrissenheit und Fragwürdigkeit welthaften Daseins offenbar. Die „Zerrissenheit des Daseins" bricht an den Grenzen der Weltorientierung auf (vgl. Ph I, 81). Und keine Art Philosophie vermag diese ins ungegenständliche Sein weisende Offenheit abzuschließen oder das Zerrissensein unserer Existenz zu versöhnen. Philosophie als ‚sich schließende Weltorientierung' und strenge Wissenschaft verkennt das Wesen der Grenze. Das gilt für den kritischen Geist des Positivismus ebenso wie für den Idealismus, der über das Sein von Grenze und Schranke dialektisch meditiert. Für Jaspers bildet der Positivismus den Prototyp einer Ontologie des Ansich. Also setzt der Positivismus das objektive Sein mit dem Sein an sich gleich. Er unterstellt das an sich Seiende dem Gesetz der Kausalität und schließt alles, was sich grundsätzlich nicht kausal erklären und aus zureichenden Gründen ableiten läßt, aus dem logisch aufgebauten Kosmos aus. Was nicht Gegenstand sinnvoller Erklärung in zwingendem Wissen sein kann, ist nicht seiend, und was über Nichtseiendes ausgesagt wird, ist sinnlos.

Aber verkennt solch strikte Kritik nicht das Wesen der Grenze? Erklärt sie die Grenze menschlicher Weltorientierung nicht einfach zur Schranke, zur ‚Wand' oder zur ‚absurden Mauer'? Und ergeben sich daraus nicht fatale Beschränkungen? Eine Schranke weist alle Erschließungsversuche menschlicher Vernunft auf das tatsächlich daseiende, objektivierbare Sein zurück. In den Schranken wissenschaftlicher Erkenntnis verfestigt sich die Wahrheit zu einem Besitz allgemeingültigen Wissens. Durch die Schranke wird jeglicher Zugang zu dem, was nicht Welt und vielleicht doch zugänglich und mitteilbar ist, abgesperrt. Aber Grenze bedeutet gar nicht Schranke.

Sie errichtet keine absurde Mauer und unübersteigbare Wand, an welcher jede Seinserhellung scheitert. Die Schranke erklärt: Bis hierhin und nicht weiter. Grenze besagt: Es gibt ein anderes. Nach Jaspers liegt eben die eigentliche Funktion der Grenze darin, noch immanent zu sein und schon auf Transzendenz zu verweisen. Die Offenheit der alle gegenständliche Erkenntnis in sich einbegreifenden Grenze weist auf ein Umgreifendes außerhalb der ‚Welt'. Und wo es Grenzen gibt, da gibt es auch die Möglichkeit, sie zu überschreiten. Philosophische Grenzerfahrung ist nichts als der bewußte Vollzug eines Transzendierens. Transzendieren ist das scholastische Wort für das Suchen des Seins und seiner ‚transzendentalen' Bestimmungen. Es kennzeichnet das methodische Übersteigen des vorfindlichen (gegenständlichen) Seienden auf das hin, was es sein (anwesen und entgegenstehen) läßt. Existenzial gedacht, gehört zum Transzendieren die Erfahrung des Scheiterns und der Verweisung. Erfahren wird das Scheitern des Willens, der auf transzendentalem Wege zur Gewißheit eines Wissens aus Prinzipien kommen will. Das Wissenwollen in der Weltorientierung muß scheitern. Erst so läßt sich eine Grenzerfahrung auf ein anderes verweisen, das es jenseits der Grenze gibt. Dieses andere liegt nicht gegenständlich vor. Es kommt nicht zur Gewißheit des Wissens und ist überhaupt nicht von der Art der Welt. Und doch bildet es eine evidente Möglichkeit unseres Daseins. „Die Möglichkeit, daran sich Existenz an den Grenzen gewiß werden kann, ist *Freiheit* in *Kommunikation* und *Geschichtlichkeit*" (Ph I, 55). An den Grenzen der Weltorientierung übersteigt der Mensch sich selbst. „Der *Einzelne* als dieser Einzelne transzendiert von sich als empirischer Individualität zu sich als eigentlichem Selbst" (Ph I, 46). Der Mensch stößt, wenn er die Bodenlosigkeit der Welt, die Zerrissenheit des Daseins, die Unabgeschlossenheit des Geistes erfährt, auf etwas, was nicht daseinsmäßig und welthaft ist, das Selbstsein und die Freiheit des je Einzelnen. Der Positivismus und – noch radikaler – der Idealismus haben, indem sie das Selbstsein des Einzelnen mit der eigenwilligen und als solche nichtigen Einzelheit des Individuum verwechselten, den Zugang zur Existenz verschüttet. Seit ihrem Anfange liegt einer Existenzphilosophie daran, den Einzelnen an sich selbst zu erinnern. Sie überschreitet darum die Grenzen der Weltorientierung, um die zumeist verdeckte Möglichkeit des Daseins, die jemeinige Existenz, aufzuhellen. Das geschieht im Eingehen auf die Faktizität menschlicher Grenzsituationen.

2. *Existenzerhellung und Grenzsituation*

Das zentrale Thema der Existenzphilosophie heißt Wirklichkeit und Existenz. Es hat durch Kierkegaard seine neue Betonung erhalten. „*Existenz* ist eines der Worte für Wirklichkeit, mit dem Akzent durch Kierkegaard: Alles wesentlich Wirkliche ist für mich nur dadurch, daß ich ich selbst bin" (Exph, 1). Bei Kierkegaard schlägt die Psychologie in eine Existenzerhellung um, welche das durch Freiheit bestimmte Selbst des Einzelnen in seiner Dialektik der Selbstwahl aufklärt. Hier knüpft Jaspers an. Existenziale Freiheit ist Wahl in der Entscheidung, im Dasein selbst zu werden und sich nicht in der bloßen Daseinsweise der Menge zu verlieren. Sie setzt die unvertauschbare geschichtliche Situation des Daseins und die daseinsmäßige Kommunikation als aufzuhebende voraus. „Nicht mein Dasein also ist Existenz, sondern *der Mensch* ist *im Dasein* mögliche Existenz» (Ph II, 2). ‚Dasein' bezeichnet den Menschen in seinem geschichtlich empirischen Bestand, wie er zumeist vorkommt, nämlich in der Seinsverfassung der Menge. Jaspers nennt die Seinsweise, welche das Selbstsein scheut, in Vergnügungen zerstreut ist und von Allerweltsgedanken bewegt wird, „Dasein ohne Existenz" (SdZ, 37). Ein Dasein ohne Existenz nivelliert den Einzelnen zu einem allgemein Vorhandenen. Die Existenz dagegen hat kein Dasein, sie ist dessen eigenste Möglichkeit.

Diese Abhebung von Dasein und Existenz wiederholt keineswegs die idealistische Grundunterscheidung zwischen empirischem und absolutem Ich und bleibt somit auch nicht in der Tradition des Christentums, d. h. der Auseinandersetzung von Weltlichkeit und Jenseitigkeit in der Gesinnung des Menschen, befangen. Das sieht nur in der Perspektive des Nihilismus so aus (K. Löwith): Die von Kierkegaard geprägten Existenzbegriffe (Selbstsein, Entscheidung, Existenz) seien von Jaspers ihres christlich-theologischen Gehalts entkleidet und im Sinne einer Wiederholung der Freiheitsmetaphysik des Deutschen Idealismus verwandelt worden; Jaspers' Existenzphilosophie richte den anachronistischen Appell eines säkularisierten Christentums an eine Welt ohne Gott. Dagegen muß die Grenzerfahrung der Weltorientierung ernster genommen werden. Diese bricht doch mit dem Idealismus als einer sich schließenden Weltorientierung und bringt deren Grundunterscheidungen in die Schwebe. Und sie klammert die christlich orientierten Welt- und Selbstbezüge des Daseins aus. Die Existenz, die ich je selber bin, ist weder identisch mit dem reinen Bewußtsein überhaupt noch mit einer christlich-religiösen, weltabgewandten Gesinnung. Sie ist das von Kierkegaard ontologisch charakterisierte Dasein im Seinsmodus eigentlichen Selbstseinkönnens.

Mit Kierkegaard bekommt auch das methodische Problem der Existenzerhellung seine eigentümliche Schärfe. Jaspers nimmt die ‚Dialektik der indirekten Mitteilung' mit auf den Weg der Grenzerfahrung. An der Grenze der wißbaren Welt findet sich das Wissen über seine Unwissenheit belehrt: Der Mensch als Existenz ist kein Gegenstand zwingenden Wissens. Zwar bieten Anthropologie, Psychologie, Charakterologie, Soziologie oder politische Ökonomie zureichende Erklärungen komplexer Daseinsverhältnisse, aber sie erreichen nicht die Existenz. Diese bildet eben keinen vorhandenen, empirisch-wissenschaftlich erforschbaren Tatbestand. „Nie kann ich von mir selbst, als ob ich ein Bestand wäre, sagen, was ich sei" (Ph II, 5). Die Erhellung der Existenz ist „ein Denken ohne spezifischen Gegenstand" (Ph I, 44), da das zu Bedenkende etwas Ungegenständliches bleibt, das nie zum begriffenen Objekt werden kann. „‚Existenz' ist aber kein Begriff, sondern Zeiger, der auf ein ‚jenseits aller Gegenständlichkeit' weist" (Ph I, 26). Und über das Selbstsein ist auch keine philosophisch abschließende Orientierung möglich. An der Existenzialität des Daseins versagt der kategoriale Logos, sofern er das Was- und Wiebeschaffensein eines Zugrundeliegenden, des ‚vorhandenen' Subjekts, verbindlich darlegt. „Sein der Existenz ist keine objektive Kategorie" (Ph II, 22). Daher sind Sätze der Art ‚Ich bin eine Existenz' buchstäblich sinnlos. Existenz ist indefinibel und eine Existenzphilosophie, die weiß und bestimmend festlegt, was der Mensch ist, ein Widerspruch. Aber daraus folgt nicht, das Sein der Existenz sei überhaupt nicht zu erhellen und mitzuteilen. Freilich lassen sich Freiheit und Selbstsein niemals andemonstrieren. Deren Wirklichkeit wird allein demjenigen zugänglich, der das Existieren vollzieht. Eine indirekte Mitteilung spricht aus dem vollbrachten Transzendieren des Daseins und in die Erfahrungen menschlicher Grenzsituationen hinein. Dabei benutzt die Hinführung zum appellierenden Denken das gegenständliche Denken als Vehikel. Es wird in Anschlag gebracht, um ausdrücklich negiert werden zu können. Von daher hat man die Existenzerhellung eine ‚verinnerlichende Reflexion' genannt

(W. Schulz): Sie reflektiere auf das Dasein als auf das primär Gegebene, zersetze dessen eindeutige und allgemeine Bestimmtheit und gehe von da – in ständigem Gegenzug gegen das äußere Dasein – in die innere Möglichkeit der Existenz zurück. Aber solch negative Psychologie bleibt propädeutisch. Die positive Erschließung der Existenzverhältnisse liegt in keiner Reflexion – schon gar nicht in der ‚logischen' Beziehung des äußeren Daseins auf sein inneres Wesen –, sondern in einer Appellation: Weiche vor der Grenze der Endlichkeit nicht zurück! Schaue der eigenen Situation und Selbstverantwortung ins Auge! Stelle dich der Krise deiner Freiheit! Durch solch indirektes Mitteilen des appellierenden Denkens entzündet sich „im Mitdenkenden der Funke des Selbstseins" (Ph II, 11). Letztlich fordert der Appell zum eigentlichen Existieren dazu auf, sich offen der Grenzsituation zu stellen.

„Grenzsituationen erfahren und Existieren ist dasselbe" (Ph II, 204). Situation meint die nicht gewählte, konkrete Wirklichkeit, welche für das Dasein Vorteil oder (zumeist) Schaden bedeutet, und zwar nicht als äußere Lebenslage, in die der Mensch gelegentlich gerät, sondern als faktische Daseinsbestimmung. Wie auch die jeweiligen Situationen wechseln, das Dasein ist immer in Situation. „Weil Dasein ein Sein in Situation ist, so kann ich niemals aus der Situation heraus, ohne *in eine andere einzutreten*" (Ph II, 203). Sofern die Situation nun innerhalb der Reichweite erklärenden Vorstellens bleibt, ist sie objektivierbar, planbar, vermeidbar. Anders die Grenzsituation. „*Grenze* drückt aus: es gibt ein anderes, aber zugleich: dies andere ist nicht mehr für das Bewußtsein im Dasein. ... Die Grenzsituation gehört zur Existenz, wie die Situation zum immanent bleibenden Bewußtsein" (Ph II, 203). Für das gegenständliche Bewußtsein sind die Situationen Tod, Leiden, Schuld, Zufall, Kampf wie eine Wand; an ihnen zerschellen alle theodizeehaften Rechtfertigungen und utopistischen Planungen. Grenzsituationen sind undurchschaubar und unausweichlich. So gehört das Leid in seinen vielen Aspekten unabtrennlich zur Existenz, und dieser Situation ins Auge sehen, fordert eben, von der Illusion Abschied zu nehmen, als könnte der planende Wille das Leiden aus der Welt schaffen. Existierend trage ich das unaufhebbare Leid der Welt als mein eigenes. Unausweichlich ist auch existenzielle Schuld. Jedermann existiert schuldig, weil niemand handeln kann, ohne andere zu verletzen, und kein Mensch zu leben vermag, ohne die Mühsal anderer auszubeuten. Und ebensowenig kommt irgendeiner ohne Kampf (vom instinktiven Kampf ums Dasein bis zum Kampf der Liebe im Ringen um reine gegenseitige Offenheit) durch. Ein Leben ohne Schuld und ohne Kampf zu proklamieren, heißt, sich blind stellen. Indessen begnügt sich eine Existenzerhellung nicht mit der trivialen Feststellung, daß kein Mensch dem Tod und dem Kampf, der Schuld und dem Schmerz entkommt, mag auch damit der ‚idealistische Kontaktverlust mit der tragischen Wirklichkeit des Menschen' (Marcel) ausgeglichen werden. Sie sucht vielmehr zu klären, wie die Grenzsituation für unser Selbstwerden konstitutiv ist. „Wir werden wir selbst, indem wir in die Grenzsituationen offenen Auges eintreten" (Ph II, 204).

Die einschneidendste Grenzsituation ist der Tod. Dabei geht es nicht um das Sterben des Daseins. Dieses kann als biologisch-physiologischer Prozeß erforscht und medizinisch gelängt werden. Zugleich steigt vor ihm eine panische Furcht, die Daseinsangst, aus dem Lebenswillen auf. Die Grenzsituation des Sterbens dagegen betrifft die Existenz in ihrem freien Sein zu einem je bestimmten Tod. Dabei wird der Tod desjenigen am bittersten erfahren, den wir am meisten lieben. Sein Tod scheint ein harter Sieg der Einsamkeit über die Kommunikation zu sein. Im Tod des unersetzbaren, mir einzigen Anderen bricht die ‚existenzielle Kommunikation' ab. Deren letzter hilfloser Ausdruck ist der Schmerz der Trennung. „Der Sterbende läßt sich nicht mehr ansprechen; jeder stirbt allein; die Einsamkeit vor dem Tode scheint vollkommen, für den Sterbenden wie für den Bleibenden" (Ph II, 221). Fällt so eine Existenz auseinander, deren Rätsel darin besteht, nur durch den Anderen und doch je selbst, einsam und doch nur in Kommunikation zu sein? Unleugbar macht eine ‚antagonistische' Konfundierung von Einsamkeit und Kommunikation menschliches Leben menschlich. „Ich kann nicht ich selbst werden, ohne in Kommunikation zu treten und nicht in Kommunikation treten, ohne einsam zu sein" (Ph II, 61). Dasein in isolierter Existenz ist unwirklich, Kommunikation ohne die Quelle der Einsamkeit äußerlich. Jeder Einsamkeit aufhebenden Kommunikation wächst eine neue Einsamkeit zu. Als Bedingung existentieller Gemeinsamkeit kann die Einsamkeit nicht aus unserem wirklichen Existieren verschwinden. Im Tode des Anderen scheint sie übrig zu bleiben. Indessen – der Tod des geliebten Menschen bildet eine zugleich verwehrende und verweisende Grenze. Eine bloß äußere Daseinsgemeinschaft bricht ab, wobei sich der Überlebende mit der Zeit tröstet und abfindet. In innerlicher Kommunikation aber nimmt der Existierende den Verschiedenen für immer unverlierbar in sein Leben hinein.

Undurchschaubarer noch ist mein eigener Tod. „Mein Tod ist *unerfahrbar* für mich" (Ph II, 222). Hier versagen empirische Selbstbeobachtung und tatsächliches Wissen. Kein Mensch ist zurückgekehrt, um von seinem eigenen Sterben zu berichten. Für mein Bewußtsein ist mein eigener Tod undurchdringlich. Mein Existieren dagegen läßt sich an dieser Grenze an sich selbst verweisen. Dazu gehört, sich vom Tode überhaupt angehen zu lassen, und zwar nicht als dem äußeren Unglück natürlicher Vernichtung, sondern als der inneren Bodenlosigkeit meiner Existenz. Das Räsonnement Epikurs, daß mein Tod mich nichts angehe, ist zwar logisch, aber ohnmächtig. Es vermag nichts gegen das Schaudern vor dem Nichts-Sein, weder gegen die Furcht und Verzweiflung des Lebenswillens noch gar gegen die Existenzangst. Angst ist auch für Jaspers Schwindel vor dem Abgrunde der Freiheit. Wer sich der Angst in der Grenzsituation des Todes stellt, legt die Eigentlichkeit seines Seins auf die Waage. Er prüft das Leben in der Sorge, das eigentliche Dasein verspielt zu haben. Dabei fällt alles, was angesichts des Todes hinfällig wird, auf die Seite der Welt und des bloßen Daseins. Nur was standhält, ist Sache der Existenz. So waltet das Sein zum Tode wie ein letztes Gericht. Es wägt das Leben ab, ohne sich übrigens um eine ewige Seligkeit oder Verdammnis zu kümmern. Dadurch trennt sich die Freiheit zum Tode schroff von den Ängsten Kierkegaards.

Gleichwohl führt die Erhellung der Grenzsituationen genau in jene Krise des Bewußtseins, die Kierkegaard als Entweder/Oder von Verzweiflung und Glaube diagnostiziert hat. Die Grenzsituation ist der Zustand, „wo ich entweder verzweifelnd mir bewußt werde, gar nicht zu sein oder eines ursprünglicheren Seins inne werde" (Ph II, 180). Zupackender gesagt: „Vor dem Abgrund wird das Nichts oder Gott erfahren" (G, 34). „In der *Existenz* ist der Glaube und ist die Verzweiflung" (Exph, 34). Die Entscheidung hängt an der Art der Grenzerfahrung. Wirkt die Grenze als Wand, dann breitet sich der (passive) Nihilismus aus: Es ist nichts mit einer Weltorientierung unter den Vernunftkategorien Einheit, Zweck, Sein (Gott), und es ist nichts mit der Freiheit des sich wählenden Selbst. Das Scheitern von Sein und

Freiheit hinterläßt den pathologischen Zwischenzustand nihilistischer Verzweiflung. „Ohne Transzendieren ist nur zu leben in radikaler, nur das Nichts lassender Verzweiflung" (Ph III, 233). Öffnet sich dagegen die Grenze in ihrem Verweisungscharakter, dann zeichnet sich das Grundverhältnis der Existenz, das Einbehaltensein in Transzendenz, ab. Dann weist das Scheitern die Existenz nicht an das Nichts, sondern auf das Sein der Transzendenz hin. Es ist das Scheitern der Freiheit in ihrer Selbstmächtigkeit, wodurch das Selbst zugrunde geht. „Indem ich frei bin, erfahre ich in der Freiheit, aber nur *durch* sie, die Transzendenz" (Ph II, 198). In den Grenzsituationen von Tod, Schuld, Kampf wird dem Dasein klar, daß das eigentliche Selbstsein sich nicht herbeizwingen läßt. Ihm geht auf, daß seine Freiheit nicht eine verdammte Faktizität (Sartre), sondern Gabe des Seins ist. „Freiheit ist ein Sichgegebenwerden aus der Transzendenz" (G, 135). Ich werde nicht schon ein Selbst, indem ich mich zu mir verhalte. Ich verhalte mich eigentlich erst zu mir, indem ich mein inneres Handeln erwarte. „Ich bin nicht durch mich allein in meinem Entschluß. Sondern das Durch-mich-sein ist mir ein in meiner Freiheit Geschenktsein" (G, 22). In einem Transzendieren, durch welches das Selbst das Prinzip seiner Freiheit suspendiert, kündigt sich das letzte und eigentliche Thema aller Existenzphilosophie an: das Sein selbst oder die Transzendenz. „Philosophieren aus möglicher Existenz hat nicht Existenz zum letzten Ziel; es drängt über Existenz hinaus, diese in der Transzendenz wieder vergehen zu lassen" (Ph I, 27). Die Existenz erhellen, heißt letztlich, in den philosophischen Glauben hinausgehen.

3. Transzendenz.
Der philosophische Glaube und das Scheitern der Ontologie

Worin wir da sind, ist die Welt, wodurch wir selbst und frei werden, ist die Transzendenz. In der Krise der Freiheit vollzieht sich der Transzensus vom Dasein zur Existenz und von der Welt zum Sein mit einem Schlag. „Der Sprung aus der Immanenz wird von Menschen vollzogen, und zwar in einem: von der *Welt* zur *Gottheit* und von dem *Dasein* des bewußten Geistes zur *Existenz*. *Existenz* ist das Selbstsein, das sich zu sich selbst und darin zu der Transzendenz verhält, durch die es sich geschenkt weiß, und auf die es sich gründet"

(Exph, 17). Das ist Kierkegaards Grundformel für das Existieren im Glauben. Jaspers hat sie ausdrücklich von Kierkegaard entlehnt: Kierkegaard habe die menschliche Existenz wie keiner vor ihm erfaßt, eben als das Selbst, das, indem es sich zu sich selbst und darin zu seiner Transzendenz verhält, Wahrheit erfährt. *„Existenz erfährt Wahrheit im Glauben"* (Exph, 32). Aber Jaspers zieht gegenüber Kierkegaards Existenzthese ‚Glaube ist Sein' einen scharfen Trennungsstrich. Der philosophische Glaube braucht keine Offenbarung und setzt nicht die Existenz auf das absolute Paradox des inkarnierten Gottes. Zwar kann das Absurde durchaus eine Form und Chiffre der Transzendenz sein, das Paradox des Gottmenschen aber ist eine Absurdität, die in die Irre führt (vgl. VdW, 850–855). Die vom Ereignis Jesu betroffene Existenz blendet das Chiffresein der Welt ab und bindet die Geschichte an ein Dogma, während in Wahrheit alles, was sich begibt, durch das, was es als Chiffre ist, Sprache des Seins und Bote der Transzendenz sein kann. Darum bildet der Gottmensch die Antithese zur Chiffre, und der Glaube muß sich entscheiden, ob er sich an die christliche Inkarnationslehre hält oder für das Chiffresein aller Realität freibleibt. Die Namen Gott und Transzendenz liegen weltweit auseinander. Gott ist der mythische Name für das, was in philosophischer Sprache Transzendenz heißt. Transzendenz nennt das Wohinein eines Transzendierens, in welchem die Existenz sich selbst übersteigt und erfährt, daß das Sein unsichtbar und nur in der Erscheinungsweise der Chiffre gegenwärtig ist. Der persönliche Gott des überlieferten Abrahamglaubens ist eine solche Chiffre. „Der philosophische Glaube ... transzendiert über die Chiffer des persönlichen Gottes zum Grund der Wirklichkeit, die selber er durch Überlieferung mit der Chiffer Gott zu nennen geneigt ist" (GO, 241). Im Lichte philosophischer Existenzerhellung wird aus Gott, dem Abraham einst in Furcht und Zittern nahekam, eine Chiffre der Transzendenz. Der philosophische Glaube ist nicht ethisch-religiös, sondern metaphysisch. Metaphysik bedeutet dabei nicht Theorie des Seienden hinsichtlich der kategorialen Seinsbedeutungen, die einer denkenden Vernunft anschaulich werden. Metaphysik ist „Deuten der Chiffren des Transzendenten" (Ph I, 20), die nur der schon in ihrer eigenen Helligkeit stehenden Existenz zugänglich sind. „Das Denken kann seinen letzten transzendierenden Schritt nur in einem Sichselbstaufheben vollziehen" (Ph III, 38). Das Denken des Seienden, das sich kategorial vollzieht, erfährt an den Grenzen einer sich schließenden

Weltorientierung, daß keine der vorherrschenden Seinsbedeutungen Halt zu geben vermag. Es gerät in eine Schwebe, in der es sich zum Nichtdenkenkönnen ‚überschlägt'. Dieser Überschlag versetzt das Dasein aus der Geschlossenheit der Vernunftgewißheit in die Unruhe eines Glaubens, der das Sein nicht mehr durch Konstruktion des Absoluten im Bewußtsein zu begreifen, sondern als ‚immanente Transzendenz' ansichtig zu machen sucht.

Das Organ, welches die Sprache der Chiffren liest, ist eine weltverklärende Phantasie. „Durch die Phantasie erfasse ich das Sein in der Chiffre alles Gegenständlichen als etwas, das nicht gegenständlich werden kann, obgleich es unmittelbar gegenwärtig ist" (Ph II, 282). Sicherlich kreuzt dieser Rückgang auf das absolute Bewußtsein der Einbildungskraft, die liebend Natur und Geschichte als Chiffren erinnert, Denkwege der Romantik. Aber er geht ebenso auf Kants Lehre von der ästhetischen Idee als jener Anschauung zurück, die mehr zu denken gibt, als der Begriff fassen kann (vgl. Ps.W, 485–486). Die produktive Einbildungskraft ist ein alles vermittelndes Mittelvermögen. „Phantasie verfährt *anschaulich* (bildend) oder *gedanklich* (spekulativ)" (Ph II, 283). Sie ‚schwebt' ursprünglich synthetisierend zwischen dem gegenständlichen Bild und dem ungegenständlichen Gedanken des Seins. Dadurch entspricht sie der Welt als der Synthesis von Apparanz und Transzendenz. Sie macht die Gegenwart des Nichtgegenständlichen im Bilde des Gegenstandes durchsichtig.

Die Phantasie verdichtet sich im Werke der Kunst. Freilich lebt auch in Japsers' Existenzphilosophie – seit der „Psychologie der Weltanschauungen" – Pascals und Kierkegaards Verachtung des ästhetischen Spiels. Das ästhetische Kunstwesen einer bloßen Impression ohne symbolische Transzendenz verführt zur ästhetisch-spielenden Existenzform. Sie verleitet das Dasein dazu, ohne jeden Ernst, unverbindlich genießend in ästhetischen Augenblicken aufzugehen. Aber auch das spekulative Kunstwesen bildet eine Gefahr für das Dasein. Wird die Kunst mit Hegel als ‚das erste versöhnende Mittelglied' zwischen dem Sinnlichen und dem reinen Gedanken, zwischen der Natur und der unendlichen Freiheit verkündet, dann lenkt sie von der Unruhe der Existenz ab und spiegelt eine Versöhnung vor, welche die Gebrochenheit des Geistes zu heilen vermeint. Und wird das Schöne – in welcher Weise auch immer – als Scheinen der Idee gedacht, dann löst sich das Dasein von der entscheidungshaften

Wirklichkeit der Existenz und sucht, die Ganzheit des Lebens in einem lebensfernen Anderssein zu gestalthafter Vollendung zu bringen. Die ‚Kallistik' bietet einen Abschluß menschlicher Weltorientierung um den Preis existenzieller Entwirklichung. Eine wahre metaphysische Kunst dagegen hat gerade diese Grenzen der Ästhetik und Kallistik erfahren. Sie übersteigt die klassische Kategorie der Nachahmung. Die Kunst ahmt nicht nach, sondern macht transparent. Sie läßt die Wirklichkeit zur Chiffre werden und erhebt die Chiffre zur Würde der Sprache. Dabei spricht natürlich nicht mehr eine kultisch gebundene Kunst in mythischen Symbolen (etwa eines Götterkreises), die eigenständig gewordene Kunst macht die empirische Wirklichkeit in leuchtenden Bildern transparent (etwa in der Kunst van Goghs, in dessen Bildern profane Realität mythisch wird).

So aber zieht sich der philosophische Glaube zurück auf das Schwebende einer indirekten Mitteilung, auf die Unerschöplichkeit der Deutungen, auf die Nichtfixierbarkeit von Wort und Satz und endlich auf den Appell zur Erweckung des Selbstseins. Das bedeutet das Scheitern jeder Art verbindlicher Ontologie und den Sieg des Positivismus. Die Jasperssche Philosophie wird von der totalen Metaphysikfeindlichkeit eingeholt. Der Positivismus negiert Existenz und Transzendenz als Gegenstände zwingenden Wissens; er bindet die Weltorientierung an den unendlichen Fortgang wissenschaftlichen Wissens, der auf das Zwingende überprüfbarer Tatsachen baut. Er trennt Wissenschaft und Leben. Existenzielle Fragen nach Tod, Schuld, Leid und Kampf lassen sich danach eben nur im Vollzug des Lebens austragen, aber nicht in wissenschaftlich angemessener Sprache problematisieren. Jaspers' letztes Wort über Existenzerhellung und Metaphysik ist ein positivismusnahes Eingeständnis des Scheiterns. Der Versuch des Transzendierens, das eine einheitliche Sein aufzufinden, muß scheitern; denn das Sein selbst wird nur im Verschwinden transparent. Jede kategoriale Logik des Vorhandenen bleibt dem Sein und der Unerschöpflichkeit seiner Chiffren inadäquat. Und es versagt auch ein fundamentalontologischer Ansatz, der das Da-sein des Menschen seinsmäßig zu analysieren trachtet. „Was der Mensch sei, ist ontologisch nicht zu fixieren" (Ph III, 187). Eine Daseinsanalyse, welche auf Wegen der Seinsaussage vorgeht und sich nicht auf den Appell zur Erweckung des Selbstseins beschränkt, vermißt sich an den Möglichkeiten, die Transzendenz in konkreter Existenz zu erhellen. „Ontologie muß aufgelöst werden, damit die Rückkehr zur Konkretheit gegenwärtiger Existenz dem Einzelnen offen wird" (Ph III, 163). Die Jaspersche Metaphysik muß jede Art von Fundamentalontologie verdächtigen, ein Wissen um die menschliche Existenz aus einem existenzwidrigen Willen zu objektiver Gewißheit zu erstreben. Jaspers fordert, alle Ontologie, d. h. die Wissenschaft vom einen Sein, aufzulösen. Das ist selbst ein Appell des Willens, der darauf aus ist, aus der Wahrheit als Gewißheit zu springen, um sich in das Wagnis von Freiheit und Glauben zu stürzen. Die Unruhe des Glaubens und das Schweben des absoluten Bewußtseins der Phantasie nämlich werden durch die Sicherheit des Wissens verdorben. Das ist das Element der Jaspersschen Philosophie: der Wille zum philosophischen Glauben, der schwebend-ungesichert dem Sein preisgegeben sein will. Von Anfang an will Jaspers dem Dasein in der glaubenslosen Situation unserer Zeit neue Möglichkeiten an ‚Metaphysik' eröffnen. Aber die Nähe des Seins gibt es nur auf dem Boden der Existenz in anschauender Phantasie. Dazu bedarf es der Erfahrung, daß alle Ontologie gescheitert und die Mitteilung der zwar verborgenen, aber nicht verschwundenen Transzendenz auf die appellierende Existenzerhellung zu restringieren ist. Vielleicht aber steht es umgekehrt. Vielleicht muß die ontologische Frage nach dem Sinn von Sein nicht aufgelöst werden, damit das konkrete Sein der Existenz offenbar wird. Gewinnt möglicherweise die gesamte von Kierkegaard inaugurierte Frage nach dem Selbstseinkönnen des Daseins ihren eigentümlichen Boden erst in Ausarbeitung einer ontologische Frage nach dem Sinn von Sein?

VII. Ek-sistenz und Sein (Heidegger)

1. *Existenz und Inständigkeit.*
Zur Reichweite des existenzphilosophischen Ansatzes

„Das, was im Namen ‚Existenz' zu denken ist, wenn das Wort innerhalb des Denkens gebraucht wird, das auf die Wahrheit des Seins zu und aus ihr her denkt, könnte das Wort ‚Inständigkeit' am schönsten nennen. Nur müssen wir dann zumal das Innestehen in der Offenheit des Seins, das Austragen des Innestehens (Sorge) und das Ausdauern im Äußersten (Sein zum Tode) zusammen und als das volle Wesen der Existenz denken" (WiM, 15). Die Einleitung von 1949 zur Freiburger Antrittsvorlesung übersetzt den Begriff Existenz mit Inständigkeit. Das ist mehr als ein gefälliges Wortspiel. Die Übersetzung reicht in die Weite eines postmetaphysischen Denkens hinüber, welches die ‚Existenz' zum Prinzip seiner Seinsauslegung erhebt. Vielleicht bietet das Gedachte im Wort ‚Inständigkeit' einen festen Punkt, von dem aus sich die gewaltige Fügung der Existenzphilosophie ermessen läßt, die im Zuge einer Kehre von der Existenz auf die Wahrheit des Seins zu und aus dieser auf die Existenz her denkt.

Diese Bewegung überholt das, was der Überlieferung nach im Namen existentia gedacht war, von Cajetans Namensgebung bis zu Hegels Logik der Reflexionsbegriffe. Demnach war existentia allein aus der Analogie (Dialektik) zur essentia begreifbar. Existenz ist das in Wirklichkeit (actualitas), was das ‚Wesen' seiner ermöglichenden Möglichkeit (possibilitas) nach schon ist: das Dasein jeglichen Wesens von Gott bis zum Sandkorn. Solchem Essentialismus widersetzt sich der ‚Existentialismus' im Stile Sartres. Er kehrt die Relationen der Analogie um. Beim Menschen wenigstens bestimmt sich die Essenz aus dem Entwurf der Existenz. Der Existenzialismus baut programmatisch auf die Existenz des sein faktisches Wesen prinzipiell transzendierenden Menschen und bleibt so im Rahmen eines Denkens, das aus der Analogie (und innerhalb der unbefragten Differenz) von

Wirklichkeit und Wesen denkt. Der Titel ‚Inständigkeit' dagegen setzt ‚Existenz' nicht in die logische Analogie zur Essenz, sondern in einen unverfügbaren Bezug zur Wahrheit. Und weil einzig der Mensch in der Offenbarkeit des Seins innesteht, trifft der Name Existenz allein für den Menschen zu. Alles andere, sei es Stein, Tier, Haus, Stern oder Gott, ist darum nicht unwirklich, aber es ist Seiendes von nicht-inständiger Seinsart.

Sofern nun einzig der Mensch existiert, indem er, Sein verstehend, sich zu Seiendem verhält, geht ein Denkweg, der auf den Sinn von Sein zu denkt, vom menschlichen Dasein aus. (Es wird sich von der Wahrheit des Seins her als Da-sein ausweisen.) „Das primär Befragte in der Frage nach dem Sinn des Seins ist das Seiende vom Charakter des Daseins" (SuZ § 9, 41). Die Frage nach dem Sein selbst hat sich in einer Analyse des Daseins zu befestigen. Sonst fehlt jeder Ontologie der gehörige Rückhalt. Freilich wird die Tragweite dieser Fragestellung überall da verkürzt, wo man Existenzphilosophie ausschließlich als ein Suchen nach dem Sinn menschlichen Daseins traktiert. Das ‚anthropologische Mißverständnis' verwechselt das Befragte mit dem Erfragten in der Frage nach dem Sinn von Sein. Danach wäre Heideggers ‚Existenzialismus' die Herausarbeitung von Kategorien der menschlichen Existenz (Existenzialien), wie In-der-Welt-Sein, Man, Sorge, Faktizität, Angst, Vorlaufen, Zeitlichkeit usw., und letzten Endes nichts als eine existenziell ergreifende Beschreibung unserer Todesverfallenheit. Indessen arbeitet die Daseinsanalytik keine existenzialistische Anthropologie aus, sie ist Fundamentalontologie. Und dieser Anfang zeichnet bereits den Weg eines Denkens vor, das vom Sinn des Daseins aus – wenn auch keineswegs direkt, ohne Schwankungen und Aporien – auf die Wahrheit des Seins zu und von dieser auf das Sein des Daseins zurückläuft. Die vielsagende Kehre dieses Weges ist von der Art einer erinnernden Umkehr und endlichen Einkehr. Durch sie kehrt das Dasein in seinen unverfügbaren Grund ein, indem sich die Vergessenheit des Seins in die Wahrheit seines Wesens, den Boden der Metaphysik, kehrt. Darin vollzieht sich keine rigorose Abkehr vom fundamentalontologischen oder ‚ontoanthropologischen' Standpunkt. „Sein und Zeit" legt keinen Abweg an, der metaphysisch nach der Selbstbegründung des Daseins, etwa im Willen des Gewissen-haben-Wollens, sucht und transzendentalphilosophisch notwendige Bedingungen für die Möglichkeit des

Daseins als Sorge deduziert. Die Kehre enthält mithin auch nicht das Eingeständnis, mit der Denkweise der Metaphysik und dem Prinzip der Subjektivität nicht zur Wahrheit des Seins durchgekommen zu sein. Solches Scheitern und Versagen ist immer wieder von der Forschung konstatiert worden. Das metaphysisch belastete Denken von „Sein und Zeit" dringe nicht über die Zeitlichkeit des Dasein zur Zeithaftigkeit des Sinnes von Sein hinaus. Das Geschick des Seins lasse sich nicht von der Geschichtlichkeit des Daseins her erreichen; denn das Sein zeitige sich doch selbst und werde nicht von der Subjektivität gezeitigt. Daher wende sich eine Besinnung auf die ontologische Differenz von Sache und Methode der Fundamentalontologie ab und breche mit ihrem Anfang. Der ‚frühe Heidegger' ende eben mit der Seinsthese: Eigentliches Sein ist das zu sich selbst entschlossene Dasein im Vorlaufen zum Tode. Seit der übereinstimmend um 1930 datierten Kehre rede der ‚spätere Heidegger' von einem ganz anderen Sein, von der Unverborgenheit und Lichtung, die von sich aus Sein und Zeit des Daseins ereigne. (Und eine vulgäre, positivistische Kritik beeilt sich, diese Abkehr von einer Phänomenologie des Dasein als unverifizierbares, sprachlich sinnloses Reden über ein mystisches Seinsgeschick abzutun.) In der Tat nennt die Kehre eine die Subjektivität verlassende Umkehr. Aber das ist kein Bruch im Ganzen der Existenzphilosophie. Mit ihrem ersten Schritt hat die Fundamentalontologie das Prinzip der Subjektivität verlassen, wenn auch nicht schon verwunden. Sie hat die Frage nach dem Sinn von Sein weder transzendental gestellt noch transzendental beantwortet. Vielmehr erschließt die Daseinsanalytik das Dasein in seiner Nichtigkeit und legt eine sinngebende, ursprüngliche Zeit frei, die in ihrer geschlossenen Endlichkeit wesenhaft unverfügbar ist. Das ist das Fundament für den notwendigen Absprung des postmetaphysischen Denkens in das Gefüge von Zeit und Sein, über welches das Dasein nicht verfügt, weil es selbst in dieses verfügt ist. So wird im Lichte der Kehre das Dasein nicht anders, sondern hintergründiger erfahren. Das soll wenigstens für das volle Wesen der Existenz (Inständigkeit) in Herausgliederung des Innestehens (1), Austragens (2) und Ausdauerns (3) nachgewiesen werden. Diese Aufgabe ist einleitend stichworthaft zu skizzieren.

1. Ek-sistenz nennt ein *Inne*-stehen in der Offenheit des Seins. Das Präfix Ek- weist so verstanden nicht ‚hinaus', nämlich aus der Imma-

nenz des Bewußtseins als psychischen Akt auf das physisch reale Sein außer uns. Husserls Lehre von der Intentionalität hat die Scheinprobleme einer solchen Transzendenz beseitigt. Demzufolge bildet das Bewußtsein nicht zuerst ein Bild vom Objekt in der Seele, das dann nachträglich in einen Bezug zum vorhandenen Objekt außer ihm tritt. Intentionalität baut auf die Zusammengehörigkeit der vermeinenden Noesis (intentio) mit dem Noema, der anschaulich erscheinenden Sache-selbst (intentum) – und nicht etwa einem ‚Bild‘ von ihr. Bedeutet aber dann Ek-sistenz das Sichrichten des Bewußtseins auf das Sein der Sache in ihrer Selbstgegebenheit, d. h. in ihrer schlichten Vergegenwärtigung und anschaulichen Erfüllung? Wie intensiv Heidegger im Anfange das Problem der Intentionalität durchdenkt, wird in den Publikationen des Vorlesungswerkes immer sichtbarer (vgl. Bd. 20 §§ 5–8, 34–110; Bd. 24 § 9, 77–107; Bd. 26 § 9, 167–171 u. ö.). Aber wie apologetisch sich Heidegger auch die positiven Aufschlüsse der Intentionalitätsthese Husserls – etwa gegen Brentano oder Rickert – zu eigen macht, er greift in immer durchschlagenderen Wendungen dessen ontologisches Defizit an (und nicht so sehr das hermeneutische Ungenügen in Husserls Schema von Wahrnehmung und Auslegung). Was nämlich besagt das Zusammengehören von Vermeinen und Sache-selbst seinsmäßig? Offenbar ein Sein-bei Seiendem. Aber das ist bei Husserl lediglich in der Weise einer ontischen Transzendenz unterstellt. Die alles Sein-bei ermöglichende ‚Urtranszendenz‘ des In-der-Welt-Seins des Daseins wird nicht erörtert (Bd. 26, 170). Darum bleibt es rätselhaft, wie das Intendiertsein eines Seienden sich zu diesem Seienden verhält. Das Rätsel weist auf eine offengebliebene Ontologie des Daseins, welche der Ek-sistenz, d. h. dem Innestehen in der Offenheit des Seins, allererst nachfragt. Sonst bleibt eben dunkel, wie sich Seiendes überhaupt als Seiendes in der Dimension intentionalen Bewußtseins zeigen kann. „Wohin und woher und in welcher freien Dimension sollte sich denn alle Intentionalität des Bewußtseins bewegen, wenn der Mensch nicht schon in der Inständigkeit sein Wesen hätte?" (WiM, 16). Somit verlangt die phänomenologische Reduktion von der natürlichen Einstellung auf das transzendentale Bewußtseinsleben ihrerseits die ontologische Rückführung der intentionalen Gegebenheit des Seienden auf das Verstehen von Sein im inständigen Dasein. (Husserls transzendentaler Rückgang auf das Ur-Ego und die ‚lebendige Gegenwart‘ bleibt metaphysisch am Sein als Anwesenheit orientiert.) Und dabei will die

Daseinsanalytik von Anfang an klarmachen: Eigentliches Existieren ist ein Sichfreigeben für seine Welt im entschlossenen Vorlaufen zum Tode; aber das ist keine Leistung eines Entwurfs der Freiheit und des Selbstseins. So fiele die Frage nach dem Sinn des Seins doch wieder ins bodenlose Bewußtsein zurück. Freiheit und Selbstsein setzen eine Offenheit des Seins des Daseins, die Zeitlichkeit, voraus, und diese gibt es nur auf Grund einer ursprünglichen Offenheit des Seins selbst. Darum geht ein Durchdenken der menschlichen Existenz auf die Wahrheit des Seins zu.

Die fragwürdige Wahrheit des Seins ist weder in einem Seienden festzumachen, und sei es das seiendste Seiende, Gott, noch zielt sie auf die führende Bedeutung des Seins von Seiendem. Sie kommt nur als Geschehnis der ‚ontologischen Differenz' in den Blick. Dieser Ausdruck betrifft nicht etwa den ontischen Unterschied zwischen Seienden, etwa zwischen Pflanze und Tier oder zwischen Mensch und Gott, so rätselvoll diese Abstufungen des Seienden auch sind. Er bezieht sich auch nicht auf die unterschiedlichen Bedeutungen von Sein, wie sie die Ontologie seit der aristotelischen Abhebung von kategorialem, modalem, veritativem und kontingentem Sein immer neu thematisiert. Der Titel ‚ontologische Differenz' drückt den einfachen Sachverhalt aus, daß Seiendes und Sein unterschieden sind. Dieser Unterschied kommt in allem Ist-Sagen, das Seiendes in einer Seinshinsicht des Was- oder Wieseins anspricht, zur Sprache und wird in aller Metaphysik, die Seiendes als solches, d. h. in seinem Sein, untersucht, beansprucht. Das Geschehnis aber, durch das diese Unterscheidung zutage kommt, liegt außerhalb des Blickbereichs der Metaphysik. Das Wahrheitsgeschehen *ist* – so wahr die Unterscheidung von Sein und Seiendem ist, und es ist weder ein Seiendes noch das von der Metaphysik bedachte Sein des Seienden. Die das Seiende als solches entbergende Unterscheidung ist vielmehr das ungedachte Geschehnis einer Lichtung und Unverborgenheit. Das Denken der ontologischen Differenz selbst denkt mithin dem ‚Ereignis' nach, welches in epochalem, geschicklichem Vorenthalt sowohl dem Sein (Anwesenheit) wie der Zeit das Eigene gibt, nämlich Seiendes offensein zu lassen. Von da her kommt die erste Prägung menschlicher Inständigkeit. Das Innestehen in der Wahrheit geschieht nicht als bewußtseinsmäßiger Entwurf. Niemals vermag ein sich entwerfendes Bewußtsein die Offenheit des Seienden zu schaffen und dem

Menschen sein Offenstehen für Seiendes zu verleihen. Der Mensch entwirft nicht das Seinsgeschehen. „Der Mensch ist vielmehr vom Sein selbst in die Wahrheit des Seins ‚geworfen'" (Hu, 19).

2. Ohne die Offenheit des Seins existiert der Mensch nicht als Mensch. Ohne den Menschen aber ereignet sich auch nicht die Wahrheit als Wahrheit. Das Dasein allein vermag, das Innestehen auszutragen und die Wahrheit des Seins zu hüten. „Der Mensch ist der Hirt des Seins. Darauf allein denkt ‚Sein und Zeit' hinaus, wenn die ekstatische Existenz als ‚die Sorge' erfahren ist" (Hu, 19). Von hier eröffnet sich die Aufgabe, den Sorgecharakter des Daseins im Ganzen der Kehre zu überdenken. Wird dabei die Strukturmannigfaltigkeit der Sorge auf ihren Einheitsgrund hin aufgegliedert, dann ergibt sich die ursprüngliche Zeit in ihrer Geschichtlichkeit als Sinn der Sorge. Aber das ist nicht das letzte Wort. Zeit und Geschichtlichkeit des Daseins nämlich bilden kein erstes Prinzip, ihnen wird ihr Eigenes – das lichtende Schicken und Reichen von Sein als Anwesenheit – vom ‚Ereignis' der Unverborgenheit übereignet. Erst aus der Fuge von Zeit, Sein und Wahrheit ergibt sich die Sorge als ‚Wesen' der Ek-sistenz. Sich um sein eigentliches Seinkönnen sorgen, besagt in Wahrheit, die zugeschickte Offenheit des Seienden hüten. Kein Humanismus hat die ‚Würde' des Menschen ähnlich hoch veranschlagt.

3. Der Mensch wahrt seine humanitas, indem er im Äußersten, im Sein zum Tode, ausdauert. Die Existenzphilosophie versteht von Anfang an das Sterben der Sterblichen und das Geheimnis des Todes nicht metaphysisch-theologisch, etwa als Trennung von Seele und Leib, als Hervorgang des Geistes im Vergehen der unmittelbaren einzelnen Lebendigkeit oder – noch christlich-hegelhafter – als Durchgang, durch welchen sich die Versöhnung des Geistes mit sich selbst zustande bringt. Solche Art Angaben beruhen auf der letztlich ungenügenden Bestimmung des Menschen als eines Lebewesens, das eine denkende Seele hat. Innerhalb existenzialen Denkens erschließen sich Sein zum Tode und Sterblichsein als äußerste Möglichkeit des Menschen. Um dies zu ermessen, ist es nötig, das Geheimnis des Todes aus der Kehre her zu denken. „Der Tod ist als der Schrein des Nichts das Gebirg des Seins" (VA, 177). Erst wenn der Tod aus dem Ereignis von Nichts und Sein gedacht wird, enthüllt er sich als die geheimnisvolle Gestalt, in welcher dem Sterblichen die höchste Verborgenheit des Seins begegnet, gesetzt, dieser vermag im Äußersten aus-

zudauern. Zuerst und zumeist aber flieht das Dasein in die Unwahrheit des Man. Das alltäglich-durchschnittliche Verfallen wiederum hat, vom Geschick des Seins her überdacht, seinen Urgrund in einer sich immer weiter steigernden Seinsvergessenheit. Weil das so ist, bestehen Anfang und Ende der Existenzphilosophie darin, die Unwahrheit des Daseins abzudecken und die Gefahr der Seinsvergessenheit als Gefahr ernst zu nehmen.

2. Die Unwahrheit des Man und die Entdeckung der Entfremdung

Ein Denken, das auf die Wahrheit des Seins zu denkt, beginnt mit der Frage: Wer ist das Dasein? Diese Frage ist komplex. Sie fragt nach je meinem Dasein und gleich ursprünglich nach unserem Mitsein mit Anderen. Sie unterschlägt mithin so wenig das Problem des ‚alter ego‘, daß sie es vielmehr auf einen neuen Boden stellt. Das Dasein ist je meines, aber es ist nie zunächst gegeben als ein mitweltliches Subjekt und isoliertes Ich ohne die Anderen (vgl. SuZ § 25 u. § 26). Damit verschwinden die selbstgemachten Schwierigkeiten der monadologisch angelegten Intersubjektivitätsproblematik. Sofern Dasein überhaupt *ist,* hat es die Seinsart des Miteinanderseins. Dem Dasein, dem es in seinem Sein um sein Sein geht, geht es in eins um sein Mitsein mit den Anderen. Die Ausgangsfrage der Fundamentalontologie fragt mithin explizit: Wer ist das Dasein, wie es sich selbst in seinem Mitsein mit den Anderen alltäglich zeigt? Der erste phänomengerechte Befund lautet: „Das Wer ist nicht dieser und nicht jener, nicht man selbst und nicht einige und nicht die Summe Aller. Das ‚Wer‘ ist das Neutrum, *das Man*" (SuZ § 27, 126). Das Subjekt unseres durchschnittlichen Daseins in der Seinsweise nächster Alltäglichkeit ist personal und numerisch ein Neutrum. Es ist keines von beiden, weder ein Ich oder Du noch ein Wir, weder eine Einzahl noch eine Mehrzahl. Das bedeutet für die Wahrheit des Daseins: Zuerst und zumeist existiert das Dasein ontisch verdeckt und muß eigens freigelegt werden. Der Weg der Daseinsanalytik ist ein ent-deckendes Abräumen von Verdeckungen. Um zur Wahrheit des Daseins durchzustoßen, muß allem zuvor seine Unwahrheit durchbrochen werden, gesetzt, die Wahrheit sei nicht anders als durch die Unwahrheit hindurch auffindbar. Die Verdeckung des Daseins im Man verfestigt sich zur Entfremdung.

Erstaunlicherweise ist die existenziale Erörterung der Entfremdung, die in Kierkegaards Analyse der Menge aufbricht und in Sartres Lehre von der aliénation eine existenzialistische Grundlegung findet, kaum beachtet worden. Und doch kann sie das inflationär gewordene Gerede von der Dialektik der Entfremdung auf die angemessene Sachfrage zurückstellen: Wer ist das Dasein, daß es sein Selbst- und Mitsein ins Man entfremdet?

Vordringlich herrscht das Man in der Gestalt der Abständigkeit. Abständigkeit nennt die Sorge um den Unterschied gegen die Anderen. Unentwegt und allenthalben sorgt man sich darum, den Anderen, etwa in den Rangstellungen der Berufswelt, niederzuhalten bzw. einzuholen. Solche Sorge um den Unterschied an Stand und Verdienst, an Macht und Besitz, an Prestige und Ehrung durchzieht das durchschnittliche Mitsein im indifferenten Modus der Gleichgültigkeit, im defizienten Modus des Gegeneinander und im hyperbolischen Modus einspringender Fürsorge. Weitläufig gehen Menschen einander nichts an. So sind Andere nur zuhanden wie ein mehr oder minder dienliches Zeug. Jeder läßt den Anderen allein stehen und steht, übrigens oft in größter Betriebsamkeit, selbst allein. Seinsmäßig ist solche Indifferenz vom gleichgültigen Zusammenvorkommen beliebiger Dinge verschieden. Sie bildet eine Privation, und zwar auf dem Hintergrunde der Abständigkeit. Dann nämlich zählt der Andere für mich nicht, wenn sein Vorsprung oder Rückstand uneinholbar sind oder wenn seine Stellung nicht vergleichbar ist. Der Andere wird mir in dem Maße gleichgültig, in welchem sein Abstand bedeutungslos ist. Ebenso steht es mit der Fundierung jeglichen Gegeneinanderseins. Herrschaft und Knechtschaft, Wettkampf und Konkurrenz, Industrie und Krieg gründen in einem Abfall vom eigentlichen Mitsein als dem friedlichen Eintreten für eine gemeinsame Sache. Kampf erwächst aus der Furcht, von der Konkurrenz überholt und überwältigt zu werden. Entsprechend hat die einspringende Fürsorge als totales Umsorgen des Anderen die Tendenz, eine verkleidete Form der Herrschaft zu werden. „In solcher Fürsorge kann der Andere zum Abhängigen und Beherrschten werden" (SuZ § 26, 122). Das Besorgen alles Nötigen nimmt dem Umsorgten auch sein Wesen, die Sorge um sein Selbstseinkönnen, ab. Auch hier herrscht die Sorge um den Abstand; denn der durch die Fürsorge Begünstigte bleibt vom Fürsorger abhängig und im Abstande eines Knechtes unter ihm.

Abständigem Mitsein fehlt es an Rücksicht. Es läßt sich vielmehr von Rücksichtslosigkeit leiten. Das gilt für alle drei defizienten Modi menschlichen Zusammenseins. Im Zustande der Gleichgültigkeit wendet sich die Rücksicht vom Anderen als einer eigenen, daseinsmäßigen Möglichkeit einfach ab. Im Gegeneinander setzt man sich rücksichtslos über das Eigenrecht der Anderen hinweg. In falscher Fürsorge sieht man dem Anderen dagegen alles nach. Zu allem paßt eine Vorsicht, die sich mißtrauisch vor der Stärke des Anderen vorsieht. Mit solchem aus Rücksichtslosigkeit, Nachsicht und Vorsicht gemischten Verstehen, das sich wohl auf das eigene Vorwärtskommen versteht, verbindet sich eine Stimmung der Verschlossenheit, die Mißgunst. Mißgunst paart sich mit Neid, geht aber weiter als dieser. Das bei Kierkegaard und Marx gleicherweise herauspräparierte Existenzial des Neides entspringt einem Mangel und zielt auf etwas Bestimmtes ab, durch dessen Besitz andere mich ärgern. Mißgunst dagegen reagiert nicht unter dem Druck eines Mangels und zielt auch nicht auf etwas Bestimmtes. Man mißgönnt den Anderen auch solches, was man schon hat oder gar nicht haben möchte, das der Andere aber nicht haben soll, um nicht den Abstand zu mir zu vergrößern. Mißgunst und ihre Kehrseite, die Schadenfreude, sind Regungen der Abständigkeit. Die Freude nämlich, welche dem Anderen, und sei es der beste Freund, Schaden und Unglück gönnt, stammt aus dem Gefühl, eine nagende Sorge um dessen Vorausseinkönnen los zu sein. Und der Schmerz, der dem Anderen Vorteil und Glück mißgönnt, kommt eben aus der Sorge, von ihm überholt zu werden. So durchsetzt und zersetzt die Abständigkeit menschliches Miteinandersein. Sie verschließt ein offenes befindliches Verstehen, und sie fördert eine eigentümliche Unfreiheit und Entfremdung.

„In dieser zum Mitsein gehörigen Abständigkeit liegt aber: das Dasein steht als alltägliches Miteinandersein in der *Botmäßigkeit* der Anderen. Nicht es selbst *ist,* die Anderen haben ihm das Sein abgenommen" (SuZ § 27, 126). Abständig auf den Anderen fixiert, geht das Dasein nicht seinen eigenen Seinsmöglichkeiten nach, sondern löst sich in die Seinsart der Anderen auf. „Man selbst gehört zu den Anderen und verfestigt ihre Macht" (SuZ § 27, 126). Wer abständig lebt, folgt dem, was man für richtig, für interessant, für schicklich, für empörend, für schön oder aufsehenerregend hält. Er erliegt der Macht des Man, die er selbst mit ausübt. Solche Diktatur ist wegen ihrer Unauffälligkeit besonders gefährlich. Das Man ist niemand, es kommt nirgends vor und ist doch nicht nichts. Recht besehen, ist das Man das realste und mächtigste Subjekt der Alltäglichkeit in der gesamten, längst heillos ineinander verflochtenen Existenzsphäre gesellschaftlichen, ökonomischen und politischen Mitseins. Das Man herrscht durch die Macht der Durchschnittlichkeit, der Einebnung und der Öffentlichkeit. Und es ist wiederum die Abständigkeit, welche auf Durchschnittlichkeit drängt. Jedermann kann Andere einholen, wenn der Höchstrang auf das Niveau des Durchschnitts heruntergebracht ist, und jeder kann den Anderen niederhalten, wenn nichts Überdurchschnittliches zugelassen wird. Das Mittel, mit dessen Hilfe sich der Durchschnitt durchsetzt, ist die Einebnung. Sie nivelliert die Seinsmöglichkeiten aller auf die Ebene des Mittelmaßes. Die von Marx dem ,rohen Kommunismus' attestierte Nivellierungssucht zieht eine Intoleranz gegen die Ausnahme groß und eliminiert das Hervorragende geräuschlos aus einer Gesellschaft, in der man ausschließlich das für erlaubt und möglich hält, was durchschnittlich wirklich ist. Und das Man schleift alles Ursprüngliche so lange ab, bis es zum Geläufigen paßt. In vielfacher Weise und oft mit der Gewalt des Schreckens besorgt die Durchschnittlichkeit das Werk der Einebnung auf der existenzialen Basis der von Mißgunst und Neid vergifteten Sorge um den Abstand. Eine eigentliche Welterschließung wird dabei durch eine öffentliche Ausgelegtheit überspielt, in der das Gerede, die Neugier und die Zweideutigkeit vorherrschen. Die entwurzelte Redeweise des Man betreibt ein nach- und weiterredendes Mitteilen, das sich nie ins Schweigen versammelt und das nicht müde wird, weil es niemals auf die in Frage stehende Sache eingeht, sondern allein auf das Geredete als solches hört. Man ist ja im voraus derselben Meinung, sofern man das Beredete mit der gleichen Durchschnittlichkeit beurteilt. Das Gerede artikuliert eine Welt, in welcher die abständige Durchschnittlichkeit das große Wort führt. Und es dirigiert eine Neugier, welche das Dasein ins Unverweilen, in Zerstreuung und Aufenthaltslosigkeit fortzieht. Die Neugier sucht das Neue nicht, um bei ihm zu verweilen, vielmehr springt sie jeweils zu dem ab, was das Gerede gerade als das Neueste anpreist. Die Begierde der Neugier nämlich besorgt „die ständige Möglichkeit der *Zerstreuung*" (SuZ § 36, 172). Sie folgt der Tendenz, von sich selbst und der Last des Daseins fortzukommen. Damit treibt die Neugier das Dasein in eine Aufenthaltslosigkeit, in der es sich immer weiter von sich entfernt und fremd wird. Und das bleibt verhüllt, solange die Existenzweise der Zweideutigkeit dominiert. Diese macht ununterscheidbar, ob das Verstandene selbst geprüft oder bloß nachgeredet ist, ob das Neue aus eigenem Antrieb oder aus Mode gesucht wird, ob die Öffentlichkeit ein universales Daseinsverständnis wirklich vermittelt oder nur vortäuscht. So treibt das Man durch die Macht seiner Durchschnittlichkeit, Einebnung und öffentlichen Weltauslegung „das Dasein einer Entfremdung zu, in der sich ihm das eigenste Seinkönnen verbirgt" (SuZ § 38, 178). Entfremdung nennt die Seinsweise, in der sich Selbstsein und Mitsein in der Unwahrheit des Man endgültig verfangen. Das Eigentümliche der Entfremdung ist eine verfängliche Beruhigung. Entfremdetes Dasein kennt keine Unruhe über das Unechte und Falsche einer von Neugier, Zerstreuung, Gerede bestimmten Existenz. In ihm wächst vielmehr eine Unbedürftigkeit am ursprünglichen und eigentlichen Existieren. Für den Entfremdeten verbirgt die Öffentlichkeit die Echtheit des Daseins, und Neugier wie Zerstreuung sichern die Fülle eines reichen Lebens. Das beruhigende Entfremdetsein verdeckt die Verdecktheit der je eigenen Möglichkeit. Entfremdet im Man, verfängt sich das Dasein in der Unwahrheit. Es weiß nicht mehr, daß ihm die Möglichkeiten eigentlichen Selbstseins fremd geworden sind.

Warum aber hält sich der Mensch zuerst und zumeist im Stande der Entfremdung auf? Methodologisch, auf dem Wege zur Wahrheit des Seins, gefragt: Warum kann die Wahrheit des Daseins nur im Entdecken von Verdeckungen aufgefunden werden? Das leuchtet nur dann ein, wenn das Dasein selbst eine eigene Verdeckungstendenz in sich hat. Solche auf Entfremdung gerichtete Bewegung heißt Verfallen. „Das Verfallen ist ein ontologischer Bewegungsbegriff" (SuZ § 38, 180). Verfallend weicht das Dasein vor dem Anblick der eigenen Geworfenheit zurück und nimmt Zuflucht beim Man. Geworfenheit oder Faktizität nennt den durch unsere Endlichkeit begrenzten und vom Tode überschatteten Umkreis faktisch zu übernehmender Möglichkeiten. Faktizität hat den Charakter der Last. Vor deren Übernahme flieht das Dasein zuerst und zumeist in die entlastende Seinsweise des Man. Das Man kommt der Tendenz des Menschen, sich seine Endlichkeit und Nichtigkeit zu verdecken, entgegen. Und die Entfremdung hält das Man-selbst in seiner Unwahrheit fest.

3. In-der-Welt-Sein. Erschließungen der Welt

Der erste Schritt auf die Wahrheit des Seins zu ist eine Kritik des Daseins in seiner ontischen Verdecktheit und Entfremdung. Der zweite legt die ontologische Struktur des Daseins anhand der Frage frei: Wer ist das Dasein im Stande des Da, d. h. in seiner Welterschlossenheit? Erschließen oder Entbergen ist mit Verschließen und Verbergen zusammenzuhören und als der Vorgang eines Eröffnens und Offenbarmachens zu nehmen, und nicht etwa als Vermögen der Vernunft, aus Prämissen mit Notwendigkeit Gewißheiten über die Seele und die Welt zu entnehmen. Erschließung von Welt meint vielmehr das Sich-Öffnen in eine Welt und Offensein für sich selbst. Die so gewendete Frage nach der Wahrheit der Welt hat Heidegger in einer zweifachen Auseinandersetzung vorwärts getrieben, in Destruktion der Cartesischen Drei-Substanzen-Theorie und in Konkurrenz mit der idealistischen Entsubstanzialisierung von Ich und Welt. Der historische und systematische Tiefgang dieses unvollendeten Dialogs ist hier nicht auszuloten. Es sollen lediglich Resultate einer ‚phänomenologischen' Darlegung von Welt und Wahrheit eingeholt werden.

Heideggers These über die Welt besteht in der Einheit von drei Sätzen: Welt ist ein Ganzes aufeinander verweisender Dinge; ihr Verweisungszusammenhang leitet a priori das Entdecken von Innerweltlichem; ihre Ganzheit ist im Dasein festgemacht. Welt ist ein Ganzes (totum, universum), aber das All läßt sich nur existenzial, nicht kosmologisch fassen (wie etwa in Wittgensteins vorkritischem Axiom „Die Welt ist alles, was der Fall ist"). Welt zeigt sich jeweils in einem Wie, nämlich wie eine Ganzheit von Dingen für und durch ein Dasein Bedeutsamkeit gewinnt. Verstehbar wird dieses Wie als Verweisungszusammenhang, in welchem ein Seiendes auf ein anderes verweist. Und dieser Verweisungscharakter von Innerweltlichem erschließt sich, wenn entdeckt wird, womit es mit ihm sein Bewenden hat. Das Seiende, welches primär in einem Bewandtniszusammenhang verstehbar wird, indem man sich darauf versteht, ist das zuhandene Zeug. (Unleugbar fällt dadurch, daß so das Naturhafte in einem Worum-willen aufgeht, die Natur als solche in ihrem eigenen Wesen und ihrer eigentümlichen Schönheit aus dem Blickkreis. Anfänglich wird der Wald eben als Forst, der Berg als Steinbruch verstanden, und die ‚geheimnisvolle' Natur ist entzogen.) Jedenfalls leuchtet der

Ansatz beim Zuhandenen anhand des legendären Beispiels vom Hammer ein. Was es mit einem Hammer auf sich hat, entdeckt man von dem her, wozu er dienlich ist. Er verweist die mit ihm hantierende Umsicht auf den einzuschlagenden Nagel, dieser auf den Balken, das Dach, die befestigte Hütte – diese schließlich auf das Wohnen des Menschen im Geviert von Erde und Himmel, Sterblichen und Göttlichen. Inmitten solcher Verweisung begegnen auch die Anderen, also Seiendes von nicht zeughafter Seinsart. So verweist der Hammer auf den Zimmermann, der hämmert, auf den Kaufmann, der das Bauzeug liefert usw. Die Anderen begegnen aus der Welt her. Also entdeckt sich jedwede Welt – die Wohnung des Bürgers, das Gehöft des Bauern, die Werkstatt des Handwerkers, das Laboratorium des Chemikers, die Welt des Sports, der Schule, der Politik usw. – stets als die Einheit einer offenen Verweisungsmannigfaltigkeit. Nun wächst eine Welt nicht etwa stückweise nach und nach durch umsichtige Erfahrung von Bewandtniszusammenhängen zusammen. Weltlichkeit geht immer schon dem Entdecken von Innerweltlichem voraus. Der Vorblick auf Verweisung-überhaupt leitet die Sicht und Umsicht, die etwas aus seinem Um-willen versteht. Aber warum verliert sich Welt nicht in einem Verweisen, in welchem jegliches immerfort auf anderes verweist, um dessentwillen es ist? Die griechisch-aristotelische Ethik hat diese Frage vom Telos menschlicher Praxis her gestellt. Jegliches menschliche Handeln geschieht Um-willen von etwas. Aber offenkundig ist solches Worum-willen in einen Zusammenhang verflochten, worin jeglicher Zweck wiederum Mittel und um eines anderen willen ist. Soll nun nicht alles Handeln des Menschen eitel und leer sein, so muß es einen Endzweck geben, der um seiner selbst willen vollbracht wird (1094 a 18). Die Verwandtschaft des Heideggerschen Weltbegriffs mit der Teleologie des Aristoteles ist öfter vermerkt worden. Aber ein Denken im Weltalter des Nihilismus unterstellt nicht mehr ein sinngebendes ‚Glück' als Endzweck menschlichen Handelns, es nimmt das Dasein ontologisch in seinem Existieren als letztes Worum-willen in Anspruch. Das Dasein ist das Seiende, mit dem es wesenhaft keine Bewandtnis haben kann, weil es um seiner selbst willen existiert. Ihm geht es in seinem Sein um sein Sein. Im Existieren des Daseins also ist der offene teleologische Verweisungszusammenhang des menschlichen Handlungsraumes festgemacht. Die Welt des Menschen bestimmt sich als Wie des Existierens. Das ist der Angelpunkt einer existenzialen Weltanalyse.

Aus der Aufgliederung der Welt als Bewandtniszusammenhang folgen Einsichten in die Weisen ihrer Erschließung. Eine erste Konsequenz lautet: Das zunächst innerweltlich Begegnende ist das Zuhandene und dessen Erschließungsart die hantierende Umsicht. Womit etwas sein Bewenden hat, entdeckt sich im hantierenden Zutunhaben mit Zeug. Praxis artikuliert die Welt zuerst. Diese These verändert die Ansicht über die maßgebende Zugangsart. Was bisher im Ansehen stand, die Natur aufzuschließen, war die Theorie (mathematisch-physikalischer Weltauslegung). Dieser Zugang führt nicht zur Welt. Theoretische Hinsicht auf Vorhandenes im Was und Wie seines Vorhandenseins bedarf einer Entweltlichung. Sie muß den Bewandtniszusammenhang abblenden, weil Vorhandenes nur theoretisch in Betracht kommt, wenn es als isoliertes Seiendes interessefrei durchforscht wird. Die Theorie hat es mit ‚Objekten‘, aber nicht mit Welt zu tun. Ohne Entweltlichung ist keine Theorie möglich. Ebenso elementar wie die hantierende Umsicht aber ist die fürsorgende Rücksicht. Gleich ursprünglich mit der Entdeckung der zeughaften Umwelt erschließt die Rücksicht die Mitwelt. Unentfremdete Fürsorge nämlich geht auf den mitdaseienden Anderen und dessen Welt ein. Somit scheinen die Dinge der Welt in einer dreifachen Erschließungsweise zugänglich: in der theoretischen Hinsicht auf Vorhandenes im Vollzug einer Entweltlichung, in umsichtiger Praxis unter Leitung eines Zeugzusammenhangs und in fürsorgender Rücksicht auf Mitdaseiendes im Freigeben der Mitwelt. Die ursprüngliche und am weitesten tragende Weise menschlicher Welterschlossenheit aber ist damit noch nicht genannt. Sie kommt erst zur Sprache, wenn das Existenzial der Befindlichkeit zureichend bedacht wird. (Und hier wäre ein genuiner Zugang zum Schönen der Natur und Kunst, dessen zeitlose Zwecklosigkeit im Weltbegriff von „Sein und Zeit" so gar keinen Platz zu haben scheint.)

„Wir müssen in der Tat *ontologisch* grundsätzlich die primäre Entdeckung der Welt der ‚bloßen Stimmung‘ überlassen" (SuZ § 29, 138). Was ontisch als Stimmung bekannt ist, unser ständiges Durchstimmtsein von wechselnder Freude und Trauer, Sehnsucht und Langeweile, Angst und Heiterkeit, Mißmut und Gleichmut, heißt ontologisch Befindlichkeit. Dieser Titel bezeichnet nicht das innerliche Gefühl, das auf objektive Wahrheit keinerlei Anspruch erhebt, sondern einen grundlegenden und umfassenden Modus des Entbergens. Der 1. Satz über die Befindlichkeit ist eine einschneidende These: Im Umkreis der Wahrheit als Richtigkeit bleiben Gefühle bloß subjektive Zuständlichkeiten, vom Ausgang einer Wahrheit als Unverborgenheit bilden sie den primären Zugang zur Welt. Solange Wahrheit soviel wie richtige Übereinstimmung von intellectus und res (von Subjekt und Objekt) bedeutet, haben Stimmungen und Gefühle für wahrheitslos zu gelten; denn sie richten sich nicht sachlich auf Objekte. Sobald aber der Vorgang der Wahrheit als ein Entbergen bedacht wird, tritt die ‚bloße Stimmung' als jene Erschließungsweise hervor, in der uns die Welt primär begegnet. Das verändert den bisherigen Primat der Praxis: „Das Begegnenlassen ist primär *umsichtiges*" (SuZ § 29, 137). Jetzt nämlich ist das Fundierungsverhältnis von Betroffenheit, Angegangensein und Befindlichkeit zu untersuchen. Umsichtiges Besorgen zeigt eine Betroffenheit hinsichtlich der Undienlichkeit, Bedrohlichkeit, Widerständigkeit usw. des gehandhabten Zeugs. So erscheint ein untauglicher Hammer in ärgerlicher Undienlichkeit, ein Hammer in der Faust eines Feindes von besorgniserregender Bedrohlichkeit usw. Und wie unser stimmungsmäßiges Betroffensein wechselt, so sieht die Welt, etwa der Arbeit und des Betriebs, an jedem Tage anders aus. Das setzt voraus, daß der Mensch von Innerweltlichem als einem Bedrohlichen, Widerständigen usw. angegangen werden kann, und zwar auf dem Grunde einer vorweg erschließenden Befindlichkeit. Nur ein Dasein, das sich in Furcht befindet, kann Zuhandenes als Fürchterliches und Bedrohliches entdecken. Und nur ein Dasein, das sich von Affektionen rühren läßt, kann überhaupt Sinnliches ästhetisch aufnehmen. Damit sollte angezeigt werden: Widerständiges, Bedrohliches usw. lassen sich weder durch reines Anschauen von Vorhandenem noch einfach im umsichtigen Hantieren entdecken. Die stimmungshafte Aufnahme von Weltlichem trägt weiter als weltauslegendes Erkennen und weltveränderndes Wollen.

Die ausgezeichnete stimmungshafte Welterschlossenheit bestätigt sich im 2. Wesenssatz über die Befindlichkeit. „Sie ist eine existenziale Grundart der *gleichursprünglichen Erschlossenheit* von Welt, Mitdasein und Existenz" (SuZ § 29, 137). Dieser Satz durchstreicht die Fehldeutung, Befindlichkeit sei ein in psychologischer Reflexion vorfindlicher seelischer Zustand, der dann irgendwie auf die Stimmung der Welt abfärbt. In Wahrheit sind seelische ‚Erlebnisse' und stimmungsmäßige Begegnungen nur möglich, weil die Befindlichkeit Existenz, Umwelt und Mitwelt schon erschlossen hat, und zwar gleich ursprünglich. Diesen umgreifenden Charakter verdeutlicht das Phänomen der Verstimmung am besten. Die Verstimmung macht das Dasein gegenüber den eigentlichen Möglichkeiten seiner Existenz blind, sie verriegelt den Zugang zu Anderen und mißleitet die Besorgungen der Welt. Wie die Verstimmung offenbar zugleich die eigene Existenz, das Mitsein und das Sein zur Welt verschließt, so erschließt ‚die bloße Stimmung' das In-der-Welt-Sein im ganzen.

Dieser Befund führt auf den 3. Wesenssatz über die Befindlichkeit zurück. „*Die Befindlichkeit erschließt das Dasein in seiner Geworfenheit und zunächst und zumeist in der Weise der ausweichenden Abkehr*" (SuZ § 29, 136). Befindlich erschlossen wird der Lastcharakter des Daseins überhaupt, nicht bloß eine bestimmte Last, eine drückende Schuldenlast etwa oder das Gewicht einer moralischen Schuld. Grundsätzlich offenbart eine Stimmung, daß das Dasein ist und sein Sein zu übernehmen hat, ohne daß sich das Woher und Wohin aufklären lassen. Unser nacktes Daßsein kommt im theoretischen Wahrnehmen nicht vor. Hinsehen auf Vorhandenes stellt lediglich Tatsächlichkeit im gleichgültigen kategorialen Sinne der existentia fest. Es bekommt von der lastenden Dunkelheit und unheimlichen Rätselhaftigkeit menschlicher Existenz nicht einmal eine Ahnung. Zumeist freilich weicht man der befindlich erschlossenen Geworfenheit aus, indem man sich von der Betroffenheit abkehrt und in Besorgungen von Geschäften ergeht, die ihrerseits einen Wechsel von gedrückten und gelösten Stimmungen mit sich führen. Aber gerade die Rede von der ‚gehobenen' Stimmung weist auf die anfängliche Bürde zurück, von der sich das Dasein zeitweise enthebt. Und gerade im Ausweichen bezeugt sich ja die ursprüngliche Offenheit einer Last. Damit ist die Frage menschlicher Welterschlossenheit einer differenzierten Lösung zugeführt. Der Reichtum unserer Welterkenntnis wächst in der theoretischen Hinsicht auf Vorhandenes im Zuge einer Entweltlichung. Das Wollen praktiziert eine Umsicht, welche Zuhandenes im Zusammenhang der Welt – rücksichtslos oder rücksichtsvoll gegen die mitbegegnenden Anderen – erschließt. Die Befindlichkeit endlich öffnet das In-der-Welt-Sein im Faktum menschlicher Endlichkeit, und zwar zumeist in der Weise eines hartnäckigen Verschließens.

4. Die Angst und das Nichts

Unter den Stimmungen hat die Angst ontologisch einen Vorrang. Das ist trotz der tiefreichenden ‚psychologisch-andeutenden' Meditation Kierkegaards immer noch nicht zureichend bedacht. Die Daseinsanalytik thematisiert *„die Grundbefindlichkeit der Angst als eine ausgezeichnete Erschlossenheit des Daseins"* (SuZ § 40, 184). Die Angst erschließt das Dasein als das Da des Nichts. Das Gefüge von Angst und Nichts aber ist, soll es nicht in Sartres Bewußtseinsontologie entgleiten, in die Dimension eines Denkens zu stellen, das auf die Wahrheit des Seins zu und aus ihr her denkt. Die behauptete Erschließungskraft der Angst bewährt sich daseinsanalytisch an den drei Momenten des Wovor der Angst, des Sichängstigens selbst und des Worum der Angst. Das zeigt sich in einer schrittweisen Abhebung von der uneigentlichen und an die Welt verfallenen Angst, der Furcht. „Wie unterscheidet sich phänomenal das, wovor die Angst sich ängstet, von dem, wovor die Furcht sich fürchtet?" (SuZ § 40, 186). Die vorbereitende Analyse der Furcht als Modus der Befindlichkeit (vgl. SuZ § 30) hat die Furchtbarkeit des Furchtbaren in den drei Hinsichten der Innerweltlichkeit, Abträglichkeit und Näherung herausgegliedert. „Das Wovor der Furcht ist je ein innerweltliches, aus bestimmter Gegend, in der Nähe sich näherndes, abträgliches Seiendes, das ausbleiben kann" (SuZ § 40, 185). Davon unterscheidet sich das Phänomen der Angst in jedem Moment. Was ängstet, ist nichts Bestimmtes in der Welt, etwa eine schreckliche Krankheit, eine furchtbare Hungersnot, ein grauenvoller Krieg. Das Wovor der Angst ist ein Nichts, nichts Bestimmtes, das man fassen könnte. Auch hat das Beengende der Angst auch nicht den Charakter einer *bestimmten* Abträglichkeit. Eine furchbare Krankheit ist abträglich für die Gesundheit, die Arbeit, das Fortkommen, sie beeinträchtigt das Sein in der Welt des Betriebs, der Familie, des Sportvereins usw. In der Angst dagegen werden die Welt und das Seiende im ganzen unbedeutend. Der ganze Bewandtniszusammenhang von Besitz und Position, der dem alltäglichen Besorgen so nahe steht, entgleitet ins Nichts. Daher kann sich das Beengende auch nicht – wie das Furchtbare – aus einer bestimmten Gegend nähern. Das, wovor wir uns fürchten, droht aus einer gewissen, noch nicht beherrschten Nähe in eine feste Gegend einzubrechen. Nähe, Ferne, Gegend meinen dabei nicht Kategorien räumlichen Vorhandenseins, sondern

Existenzialien des Daseins in einer besorgten Welt. So bildet wohl die Familie eine Gegend, d. h. ein vertrautes Zueinander, in welchem die Mitglieder ihren Platz haben und einander nahestehen. Das Furchtbare nun nähert sich aus einem bestimmten ‚Dort' und bedroht die Gegend so, daß es eintreffen, aber auch vorbeigehen kann. Das steigert die Spannung der Furcht oft ins Unerträgliche. Was in Angst versetzt, ist dagegen nichts und nirgends. Verfliegt die Angst, dann war eigentlich nichts. Da war nichts bestimmtes Innerweltliches in seiner bedrohlichen Näherung, sondern das entgleitende In-der-Welt-Sein im ganzen. Angst erschließt die Nichtigkeit des Daseins im All des Seienden. Damit ist die Angst als besondere Erschlossenheit des Daseins heraus- und gegen das Wovor der Furcht abgegrenzt.

Ein entsprechendes Resultat erbringt die Analyse des Sichängstigens. Das Fürchten entdeckt Seiendes in seiner Furchtbarkeit, bevor man es theoretisch klärt und umsichtig behandelt. Fürchten bedeutet eben keineswegs das theoretische oder praktische Vorstellen eines zukünftigen Übels. Ich beginne mich nicht erst zu fürchten, nachdem ich mir die Furchtbarkeit einer Sache klargemacht habe. Das Fürchten selbst ist das Freigeben von Furchtbarem. Nur für den Furchtsamen gibt es etwas zu fürchten, für den Furchtlosen nicht. Das ausdrückliche Hinsehen und umsichtige Entschärfen des Bedrohlichen sind das Spätere. Daß sich Furchtbares als solches nähert, wird überhaupt erst von der Stimmung des Fürchtens eingeräumt. Dieser Primat erstreckt sich im Falle der Angst auf die Nichtigkeit des Daseins und das Sein des Nichts. Unmittelbar eröffnet das Sichängstigen die unverstellte Unheimlichkeit menschlichen In-der-Welt-Seins. Weltangst entsteht nicht angesichts eines deutlich gewordenen Begriffs, der die Welthaftigkeit reflektiert, indem er von allem Innerweltlichen abstrahiert. Im Vollzug der Angst ist die unerklärliche Geworfenheit des Menschen in das entgleitende Seiende im ganzen da.

Die eigentlich befreiende Erschließungskraft der Grundbefindlichkeit aber kommt im Worum der Angst zur Sprache. Auch das läßt sich in Konfrontation mit der Furcht verdeutlichen. Ich fürchte um Haus und Hof und dabei um mein Sein beim zu besorgenden Zeug. Ich fürchte um meine Angehörigen und dabei um die Erfüllung meines Mitseins. Jegliches Fürchten um etwas enthüllt sich als Fürchten um mein bedrohtes Dasein, das ursprünglich mit Anderen beim Seienden in der Welt ist. Analog erschließt die Angst Dasein, Mitsein und Welt, aber in einer abgründigen Gefährdung. In der Angst dreht es sich nicht um bestimmte Möglichkeiten der Existenz, um bestimmte Andere oder um konkrete Dinge, die in Gefahr sind. Worum die Angst sich ängstet, ist das Entgleiten des Seienden im ganzen. Darin stößt der Einzelne auf seine existenziale Freiheit. Die Bereitschaft zur Angst befreit von jener entfremdeten Existenzweise, die sich Entwurf und Verantwortlichkeit vom Man abnehmen läßt. Im Ausstehen der Angst wird die abständige Welt in ihrer öffentlichen Ausgelegtheit belanglos, und alle Bezüge zum Anderen lösen sich auf. Das Dasein fühlt sich auf sich selbst zurückgeworfen. Aber die radikale Vereinzelung der Angst zieht das Dasein nicht in eine mitweltferne Ich-Einsamkeit, sie macht es gerade für ein eigentliches Mitsein bereit. Sie befreit von der Herrschaft des Man und eröffnet ein selbstverschuldetes Seinkönnen. „Die Angst offenbart im Dasein das *Sein zum* eigensten Seinkönnen, d. h. das *Freisein für* die Freiheit des Sich-selbstwählens und -ergreifens" (SuZ § 40, 188).

Die Erschließungskraft der Angst trägt noch weiter. Sie bringt ins Offene, worin die Freiheit des Selbstseins gründet, das Nichts. Der Mensch ist frei als Platzhalter des Nichts. Diese befremdliche These spricht schon aus der Kehre eines Denkens, welches das sich selbst ergreifende Dasein vom Sein des Nichts her denkt. Heidegger hat diesen Weg in der Freiburger Antrittsvorlesung von 1929 „Was ist Metaphysik?" im Durchdenken des Satzes gebahnt: Die Angst offenbart das Nichts.

Jetzt hebt sich die Angst von einer ihr verwandten Weltstimmung ab, der eigentlichen Langeweile. Diese fahle Stimmung kommt noch nicht auf, wenn uns bei einer bestimmten Arbeit die Zeit lang wird, wenn ein Buch öde oder ein Gespräch eintönig wird. Eigentlich langweilig ist es einem, wenn alles und jedes gleichgültig wird und nur noch ‚da' ist, ohne mich etwas anzugehen. „Diese Langeweile offenbart das Seiende im Ganzen" (WiM, 31). Stimmungen, wie die eigentliche Langeweile oder die wahre Freude am Dasein eines geliebten Menschen, halten sich nicht an Einzelnes, sie rühren an das Seiende im ganzen. Und so verbergen sie das Nichts. Die Angst allein dringt tiefer. Sie macht im Entgleiten des Seienden das Nichts offenbar. Das spricht aus geläufigen Redewendungen unserer Sprache. Wir sagen ‚In der Angst ist es einem unheimlich' und meinen damit: Nichts mehr erscheint uns vertraut; das Ganze bedrängt uns, indem es wegrückt. Und wir sagen ‚Wir schweben in Angst' und meinen damit: Wir verlieren allen festen Grund unter den Füßen; das Seiende entgleitet, so daß unser Blick an keinem Punkt mehr Halt findet. Und wenn die Angst weicht, sagen wir ‚Es war eigentlich nichts' und meinen damit: Das Nichts war da. Was aber das Nichts, das sich in den seltenen Augenblicken der Angst enthüllt, ist, läßt sich schwer fassen. Immerhin können vom Boden der Angst her vier Fehldeutungen ausgegrenzt werden:

1. Das Nichts ist kein Seiendes; denn die Angst geht nicht auf etwas Bestimmtes ein.
2. Das Nichts ist aber auch nicht abgelöst von und neben dem Seienden da; denn es begegnet in der Angst in eins mit dem Seienden, und zwar eben im Entgleiten des Seienden im ganzen.
3. Dabei trägt das Dasein das Nichts nicht aus als Vernichtung des Seienden; denn Angst ist ein Zustand der Ohnmacht.
4. Schon gar nicht aber ist das Nichts lediglich das Verneinte in unserer Verneinung der Allheit des Seienden; denn der Angst ist die ausdrückliche Negation der Verstandeshandlung fremd. Und überdies setzt die Verneinung der Allheit des Seienden im Urteil das Nichts voraus.

Diese Abgrenzung macht für eine unvoreingenommene Analyse des Nichts innerhalb einer Phänomenologie der Angst Platz. Dabei heben sich vier Wesensmomente ab.

1. Das Nichts ist abweisend. Es weist jede Bestimmung als Seiendes von sich ab. In der Angst ist ‚eigentlich nichts', eben weil das Nichts als Wovor und Worum der Angst keinerlei Bestimmung zuläßt.
2. Das Nichts verweist. Es weist auf das versinkende Seiende im ganzen hin. In der Angst löst sich ja alles auf, so daß kein Seiendes mehr Halt gibt.
3. Das Nichts nichtet. Es läßt das Seiende in seinem Entgleiten sehen. In der Angst ist das Dasein von der Bestandlosigkeit der Dinge betroffen.
4. Das Nichts macht offenbar. Es bringt das Seiende als das schlechthin Andere gegenüber dem Nichts ins Offene. Die Angst lehrt das Dasein darüber staunen, daß Seiendes ist – und nicht nichts.

Das Nichts nichtet, aber nicht in den Weisen der Vernichtung, der Verneinung oder gar der absoluten Negation. Es nichtet als Offenbarmachen im von sich abweisenden Verweisen auf das Entgleiten des Seienden im ganzen auf dem Grunde der Angst.

Aus der Wahrheit des Nichts kehrt das Denken zur Frage nach der Ek-sistenz zurück: Wie gehört der Mensch in das Nichten des Nichts hinein? Die Antwort besteht in einer Doppelthese. „Da-sein heißt: Hineingehaltenheit in das Nichts" – „Ohne ursprüngliche Offenbarkeit des Nichts kein Selbstsein und keine Freiheit" (WiM, 35). Das Dasein ek-sistiert, das besagt jetzt: Es steht über das Seiende in das hinaus, was das Seiende als solches begegnen läßt, das Nichts. Das Problem der Metaphysik seit Plato, die Transzendenz, löst sich in der Darlegung der Ek-sistenz auf. Der Mensch ragt über das begreifbare Seiende hinaus; als Platzhalter des Nichts versteht er das Sein selbst. Und darin, hineingehalten zu sein ins Nichts, gewinnt das Dasein den Grund seiner Freiheit. Ohne das Nichten des Nichts eröffnet sich nicht das Seiende als solches, und ohne Offenheit des Seienden vermag das Dasein sich weder zum Seienden überhaupt noch zu sich selbst zu verhalten. Nur im offenen Verhalten zu seinem Sein aber wird das Dasein für die Freiheit des Sich-selber-Wählens frei. Innestehend im Nichts, vermag das Dasein frei im Äußersten auszudauern, im Sein zum Tode.

Aber droht ein Denken, das um Angst, Nichts und Tod kreist, das Dasein nicht einseitig zu verdüstern? Gegen solche Einwände spricht der merkwürdige Bescheid, die wahre Angst stehe im geheimen Bunde mit der Heiterkeit und Milde der schaffenden Sehnsucht (WiM, 37). Sehnsucht dehnt sich aus auf ein Fernes, dessen Ferne ich nie ermesse und worin doch mein Eigenstes liegt. Das angstbereite Dasein sehnt sich nach dem Nichts, das stets von sich abweist und den Menschen auf das zu besorgende Seiende verweist. Aber es verliert sich nicht wehmütig quietistisch im reinen Sehnen. Schaffende Sehnsucht trägt die freie Offenheit aus, indem sie dem Anspruch des Seins handelnd zu entsprechen und an die Hand zu gehen sucht. Und ihre Grundstimmung ist heiter, weil sie jede Art von Furcht hinter sich läßt. Sie ist milde, weil sie die Härte der Abständigkeit und Entfremdung auflöst. So verbinden sich Angst und Sein zum Tode mit einer alles heimlich durchstrahlenden Heiterkeit. Den Tod und die Heiterkeit nehmen auch Nietzsches Dionysos-Dithyramben –

obzwar aus ganz anderer Seinserwartung – vor der sinkenden Sonne Platos in den sehnenden Anruf des Verses zusammen:

> „Heiterkeit, güldene, komm!
> Du des Todes
> heiligster, süßester Vorgenuß!"
> („Die Sonne sinkt")

5. *Ausdauern im Äußersten (Sein zum Tode)*

„Das Sein zum Tode ist wesenhaft Angst" (SuZ § 53, 266). Unleugbar konkretisiert sich die Grundbefindlichkeit der Angst im Bezug zum Tod. Sie hält die Bedrohung offen, die unheimlich unbestimmt aus dem eigensten Sein des Menschen aufsteigt. Daseinsanalytisch betrachtet, ist der Tod die eigenste, unbezügliche, unüberholbare und gewisse Möglichkeit des Menschen. Der Tod ist des Menschen ureigene Möglichkeit. Allein der Mensch kann sterben, das Tier verendet; denn nur der Mensch versteht sich auf seine Sterblichkeit, und zwar so, daß er ihr ausweicht oder darin ausdauert. Sterben heißt, im Äußersten ausdauern und, so ek-sistierend, „den Tod als Tod vermögen" (VA, 177). Solche Möglichkeit ist das mir eigenste Können. Mein Tod kann von keinem Anderen übernommen und vermocht, allenfalls vom Gerede des ‚Man stirbt endlich auch einmal' abgenommen und beiseite geschoben werden. Darum ist der Tod unbezüglich. In den Abgrund des je eigenen Sterbenkönnens reichen keine Beziehungen, selbst nicht die innigsten Bezüge zu denen, die mir die Nächsten sind. Der Tod vereinzelt und macht mit einem Schlage alle alltäglichen Abstandsbezüge belanglos. Und seine Möglichkeit ist unüberholbar. Sie kann nicht von anderen Möglichkeiten überholt werden, sondern markiert ein äußerstes Ende, das durch keinen weiteren Daseinsentwurf aufschiebbar ist. Darum versammelt die eingestandene Unmöglichkeit aller Möglichkeiten die endliche Existenz zu ihrer Ganzheit. Und der Tod ist schließlich gewiß. Freilich beruht seine Gewißheit nicht auf der Evidenz einer theoretischen Einsicht in ein gesichertes Vorkommnis. Todesgewißheit offenbart sich in der Weise einer unausweichlich unbestimmten Bedrohung auf dem Grunde des angstbereiten Verstehens, das in der Wahrheit aushält.

Das Ausdauern im Äußersten vollzieht sich als Vorlaufen zum Tode. Vorlaufen meint dabei nicht etwa, sich der Todesstunde als einer innerweltlichen Begebenheit mit banger Furcht oder gefaßter Hoffnung nähern. Und schon gar nicht bedeutet solches Vorlaufen, sich auf den Tod als Ziel des Lebens zu bewegen oder, wie Sartre polemisch insinuiert, von der Todeserwartung den Sinn des Lebens zu erwarten. Vorlaufen kennzeichnet vielmehr eine Weise des Erschließens, nämlich das angstdurchstimmte Sichverstehen auf das eigenste Selbstseinkönnen als der Sterbliche, der wissend nahe dem Tode wohnt. Vorlaufend, in der „sich ängstenden *Freiheit zum Tode*" (SuZ § 53, 266) flieht das zu sich entschlossene Dasein nicht mehr in die Anonymität des Man. Es löst sich von den verheerenden Sorgen der Abständigkeit und läßt die Anderen als Möglichkeiten gewähren, die meinen Lebensentwurf überholen. Mit der selbstüberlegenen Befreiung vom Man wird das Dasein für die Ganzheit der je eigenen Existenz frei. Heißt nämlich Existieren soviel wie Seinkönnen, das als zu leistendes jeweils bevorsteht, dann scheint das Dasein grundsätzlich sich immer vorweg und niemals ganz zu sein. Und in der Tat lebt der Mensch zumeist zerstreut in eine Endlosigkeit andrängender Möglichkeiten hinein. Ohne ein Ausdauern im Äußersten als vorlaufend-entschlossenes Sein zum Tode wäre der Mensch nie ganz. Und dabei lenkt der Titel Entschlossenheit nicht auf den Willen als Wurzel des Ich zurück, er weist auf eine äußerste Erschlossenheit der Wahrheit des Seins vor. Entschlossen ek-sistieren heißt, dem Tode gegenüber so aufgeschlossen sein, daß der Mensch in sein Äußerstes kommt.

Wenn aber doch die äußerste Möglichkeit des Menschen darin besteht, der Entbergung des Seins zu entsprechen, wie fügen sich dann der Tod, das Sein und das Nichts zusammen? Diese Frage denkt aus der Wahrheit des Seins her und auf das Sein zum Tode zurück. Sie bringt den existenzialen Ansatz des Todes als eigenste Möglichkeit des jemeinigen Daseins allererst ins Ziel. Das einkehrende Zusammendenken von Tod, Sein und Nichts wirft ein helleres Licht auf das Ek-sistieren des Menschen. Davon sprechen vorzüglich drei Formeln über den wahren Tod.

„Im Tod versammelt sich die höchste Verborgenheit des Seins" (USpr, 23).
„Der Tod ist als der Schrein des Nichts das Gebirg des Seins" (VA, 177).
Der Tod vermag „als äußerste Möglichkeit des Daseins das Höchste an Lichtung des Seins und seiner Wahrheit" (SvGr, 186–187).

1. Im Vortrag für Max Kommerell 1950 findet sich der Satz: „Im Tod versammelt sich die höchste Verborgenheit des Seins. Der Tod hat jedes Sterben schon überholt" (USpr, 23). Er bezieht sich auf Trakls Vers „Mancher auf der Wanderschaft / Kommt ans Tor auf dunklen Pfaden" aus „Ein Winterabend". Hier ist die Rede von einer Wanderschaft zum Tode. Unentwegt ist der Mensch unterwegs zum Tode; denn er stirbt „fortwährend, solange er auf der Erde, unter dem Himmel, vor den Göttlichen bleibt" (VA, 150). Mancher – die meisten nicht – kommt auf dem dunklen Pfad der Angst an das Tor des Todes, hinter dem sich die Verborgenheit versammelt. Das angstbereite Wandern oder Sterben aber hat der Tod schon überholt. Der Tod nämlich ist keineswegs vom entschlossenen Sterbenkönnen des Menschen her zu erfahren, umgekehrt bringt die Macht des Todes an den Tag, was Sterblichsein eigentlich bedeutet. Im Tod versammelt sich die Lethe, die Verborgenheit des Seins. Lethe ist das Herz der Aletheia: der Ort der Stille, an dem sich das Geben versammelt, das die Unverborgenheit gewährt und die Gabe des Seins gibt. Aletheia gründet ja nicht einen Zustand richtiger Sachangemessenheit, sondern ein Hervorgehen der Offenbarkeit. Jegliches Hervorgehen ist ein Zukommen-aus. Woraus der Hervorgang der Offenbarkeit kommt, ist die Verborgenheit. Die Verborgenheit (Lethe) ist älter als jede Offenbarkeit; denn diese kommt aus ihr – nicht als transzendentem Sein jenseits der gelichteten Wahrheit, sondern als dem Grundzug des Offenbarens selbst. Schon der Mythos führt Tod und Lethe, den Strom des Vergessens, aus dem die toten Seelen trinken, zusammen. Aber Tod und Verborgenheit sind nicht als dasselbe zu denken. Der Tod bildet vielmehr die Gestalt, in welcher die höchste Verborgenheit des Seins dem Menschen begegnet. Im Sein zum Tode ist existenziell erfahrbar und existenzial deutbar, daß die Verborgenheit mit der Lichtung meiner Welt an sich hält, und zwar für immer. Im Tod versammelt sich das Sein aus dem Entbergen von Seiendem in den Strom der Lethe zurück.

2. Was das für den Bezug des Todes zu Sein und Nichts besagt, darüber gibt der 2. Spruch über den wahren Tod im Ding-Vortrag von 1950 einen Wink. „Der Tod ist als der Schrein des Nichts das Gebirg des Seins" (VA, 177). Der Tod ist der Schrein des Nichts. Schrein ist ein der Feierlichkeit des Todes angemessenes feierliches Wort. Ein Schrein enthält kein Gerümpel, er bewahrt etwas Numino-

ses auf. Der Schrein des Todes birgt das Nichts – „was in aller Hinsicht niemals etwas bloß Seiendes ist, was aber gleichwohl west, sogar als das Geheimnis des Seins selbst" (VA, 177). Das Nichts als das schlechthin Andere zu allem Seienden macht das „Wunder aller Wunder" offenbar, daß Seiendes ist. Der Schrein des Todes wahrt das Geheimnis des Seins. Ein Geheimnis versteckt sich nicht tief im Undurchdringlichen, es hat seine Wesensart in der Nähe, welche das Nahe nahebringt, indem sie es fernhält (vgl. „Aletheia"; VA, 280). Das Sein bringt uns das Seiende näher und entzieht sich selbst. Das Geheimnis – ein Grundwort der Spätphilosophie Heideggers – ist die Weise, wie die Verborgenheit da ist. Tod, Nichts und Sein gehören mithin zusammen, aber keinesfalls so, als wäre der Tod eine Macht an sich, welche dem Nichts und dem Sein die Möglichkeit der Entbergung und den Charakter des Geheimnisses gewährt. Wie ein Schrein aufgrund dessen, was er birgt, geheimnisvoll wirkt, so schuldet der Tod seine feierlich geheimnisvolle Macht dem, was sich in ihm als einem ‚Ge-birge' versammelnd birgt: der höchsten Verborgenheit des Seins. Der Tod als Schrein und Gebirg bildet die Gestalt, in welcher das Geheimnis aller Geheimnisse den Sterblichen angeht. Durch ihn ist der Mensch ständig beansprucht, dem Sein zu entsprechen, d. h. dessen Geheimnis nicht positivistisch zu zerpflücken oder spekulativ zu entschleiern, sondern zu hüten.

3. Nur so vermag der Tod „als äußerste Möglichkeit des Daseins das Höchste an Lichtung des Seins und seiner Wahrheit" (SvGr, 186). Dieser in der Vorlesung „Der Satz vom Grunde" im Wintersemester 1955/56 vorgetragene Satz ist der Schlußsatz der Kehre. Er sagt, wie das Dasein, das zum Tode ist und im Äußersten ausdauert, in die Lichtung des Seins hineingehört. Und es kommt abschließend zur Sprache, was es mit dem Tod als der eigensten, unbezüglichen, unüberholbaren Möglichkeit des Dasein auf sich hat. Der Tod ist die äußerste Möglichkeit des Menschen, sofern der Ek-sistierende die Verborgenheit des Seins aussteht. Der Mensch vergibt sein Eigenstes, wenn er das Numinosum des Todes profaniert, das Nichts der Logik anheimgibt, die Rede vom Sein als Unsinnssprache verspottet, um im Gängigen und Tatsächlichen ansässig zu werden. In solcher Todes-, Sprach- und Seinsvergessenheit ‚insistiert' das Dasein, indem es sich auf das versteift, was das Vorhandene an Richtigkeiten darbietet. Ek-sistierend aber vermag der Sterbliche, der wissend in der Nähe des

Todes wohnt, das dem Menschen Eigenste: sein Dasein als Sorge auszutragen und das Geheimnis des Nichts als Hirte des Seins zu warten.

6. *Sinn der Sorge: die ursprüngliche Zeit*

Menschliches Dasein ist gezeichnet von Sorge. Immerzu geht es den Darbenden um das tägliche fürsorgliche Besorgen der Bedürfnisse. Stets findet sich das Dasein sorgenvoll sich selbst in der Welt überlassen, und insgeheim sorgt es sich um sein Glück, fliehend oder vorlaufend zum Tode. Aber das ist eine äußerliche Charakterisierng. Der Mensch ek-sistiert in Sorge, indem er sein Innestehen in der Offenheit der Wahrheit austrägt, und diese eigentliche Besorgung des Daseins enthüllt sich als Hüten des Seins. Der Scheitelpunkt dieser Kehre ist das ‚Ereignis' von Zeit und Sein. Das ist ein weiter Denkweg. Um ihn überschaubar zu machen, sind, bei allem Vorbehalt gegenüber einer schematischen Systematisierung des Daseins, vorerst im Überblick Wegmarken zu skizzieren.

Dasein	Seinsart	Struktur	Zeit	und	Sein	Da-sein
	Existenzialität	– Sich-vorweg –	Zukünftigkeit		Lichtung	
Sorge	Faktizität	– Schon-sein-in –	Gewesenheit	Ereignis	Geschick	Hirt des Seins
	Verfallen	– Sein-bei –	Gegenwärtigung		Seinsvergessenheit	

Dasein ist der Titel für das Seiende, das eigentlich existiert, indem es sich auf das eigenste Seinkönnen entwirft. Das besagt strukturell: Das Dasein ist sich je schon vorweg, und zwar nicht zu anderem Seienden hin, sondern auf sein eigenstes Seinkönnen zu. Die Seinsart der Existenzialität baut auf dem Moment des Sich-vorweg auf. Nun ist menschliches Sichentwerfen immer ein geworfener Entwurf. Gerade das kann die Angst aufdecken. „Existieren ist immer faktisches" (SuZ § 41, 192). Faktizität fixiert die Nichtigkeit des Daseins, das sich in dem durch Tod und Endlichkeit beschränkten Möglichkeitsbereich seiner Welt findet. Existenzialität ist durch Faktizität bestimmt, ohne aus ihr ableitbar zu sein. Das bedeutet strukturell: Das Dasein ist je schon in der Welt. In der Seinsart der Faktizität steckt das Aufbaumoment des Schon-sein-in. In Sorge sein heißt somit, sich vorweg schon in der Welt sein. Zuerst und zumeist aber existiert man in der Welt in der Seinsart des Verfallens. Durchschnittlich konkretisiert sich das indifferente In-sein im Modus der Uneigentlichkeit. In ihm ist der Entwurf faktischen Seinkönnens dem Man überantwortet. Das besagt strukturell: Das Dasein ist beim Innerweltlichen, und zwar vordringlich in einer durch das Man verfügten Seinsart des Besorgens. So ergänzt sich der Aufbau der Sorge: Das Schon-sein-in vollzieht sich durchschnittlich als verfallenes Sein-bei Innerweltlichem.

Nun liegt der Einwand nahe, das Verfallen sei neben Faktizität und Existenzialität kein gleichrangiges und selbständiges Moment im Aufbau der Sorge, sondern nichts als deren uneigentliche Modifikation. Und offenbar deckt sich das Verfallen auch nicht mit dem Sein-bei; denn das Sein-bei kann ebenso den eigentlichen wie den uneigentlichen Modus der Existenz an sich haben und fungiert so als Voraussetzung für ein zerstreutes Sein bei Innerweltlichem. Gleichwohl bildet das Verfallen ein integrales Aufbaumoment der Sorge. Als Urbewegung des Daseins zieht es alles Existieren in seinen Sog, und für eine Analyse, welche wahrheitsgemäß beim alltäglichen Dasein ansetzt, wird gerade das Verfallen ins entfremdete Sein bei den Dingen vordringlich.

In jedem Falle ist deutlich: Die Seinsart der Sorge ist nicht einfach, sie übergreift drei gravierende Seinsbestimmungen. Sorge hat in sich eine Mannigfaltigkeit gleich ursprünglicher Momente, ohne selbst deren Einheitsgrund zu sein. Das verlangt nach einem noch ursprünglicheren Phänomen, welches die Ganzheit der Sorge ontologisch trägt. Sofern jegliches Mannigfaltige, das ein Eines und Ganzes bildet, eines Grundes bedarf, durch den es geeint ist, nötigt der Aufweis der Sorgemannigfaltigkeit zur Grundfrage der Daseinsanalytik: *„Was ermöglicht die Ganzheit des gegliederten Strukturganzen der Sorge in der Einheit ihrer ausgefalteten Gliederung?"* (SuZ § 65, 324). Diese Fragestellung hat keine transzendental-metaphysische Intention. Sie sucht nicht, die Selbstheit des Ich (etwa im Element einer Zeit bildenden, apriorischen Einbildungskraft) als die oberste Bedingung der Möglichkeit menschlicher Seinsbezüge zu deduzieren. Sie fragt nach dem Sinn, d. h. der vorgängigen Offenheit, des Daseins in seinem Verstehen von Sein. Der weitreichende Bescheid lautet: *„Die ursprüngliche Einheit der Sorgestruktur liegt in der Zeitlichkeit"* (SuZ § 65, 327).

Was also ermöglicht vor allem das Sich-vorweg der Existenzialität? Näher gefragt: Woher wird das Entworfene des ursprünglichen Entwurfs sinnvoll und verstehbar? Die Antwort verlangt eine Abwehr. Der Sinn des Entwurfs ist keine Leistung des entwerfenden Subjekts. Was das Seinkönnen des Daseins in seinem Sich-vorweg-Sein freigibt, ist die Zukünftigkeit. „Das die ausgezeichnete Möglichkeit aushaltende, in ihr sich auf sich *Zukommen* lassen ist das ursprüngliche Phänomen der *Zu-kunft*" (SuZ § 65, 325). Daß das Dasein für sein Seinkönnen offen ist, das kommt ihm zu in einer ursprünglichen Zeit, deren Grundzug das Seinlassen ist. Er entspricht durchaus der ontischen Rede ‚Laß ihn doch sein', sofern diese auffordert, sich von jemandem abzukehren, um ihn dadurch in Ruhe zu sich kommen zu lassen. So läßt die Zeit das Dasein sein, indem sie ihm die Dimension des Sich-vorweg einräumt. Die Existenzialität der Sorge braucht den Zeitraum der Zukunft.

Was die Faktizität in ihrer Struktur des Schon-sein-in ermöglicht, läßt sich am ehesten auf dem Niveau eigentlichen Existierens einsehen. Dem zu sich entschlossenen Dasein ist klar, daß es immer schon schuldig in der Welt ist. Dabei ist natürlich von der metaphysischen Bedeutung der Schuld als Ursache (αἰτία) ebenso abzusehen wie von dem moralischen oder juridischen Sinn verantwortlicher Urheberschaft. Als existenziales Moment der Sorge ist Schuld „geworfener Grund der Nichtigkeit" (SuZ § 65, 325). Den vorgefundenen Grund eines nichtigen, d. h. endlich-tödlich beschränkten, Seinkönnens in einer faktischen Welt ohne Abzug und Entschuldigung zu übernehmen, heißt schuldig zu sein. Schuld anerkennt der entschlossen Existierende auch in gegebenen Situationen, für die man vorgeblich nichts kann. Was nun die Faktizität der Sorge ermöglicht und den Menschen schuldig werden läßt, ist die Gewesenheit. Offenbar kann man Schuld nur auf sich nehmen, wenn man für das, was war, so aufgeschlossen ist, daß es einen angeht. Das verlangt ein entschlossenes Existieren, das aus dem Vorlaufen auf sich zurückkommt. In unerschlossener Geworfenheit findet sich das Dasein immer entschuldigt. Aber stets hält die Gewesenheit dem Dasein die Rückkunft in seine Herkunft offen. Weil solche Rückkehr ein Vorlaufen braucht, entspringt die Gewesenheit zwar nicht schlechthin, wohl aber in dieser Hinsicht der Zukünftigkeit.

Von hier aus eröffnet sich ein Zugang, der zum ermöglichenden Sinn der Sorge als Sein-bei Innerweltlichem führt. Gewesenheit nämlich ist niemals ganz abgeschlossen, sie ragt ‚gewesend' in die Gegenwart hinein. Mithin entläßt die gewesende Zukunft die Gegenwart aus sich, und erst die Gegenwärtigung läßt uns bei Seiendem weilen. Sie gibt die Situation frei, in der uns Seiendes in und aus der Welt begegnet. In gegenwärtigen Situationen artikuliert sich, wie wir beim Anwesenden sind. Weil sich dies danach richtet, wie wir vorlaufend auf uns zurückkommen, hält die Gewärtigung unser Sein-bei in je konkreter Situation offen. „Das Sein-bei ... wird ermöglicht im Gegenwärtigen" (SuZ § 65, 327). Auch das dritte Aufbaumoment der Sorge führt also auf die Zeit zurück. Als gewesend-gegenwärtigende Zukunft läßt die Zeitlichkeit die Struktureinheit der Sorge sein.

Davon ist das vulgäre Zeitverständnis abzuheben. Auf der Ebene des gemeinen Bewußtseins zeigt sich Zeit als ein Strom, der aus der Zukunft in eine unbegrenzte Vergangenheit abfließt bzw. durch die Gegenwart hindurch in endlose Zukunft weiterfließt. Das ist ein echtes Phänomen im Horizont eines Zeitverständnisses, das sich an der Jetzt-Zeit orientiert. Die Reihe der Jetzte nämlich fügt einem erfüllten Jetzt der Gegenwart kontinuierlich das Noch-nicht-Jetzt der Zukunft wie das Nicht-mehr-Jetzt der Vergangenheit an. Von da her hat die „Physik" des Aristoteles die Zeit als Maß der (stetigen) Bewegung (des Himmelsumschwungs) gemäß einem Früher und Später definiert. Aber dieser bis Hegel ungebrochen geltende Begriff der Zeit ist uneigentlich. Er ebnet die ursprünglich seinlassende Zeit auf ein Kontinuum gleichgültiger Jetzte von meßbarer Dauer ein. Die nivellierte auf die ursprüngliche Zeit zurückzuführen, erfordert ein problembeladenes Doppelgeschäft von fundamentalontologischer Analyse und philosophiegeschichtlicher Destruktion. Für eine Erörterung von Sorge, Sein und Zeitlichkeit geht es vorrangig darum, die Seinsart der Zeit tiefer zu durchdringen. Die ursprüngliche Zeit ist nicht. Sie liegt nicht als Seiendes vor und liegt auch nicht dem Anschaulich-Gegebenen als reine Form unseres Anschauens zugrunde. Zeit als das Auseinander schlechthin (ἐκστατικόν) zeitigt sich, sie läßt das Zeitliche auseinander und offen sein. Die ekstatische Zeit lichtet die kompakte Seinsart der Sorge in der Einheit ihrer drei Ekstasen und bringt so das Dasein zu sich selbst.

Ausdrücklich konstituiert sich das Selbstsein des je einzelnen, faktisch existierenden Daseins aus der Zeit. Wie ein Selbst – diesseits des formal-begriffenen Sinnes von Identität – mit sich identisch ist, ergibt sich aus der Zeit als Geschichtlichkeit. Dabei fragt eine existenziale Untersuchung, die dem Ganzen des zusammenhängenden Lebens zwischen Geburt und Tod nachgeht, nicht etwa nach der Summe von nacheinander ankommenden und verschwindenden Erlebnissen. Sie thematisiert den ontologischen Einheitsgrund für das Geschehen des Selbstwerdens im Elemente eines Sicherstreckens. Das fragliche Geschehen erstreckt sich auf-sich-zu in der Bewegung eines Zurück-auf. Das Dasein kommt zu sich selbst im Geschehnis eines vorlaufenden Zurückgangs auf dem Grunde ekstatischer Zeitlichkeit. Die ursprüngliche Zeit ist ja als das primäre Außer-sich die Erstreckung selber. Weil sich das Leben des Daseins so gleich ursprünglich in Zukunft und Vergangenheit erstreckt, stückt es sich nicht aus Teilen zusammen, es ist in jedem Augenblick ganz. Eigentliche Selbstheit und geschichtliche Identität aber entspringen dem Vorlaufen zum Tode und der Übernahme der je eigenen Faktizität und Schuld. Das Dasein gewinnt eine Geschichte, wenn es vorlaufend das überlieferte ‚Erbe' wiederholt. Aus ihm schöpft es die konkreten ontischen Möglichkeiten, auf die es sich praktisch entwirft. Und die Geschichtlichkeit des Daseins bereitet einem aneignenden Verstehen der Weltgeschichte den Boden. Nur wo der Sinn für die je eigene geschichtliche Möglichkeit geöffnet ist, läßt sich Geschichte sinnvoll wieder-holen. Freilich herrscht zumeist uneigentliche Geschichtlichkeit vor, nämlich der zeitliche Sinn der Alltäglichkeit, demzufolge sich das Man-selbst mit der zerstreuten Welt in öffentlicher Auslegung identifiziert. So lebt das Dasein geschichtlich blind. Es verliert (mit Nietzsche) die ‚plastische Kraft', das Gewesene zu sich einzuholen. Uneigentlich geschichtlich existierend, behalten die Menschen aus der Weltgeschichte nur Fakten von Begebnissen übrig, wie sie wirklich vorhanden waren, und halten sich an eine vorhandene Kunde davon. Eigentliche Geschichtlichkeit dagegen schließt das ‚Geschehen' der Existenz zur Einheit eines selbständigen Selbst zusammen. Sie vermag eine ausdrückliche Überlieferung als Möglichkeit dagewesener Existenz einzuholen. So prägen Geschichtlichkeit und Zeitlichkeit das Geschehen menschlichen In-der-Welt-Seins, und die anfängliche Frage nach dem Wer des Daseins scheint hinlänglich beantwortet. Das Wer ist Seiendes in der Seinsart der Sorge auf dem Grunde geschichtlicher Zeitlichkeit. Aber ist Zeitlichkeit wirklich nichts anderes als die Grundverfassung des Seins der Sorge? Konstituiert sie als Geschichtlichkeit bloß das Geschehen der Existenz des Daseins? Oder wächst, dem fundamentalontologischen Anspruche entsprechend, gerade im Blick auf die Zeitlichkeit und Geschichtlichkeit der Sorge eine Einsicht in das geschickhafte Gefüge von Zeit und Sein? Und kehrt das Denken vielleicht von daher erst in die Wahrheit der Ek-sistenz des Menschen als Wesen der Sorge ein?

7. *Das Ereignis von Zeit und Sein*

Alles läuft darauf hinaus, Zeit und Geschichtlichkeit als Sinnhorizont des Verstehens von Sein zu begreifen. Die Zeit, insofern sie nicht mehr bloß den Sinn des Daseins als Sorge, sondern den Sinn von Sein überhaupt eröffnet, heißt ‚Temporalität'. Die Temporalität des Seins auszuarbeiten, macht erforderlich, zeithafte horizontale Schemata freizulegen, aus denen Sein vorontologisch bereits verstanden ist. Diese schwierige, mit Kants Schematismuslehre konkurrierende Problematik exponiert konkrete Antworten auf die Frage nach dem Sinn von Sein. Sie geht darauf aus, die prinzipielle Strukturmannigfaltigkeit des Seins (Wassein – Daßsein, Vorhandensein – Zuhandensein, Dasein – Realität, Sein – Seiendes) als gezeitigte aufzuweisen. Bekanntlich ist „Sein und Zeit" auf dem Wege zur Temporalität des Seins nicht durchgekommen. Inzwischen macht das veröffentlichte Vorlesungswerk den fehlenden 3. Abschnitt des 1. Teils von „Sein und Zeit" wenigstens bruchstückhaft sichtbar. Die deutlicher werdende Genealogie der differenten Seinsbedeutungen als temporale Bestimmungen des Seins können hier nicht rekonstruiert werden. Ein Überdenken der Existenz als Inständigkeit aber muß die Zeitlichkeit der Sorge mit der Temporalität des Seins in eins denken. Dafür sind die maßgebenden Einblicke aus dem Vortrag „Zeit und Sein" aufzunehmen und das Spätwerk Heideggers überhaupt aus dem verstellenden Gegensatz zum Frühwerk herauszubringen. Im Freiburger Vortrag von 1962 ist die „Sein und Zeit" leitende Frage nach der Ek-sistenz als Austragen der Offenheit des Seins in der Umkehr noch frag-würdiger geworden. Das ist wiederum lediglich in einem umrißhaften Durchblick zu verfolgen.

Sachverhalt	Gabe	Geben	Ereignis
Es gibt	Sein (Anwesenheit) –	Schicken / Ansichhalten	Unver-
	Zeit (Spielraum) –	Reichen / Vorenthalten	borgen- heit

Ausgang der Besinnung ist der schlichte Sachverhalt: Es gibt Sein, und es gibt Zeit. Die Sache, um die es geht, ist etwas Strittiges, so wie die Sache im Recht eine Streitsache ist. Das Strittige in der Sache des Denkens ist ein Sachverhalt, das Zueinander-Gehaltensein von Sein und Zeit, die es gibt. Die unpersönliche Wendung ‚Es gibt' weist das Denken auf die Gliederung seiner Sache hin: auf das Sein und die Zeit als Gabe (a), das Geben selbst (b), das Es, welches gibt (c), und das Wer, das die Gabe empfängt (d).

Zunächst sind Sein und Zeit in ihrem Eigenen als Gabe zu bedenken (a). Das Sein „zeigt darin sein Eigenes, daß es ins Unverborgene bringt" (ZuS, 5). Das Sein läßt Seiendes als solches ins Offene kommen. Es steht im Ansehen, Grund und Wesen des Anwesenden zu sein. Sein als Anwesenheit findet eine dreifache Bestätigung. Es bekundet sich unmittelbar im Vorhandenen, es ist durch die Griechen ausdrücklich gemacht worden, und es hält sich in allen geschichtlichen Wendungen von Platos Hypothesis des Eidos bis zu Nietzsches Seinsprägung der ‚ewigen Wiederkehr des Gleichen' durch. Diese Vorgaben werden erschüttert. Rückt das Sein als Gabe in den Blick, dann ist es als erster Anfangsgrund aufzugeben; denn es weist ja von sich auf ein Geben zurück, wodurch es Anwesenlassen von Seiendem erst gibt. Mit dem Sein als Anwesen gibt es offenbar Zeit; denn aus Anwesen spricht Gegenwart. Und es ist ein zeithafter Verstehenshorizont, der Sein als Anwesenheit offenhält. Das Eigene der Zeit als Anwesen bewährt sich dabei nicht etwa als Andauern in einem abmeßbaren Wielange gegenwärtiger Jetzte, sondern als Weilen und Währenlassen. Die ursprüngliche Zeit läßt uns Seiendes „entgegenweilen". Bei etwas weilen meint dementsprechend nicht, für eine bestimmte Dauer zusammen vorhandensein. Weilen-bei nennt eine Nähe, in der wir einer Sache nahe sind. Das Währen in solcher nähernden Weile ist gewährt, und zwar als grundloses Weil ohne

Warum. Im Warum fordern wir Rechenschaft aus Gründen, im Weil weilen wir bei der ihr selbst überlassenen Sache. Die gewährende Zeit nämlich ist kein seinlassender Grund, sondern gegebene Gabe.

Um solcher auf der Zeit beruhenden Vorgabe von Sein als Anwesenheit auf den Grund zu kommen, ist das zugehörige Geben in Betracht zu ziehen (b). Das Geben von Sein ist ein Schicken, „ein Geben, das nur seine Gabe gibt, sich selbst jedoch dabei zurückhält und entzieht" (ZuS, 8). Dem Sein ist sein Eigenstes zugeeignet in der Weise des Entzugs. Ihm wird die schrankenlose Entbergung im an sich haltenden Schicken entzogen. Darin liegt ein Zweifaches, das Zuschicken des Geschichtlichen und das Ansichhalten des Geschicks. Das Sein als Gabe ist selbst geschichtlich. Die Geschichte des entbergend-bergenden Wahrheitsgeschehens – das Innerste der Weltgeschichte – gliedert sich in ‚Epochen', weil sich das gebende Zuschicken in der Weise des Ansichhaltens (ἐποχή) vollzieht. Das Schickende hält an sich: Es gibt Sein ausschließlich im geschichtlich sich wandelnden Anwesenlassen von Seiendem. So prägt das Geben geschickhaft die Epochen der Seinsgeschichte und gewährt die Fülle des Seinswandels aus seiner Verborgenheit.

Beruht Sein auf Zeit, dann ist näherhin zu betrachten, wie es das Weilen der Zeit gibt, nämlich als ein dem Menschen gereichtes Verweilen. Reichen ist der sachangemessene Titel für die anfängliche Zeitigung der Zeit. Die Zeit reicht die Lichtung eines mehrfachen Anwesens. Sie läßt das noch nicht Seiende zukünftig, das nicht mehr Seiende gewesen und das Gegenwärtige verweilend anwesen. Aus dem Bereich der Anwesenheit reichenden Zeit bestimmt sich der Sinn von Sein. Und dieses dreifache Reichen ist geeint in einem Zuspiel. Das Gewesene nämlich spielt sich Zukunft zu; so wahrt und gewährt es das Schon-Gewesene, die große Überlieferung, als das, was uns zukommt. Zugleich reicht und spielt das Ankommen sich Gewesenheit zu; so läßt es das Gewesene auf uns als Anspruch und Zumutung zukommen. Und dieser Wechselbezug erbringt in sich Gegenwart; ob das gegenwärtig Anwesende bloß aktuell ist oder uns eigentlich angeht, liegt an dem, was das Gewesene und das Ankommende zuspielen. Indem mithin das Gewesene Möglichkeiten des Anwesens, welche das Ankommen der Gegenwart zureicht, weiterreicht, ist jede Erstreckung der Zeit nur im annehmend-weiterleitenden Zuspiel das, was sie ist: lichtendes Reichen von Anwesen. Solches Reichen erbringt einen offenhaltenden Zeit-Spielraum, der uns in die offene Einigkeit von Gewesenheit, Anwesenheit und Gegenwart entrückt (vgl. USpr, 213 ff.). Auch zu dieser Entrückung gehört ein mehrfältiges Ansichhalten. Das Reichen der Zeit ist in sich ein Entziehen, Verweigern und Vorenthalten. Das Verweilen im Gegenwärtigen nämlich wird entzogen durch die zweifache Nähe von Zukunft und Gewesen, die vordringliche Gegenwart verweigert das Gewesen, und die Zukunft bleibt vorenthaltene Gegenwart. Und vom Vorenthalt des Reichens her klärt sich die (daseinsanalytisch durch den Tod geschlossene) Zeit in ihrer Endlichkeit ontologisch zureichend auf. Dabei gilt es zu bedenken, daß das Vorenthaltene der endlichen Zeit nicht etwa weggleitet. Aus ihm schöpft das grund-lose Zuspiel der Zeit seine immer neuen Möglichkeiten.

Das Sein in seinem geschichtlichen Geschicktsein beruht auf dem Reichen der Zeit. Worauf aber beruht das geschickhafte Reichen von Zeit *und* Sein? Was Zeit und Sein (als Anwesenheit) das je Eigene gibt, heißt sachentsprechend Ereignis (c). Zum Ereignis gehört, daß es sein Eigenstes der schrankenlosen Entbergung entzieht. Was so gedacht wird, ist das Eigentümliche der Verborgenheit, welche ist, indem sie die Unverborgenheit reicht unter der Maßgabe des Sichverbergens. Das Ereignis der Unverborgenheit ist die Sache eines Denkens, welches dem Strittigen im Sachverhalt von Sein und Zeit bis zu Ende nachgeht.

Aus der Wahrheit (Unverborgenheit) des Seins kehrt das Denken zur entscheidenden Frage der Ek-sistenz zurück: Wie gehört der Mensch in das Ereignis (d)? Der Mensch ist das Seiende, das die Gabe von Sein und Zeit empfängt. Die Offenheit des Seienden – das in der Gabe Gereichte – erreicht ihn allein unter allen Wesen. Das Dasein existiert innestehend in der Offenheit des Seins. Aufgrund seiner geschichtlichen Zeitlichkeit steht ihm ein Horizont offen, in dem er Seiendes versteht. Damit kommt die Absicht der Fundamentalontologie ins reine. Niemals läßt sich der Sinn des Seins von Menschen entwerfen, der Mensch ist vielmehr vom Sinn des Seins her zu erschließen. Empfinge der Mensch nicht die Gabe von Zeit und Sein, so bliebe nicht nur Seiendes in seinem Wesen verborgen, dann wäre der Mensch nicht mehr Mensch. Ihm bliebe das Ek-sistieren als „Austragen des Innestehens (Sorge)" (WiM, 15) versagt. In Wahrheit empfängt das Sein des Daseins als Sorge seinen Sinn aus dem Ereignis; denn zum

Ereignen gehört, daß es den Menschen in sein Eigenes bringt „als den, der Sein vernimmt, indem er innesteht in der eigentlichen Zeit" (ZuS, 24). Das Innestehen (in der Anwesenheit lichtenden Zeit) ist in eins ein Ausstehen. „Die eigentliche Zeit ... hat den Menschen als solchen schon so erreicht, daß er nur Mensch sein kann, indem er innesteht im dreifachen Reichen und aussteht die es bestimmende verweigernd-vorenthaltende Nähe" (ZuS, 17). Vom Ereignis der Wahrheit her gesagt: Der Mensch trägt die Unverborgenheit des Seienden aus im Ertragen der Verborgenheit des Seins selbst. Im Gefüge des Ereignisses der Unverborgenheit erst gewinnt der Sorgecharakter des Menschen seine geschickhafte Tiefe.

8. Gestell, Geschick, Gefahr.
Die Seinsvergessenheit im Zeitalter der Technik

Die Sorge des Daseins steht Zumutung und Vorenthalt des Seinsgeschicks aus. Haben nun die Epochen der auszustehenden Seinsgeschichte den Grundzug, die Seinsvergessenheit zu steigern, und kommt diese Tendenz im Zeitalter der Technik ins Äußerste, dann wächst auch die Gefahr für den Menschen ins Ungeheure. Die Gefährdung der Existenz heißt daseinsanalytisch Verfallen. Verfallend verfängt sich das Dasein während der Weltbemeisterung im Entfremden seines eigensten Seinkönnens. Eben diese Gefahr vertieft sich, vom Einblick der Unverborgenheit her gesehen, zum Geschick der Seinsvergessenheit im Zeitalter der Technik. „Einblick in das, was ist" heißt der Titel der vier Bremer Vorträge von 1949 über das Ding, das Gestell, die Gefahr und die Kehre. Vorzüglich der 2. Vortrag in der 1962 veröffentlichten Fassung „Die Frage nach der Technik" geht Herkunft, Wesen, Geschick und Gefahr der Technik in vier Hauptthesen nach.

1. Die Technik entstammt nicht dem anthropologischen Kulturbereich und erschöpft ihre Bedeutung nicht darin, Instrument menschlicher Lebenspraxis zu sein. Technik ist eine Weise des Entbergens und hat ihren Herkunftsbereich in der Wahrheit als Unverborgenheit.
2. Die moderne Technik entbirgt nicht – wie die vergangene Techne – in der Weise einer Her-vor-bringung des Seienden in

sein wesenhaftes Erscheinen (Poiesis). Sie läßt jegliches Seiende nach Maßgabe des ‚Gestells' als gleichförmigen Bereitstand von Energie bestellen.
3. Die globale Bestellung des gegenstandslos gewordenen Wirklichen verfällt nicht unausweichlich-schicksalhaft einer Dämonie der Technik. Sie folgt einem freien Geschick.
4. Die höchste Gefahr der modernen Technik geht nicht von den die Menschenwelt tödlich bedrohenden Maschinen und Apparaten aus. Sie ängstet durch eine sich unheimlich ausweitende Vergessenheit dessen, was ist.

1. Philosophisches Fragen nach der Technik fragt nicht nach dem, was alles technisch ist – Geräte und Apparaturen, Werke und Montagen, Maschinen und industrielle Arbeit –, sondern nach dem, was das Technische selbst ist. Zwei weitläufige Antworten schließen sich zusammen: Die Technik sei ein Mittel für Zwecke, und Technik sei ein Tun des Menschen. Demzufolge bezeichne sie das Tun des Menschen, welches Geräte und Maschinen als Mittel für Zwecke herstellt und benutzt, dergestalt, daß es das Ganze dieser technischen Einrichtung instrumentell im Beherrschen der Mittel und Zwecke zu handhaben und meistern versteht. Diese instrumentale und anthropologische Kennzeichnung ist zweifellos richtig, aber sie läßt gerade den Bereich unbefragt, in welchen die Verhältnisse von Mittel und Zweck hineingehören, die Kausalität. Nun scheinen die vier Ursachen, durch die etwas Technisches zustande kommt, im scholastisch gewordenen Aristotelismus zuverlässig auseinandergelegt. Indessen wird die Herkunft des instrumentellen Charakters der Technik aus dem Gefüge der vier Ursachen bedenklich, wenn auf den griechischen Sinn von Ursache als einem ‚Verschulden' gehört wird; denn αἰτία nennt griechisch das Sein, das am Anwesendsein von Seiendem schuld ist. In dieser Hinsicht bilden die vier Ursachen das Zusammenspiel von vier Weisen des Verschuldens (und nicht ein Bewirken von Wirkungen). In ihrem Ineinandergehen sind ὕλη (Stoff) und εἶδος (Form), τέλος (vollendendes Ende) und ἀρχὴ τῆς κινήσεως (Anfang des Vorganges) je mit schuld, daß etwa eine Silberschale als Opfergerät vor- und bereitliegt. Was aber ist denn nun die vorgängige Einheit, welche die vier Ursachen als Weisen des Verschuldens zusammengehören läßt? Der einigende Grundzug des Verschuldens kann Ver-anlassen heißen, und das nicht etwa im engeren Schulsinne des neben-

ursächlichen Anstoßes, sondern in der weiten Bedeutung des Freilassens ins Erscheinen dessen, was etwas ist. Der Sinn und das Einigende aller vier Weisen des Ver-an-lassens ist die Poiesis: das Hervorbringen von Seiendem überhaupt, sei es technisch, künstlerisch oder naturhaft. In griechischer Welt werden eben nicht nur technisches Handwerk und schöne Kunst vom Hervorbringen her gedacht, sondern auch die Natur, und diese, da sie von sich her ins Erscheinen aufbricht, sogar in höchster Weise. Was aber ist und wie geschieht das Hervorbringen selber? Formal erklärt, gehört zum Hervorbringen ein Entbergen, in welchem etwas aus der Verborgenheit ins Unverborgene kommt. Ontologisch, und d. h. griechisch, gedacht, hat die Poiesis von Seiendem überhaupt den Charakter eines Weges ins Eidos. So wird eine Silberschale hervorgebracht, indem die ‚Idee', das Schalenhafte, mehr und mehr in der Hyle, dem Silber, heraustritt. Seiendes gelangt im Zuge einer Entbergung in die Un-verborgenheit (ἀλήθεια) seines Wesens. Die Möglichkeit aller Hervorbringung beruht auf dem Entbergen der Wahrheit. Das gilt auch und gerade in exemplarischer Weise für die Technik. „Technik ist eine Weise des Entbergens. Die Technik west in dem Bereich, wo Entbergen und Unverborgenheit, wo ἀλήθεια , wo Wahrheit geschieht" (TK, 13).

2. Aber trifft dieser aus griechischem Denken erworbene und am handwerklichen Herstellen orientierte Bescheid auf die neuzeitliche Kraftmaschinentechnik zu, welche die Ausbildung der exakten mathematischen Physik voraussetzt? Das scheint ein gewichtiger Einwand; denn was unser Zeitalter in Unruhe versetzt, ist doch die Technik in ihrer modernen Gestalt. Heideggers These über die Technik hält dem entgegen: Auch die moderne Technik ist ein Entbergen, und zwar als Heraus-fordern des ‚Gestells'. So wie in griechischer Weltsicht die Poiesis alle Weisen des Verschuldens von Anwesen versammelt, so versammelt das Gestell alle Bezüge des Stellens oder Herausforderns von Beständen. (Das kollektive Präfix Ge- weist – wie in Gebirge, Geviert – darauf hin, daß das Sein der Technik ein mehrzügiges Stellen versammelnd entfaltet.) Dieser befremdliche, alles Technische übersteigende Begriff der Technik ist so weit durchsichtig zu machen, daß gerade das Phänomen der modernen Welt aus ihm verständlich wird. Dafür hat sich die Erörterung nunmehr auf dem ontologischen Niveau zu halten, welches die Technik aus dem Herkunftsbereich der Wahrheit zu sehen erlaubt. Sie stellt drei Fra-

gen: Was für eine Weise der Entbergung ist das, welche die moderne Technik durchherrscht? Welche Art von Unverborgenheit eignet dem durch die Technik hervorgebrachten Wirklichen? Wer vollzieht die das Wirkliche herausfordernde Entbergung moderner Technik?

Das Entbergen der modernen Technik ist ein Stellen, wie man ontisch sagt ‚Ich stelle jemanden zur Rede oder zum Kampf'. Das Stellen der Technik fordert die Natur heraus. Es erschließt, speichert, verteilt, schaltet deren Energie um – gesteuert vom Imperativ maximaler Energieförderung und gesichert gegen alle möglichen Kurzschlüsse und Ausfälle. Erschließen, Fördern, Speichern, Verteilen, Umschalten sind unterschiedliche Modi, Steuerung und Sicherung durchgängige Wesenszüge stellenden Entbergens. So fordert die Technik den Boden als Lagerstätte von Erz oder Öl heraus, sie formt einen Landstrich zum Kohlenrevier um, sie verbaut einen Strom in Kraftwerke, sie gibt die ‚unberührte Natur' den Bestellungen der Reiseindustrie preis. Damit kehrt sich das alte Verhältnis von Technik und Natur um. Die Techne stellt ihr Werk nicht mehr der Natur anheim, sie stellt die Natur in die Bezüge ihres herausfordernden Wirkens.

Das so durch die Technik ‚gestellte' Wirkliche hat die Seinsart des ‚Bestandes'. Bestand ist ein ontologischer Titel. Er meint nicht einen Vorrat bereitstehender Dinge, sondern das Bereitstehen des Wirklichen als herausgeforderte Energie. Energie (ἐνέργεια) ist das alte philosophische Grundwort für Wirklichkeit. Vom Herstellen der Poiesis her erfahren, bedeutet es das Herausgetretensein des Eidos aus den Möglichkeiten der Hyle. Neuzeitlich vom Vorstellen her gedacht, bedeutet Wirklichkeit das Verwirklichtsein des Zweckes als des Begriffs vom Gegenstand. Innerhalb der Grundstellung moderner Technik bekundet sich Energie im Bereitstehen für die universale Herausforderung von jeglichem Seienden. Wirkliches ist fortan nicht mehr wirklich im vollendeten Wesensanblick eines Dinges und wird nicht mehr verwirklicht als zweckvoller Gegenstand menschlichen Vorstellens. Es ist nichts als ein substanz- und gegenstandsloser Bestand, dessen ‚Energie' bereitsteht für das unabsehbare technische Bestellen des Alls.

Wer nun aber die Bestellung des Wirklichen als Bestand vollzieht, das scheint eindeutig zu sein. Wer anders besorgt das Fördern, Speichern, Umschalten des Energie-Bestandes als der Mensch? Steuert und sichert nicht das technisch-ökonomisch-planende Lebewesen alles

Wirkliche? Indessen – die Einsicht in die Endlichkeit des Daseins und der geschicklichen Zeit macht alle Tendenzen zunichte, die technisch gewordene Arbeitswelt prinzipiell auf eine wie auch immer geartete Subjektivität menschlicher Lebenstätigkeit und Arbeitskraft zurückzustellen. Zwar geht das menschliche Dasein jederzeit aufschließend-entbergend mit innerweltlich Seiendem um, die geschichtlich-geschickliche Weise, in der es Seiendes entbirgt, aber ist ihm gegeben. Das Dasein empfängt den Zuspruch der Unverborgenheit, es verfügt nicht über ihn. Das epochale Geschick der Technik ist für das Dasein etwas Unverfügliches. „Allein, über die Unverborgenheit, worin sich jeweils das Wirkliche zeigt oder entzieht, verfügt der Mensch nicht" (TK, 17). Immerhin wird der Mensch von jeder geschichtlichen Zumutung beansprucht. Er kann ihr entsprechen oder widersprechen, aber niemals entgehen. Dementsprechend steht die moderne Existenz unter dem geschichtlichen Anspruch, das Wirkliche als Bestand zu entbergen. Sie entspricht ihm durch industrielle Arbeit. Darum versteht sich der Mensch der Moderne wesenhaft als Arbeiter. Er ist der vom Geschick der Technik Herausgeforderte.

3. Für den ‚Arbeiter' kommt alles darauf an, ein freies Verhältnis zur Herausforderung der Technik zu gewinnen. Um das wenigstens vorzubereiten, erörtert Heidegger die Beziehung von Mensch und Technik als geschickliche Gefahr. Das darf nicht als Kassandraruf mißdeutet werden. Für Heidegger ist die Technik nicht einfach der Inbegriff des Unheils, einer trostlosen Raserei, Vernutzung der Dinge und wachsenden Bodenlosigkeit, gegen die eine von Feldweg, Bergbach und Glockengeläut durchzogene bodenständige Welt beschworen werden soll. Und schon gar nicht redet Heidegger einer Dämonie der Technik das Wort, so als gerate der Mensch, sobald er die herausgeforderte Energie nicht mehr zu steuern und zu sichern vermag, als Zauberlehrling in die Macht der sich auf unheimliche Weise verselbständigenden Maschine. Solche ‚Dialektik' des Dämonischen operiert mit einem vordergründigen, instrumentellen Technikbegriff. Geht man dagegen dem ursprünglichen Verhältnis von Technik und Wahrheit nach, dann wird das Geschick der Technik als eine äußerste Gefahr ansichtig. Geschick überhaupt nennt das versammelnde Auf-den-Weg-Schicken, das den Menschen geschichtlich geschickt macht, sich dem Entbergen der Wahrheit und dessen Wandel zu fügen. Das Geschick der Technik versammelt das Men-

schentum daraufhin, alles Seiende als geschichts- und gegenstandslosen Bestand zu bestellen. Das ist kein Schicksal und Verhängnis, das uns zwingt, eine totale Technisierung des Alls entweder blindlings zu betreiben oder hilflos zu verdammen. Die geschickliche Geschichtlichkeit räumt vielmehr allererst eine Freiheit ein, die vom Entbergen als einem befreienden Ins-Freie-Bringen her zu denken ist. Erst in der Dimension der Freiheit kommt das Verhältnis von Gefahr und Technik im Geschick der Wahrheit zutage. Der postmetaphysische Grundsatz über das Wahren der Freiheit lautet: „Alles Entbergen kommt aus dem Freien, geht ins Freie und bringt ins Freie" (TK, 25). Alles Entbergen kommt aus dem Freien, nämlich der Verborgenheit (Lethe). Sie ist frei, weil sie jeder Bestimmung entzogen bleibt und unverfügbar ihr Geheimnis wahrt. Das Entbergen geht ins Freie der Un-verborgenheit, in welcher das Seiende offen zur Anwesenheit kommt. Und es bringt ins Freie. Es schickt den Menschen auf den Weg eines freien Verhältnisses zu dem, was ist. Im Freiraum seiner Möglichkeiten kann das Dasein sich in den Zuspruch der Unverborgenheit verfügen, es kann sich aber auch versagen, um sich ausschließlich an das Besorgen des Entborgenen zu halten. Dann verfällt es. In uneigentlichem Existieren vergißt man, wie menschliches Dasein in die Lichtung der Welt gehört. Die Gefahr der Seinsvergessenheit kommt im Zeitalter der Technik ins Äußerste.

4. „Das Geschick der Entbergung ist in sich nicht irgendeine, sondern *die* Gefahr" (TK, 26). Die Übernähe der Wahrheit droht den Menschen seinsblind zu machen, so daß er – geblendet wie König Ödipus – nicht mehr menschlich in der Welt existieren kann. Solche Gefahr kommt aus der Unverborgenheit über den Menschen. Sie legt in jeder ihrer Epochen dem Dasein nahe, sich ganz an das gelichtete Seiende zu halten und die Nähe des Seins zu übersehen. „Waltet jedoch das Geschick in der Weise des Ge-stells, dann ist es die höchste Gefahr" (TK, 26). Von den vielen Gefahren der Technik bannt die schrecklichste, die Atombombe, den Blick der Furcht. Zugleich bleibt die angstbereitende Bedrohung unbemerkt. Diese stille Gefahr droht, die Wahrheit endgültig zu verstellen und Menschen wie Dinge zu entstellen. Gehen die Dinge nämlich den Menschen nurmehr als gegenstandslosen Bestand an, dann fügt sich das Zeitalter willig der Tendenz, auch den Menschen als mobilisierbaren, jederzeit ersetzbaren Bereitstand von Energie (Arbeitskraft) nutzbar zu machen. So exi-

stiert jedermann nur noch als vorfindliches Menschenmaterial für die Bestellung technischer Montagen, computergesteuerter Verwaltungen, raketenbetriebener Kriege, von Apparaturen bedienter Krankenanstalten. Über diese Entfremdungen breitet sich der Schleier des ‚spekulativen' Dogmas, wonach der Mensch in Natur und Geschichte, Gesellschaft und Ökonomie, Kunst und Industrie lediglich sich selbst, d. h. seinen eigenen Produkten und Verfahrensweisen, begegnet. Dieser Anschein trügt. Erfährt der Mensch im Bestand des Seienden allein sein eigenes Wirken, dann ist er seiner Exitenz entfremdet. Er wird unempfänglich für die Wahrheit des Seins. Der Mensch versagt vor der Einkehr in die Wahrheit, weil die Technik die Zugänge radikal verstellt. Das ist so, weil sie ihrer eigenen Wesenswahrheit mit Vergessenheit nachstellt; denn ihre wirksamsten Wesenszüge, Steuerung und Sicherung, bringen das Entbergen auf die Seite, so daß die instrumental-anthropologische Bestimmung des Technischen als Mittel und Instrument menschlicher Lebenspraxis in einem sich brüchigen Fortschrittsglauben vorherrscht. Angesichts des in positiver Wissenschaft und Technik gesteuerten Bestandes der Energie fällt eine Besinnung auf die geschichtliche Entbergung des Seins ins Vergessen. Seinsvergessenheit bedeutet mithin nicht etwa subjektives Nichtbehalten und menschliche Vergeßlichkeit, sondern das Sichentziehen des Seinsentzugs selber. Verbirgt sich das Vergessen selbst, dann herrscht die Vergessenheit vollständig. Solche vollständige Vergessenheit des Seins gibt es im Zeitalter der Technik. In ihm sichert der Mensch das Wirkliche als Bestand positiver Wirklichkeit und reibt sich im Geschäft des steuernden Bestellens auf. Zugleich entgeht dem Dasein, daß sich ihm der Vorenthalt des Seins vorenthält. Die Leidenschaft verfällt, nach dem zu fragen, was ist.

9. Die Kehre. Einblick in das, was ist

Der 4. Vortrag der Reihe „Einblick in das, was ist" trägt den Titel „Die Kehre". In ihm sucht ein strenges ‚dichterisches Denken' (durch Andenken des Seins im Dienste der Sprache) einer Kehre innerhalb des Sinnes von Sein auf die Spur zu kommen. Seine leitende Einsicht besagt: Die Technik als letzte Gestalt der Metaphysik birgt eine Kehre der Seinsvergessenheit zur Wahrnis des Wesens von Sein in sich, und zwar in Abkehr, Gegenkehr und Einkehr. Die Epoche moderner

Technik kehrt sich vom Entbergen der Her-stellung ab. Sie gibt kein Ding mehr in seiner Dinghaftigkeit frei. Indem sie Dinge nur noch zum Verschwinden im Konsum und Tausch oder zur Steigerung der Produktion noch schwundhafterer Dinge produziert, verwahrlost sie die Welt. Diese Verwahrlosung des Seienden kommt durch die Abkehr zustande, in der sich das Sein von seinem Wesen, dem freigebenden Entbergen, abkehrt. Solche Abkehr verschärft sich als Gegenkehr. Gegen sich gekehrt, wird die Seinsvergessenheit vergessen. Das Sein entfällt nicht einfach bloß in die Nichtigkeit eines ding- und gegenstandslosen Bestandes, das Verfallen fällt mit in Vergessenheit. Aber gerade diese Gefahr birgt die Möglichkeit einer rettenden Einkehr. Kommt nämlich die Gefahr als Gefahr ins Offene, dann erwacht das Vergessen des Seins aus seiner Vergessenheit, und die Dinge der Welt geraten ins Rechte. Aber drückt solche Rede von der Einkehr mehr als eine nicht weiter begründete, auf Hölderlins Patmos-Hymne verweisende Hoffnung aus, daß, wo Gefahr ist, auch das Rettende wächst? Läßt sich gar, wie man sagt, solche Erwartung von einem ‚wishful thinking' leiten, daß am Ende aus der künstlichen Apparatur der modernen Technik eine neue Bodenständigkeit erwachse und das unter der Herrschaft des Gestells verwahrloste Zeug zum Ding werde, in dem sich das Welt-Geviert sammelt? Unvoreingenommen betrachtet, sucht Heideggers These von der Kehre nichts als Vorkehrungen zu treffen. Eine Untersuchung der Eksistenz kann sich dabei vorzüglich an drei Vorkehrungen halten, an den seinsgeschichtlichen Wandel (1), das angstbereite Entwerfen (2) und das neue Hören auf die Sprache (3).

1. Die Herrschaft des Gestells markiert eine Epoche der Geschichte. Als solche fällt sie dem Wandel anheim. Die Verwindung des Gestells ereignet sich aus der Ankunft eines anderen Geschicks. Das neue Sein kommt an, wenn die Gefahr als Gefahr ans Licht tritt. Freilich läßt sich das nicht futurologisch vorausberechnen. Eine Vorhersage etwa vom Untergang der Technik in technischen Katastrophen verlängert nur das halbgedachte Gegenwärtige in die verhüllte Zukunft. Solche Art Berechnung der Zukunft nimmt die Technik als Instrument menschlicher Lebenspraxis hin und erliegt selbst der unverstandenen Macht des Gestells. Versuche, das Zukünftige durch scheinwissenschaftliche Verfahren bereit-zu-stellen, erliegen der Suggestion moderner Technik. Der Fortgang der Technik als Gestell

ergibt sich aus ihrer seinsgeschichtlichen Eigenart. Der Übergang geschieht nicht mehr als ein Wesenswandel innerhalb der Seinsvergessenheit, etwa als Fortgang der platonischen Idee über das Prinzip des Willens in den Bestand gegenstandsloser Energie. Der epochale Wandel der Technik ereignet sich in einem jähen Erwachen aus der metaphysischen Vergessenheit des Seins. „Die Kehre der Gefahr ereignet sich jäh" (TK, 43). Wie die Angst plötzlich, mit einem Schlage, das Dasein vor das nackte Daß bringt, so wacht die Gefahr der Seinsverfallenheit jäh auf. In der Annahme der Übergangskategorie des ‚Augenblicks' steckt eine eingeborene existenziale Verwahrung gegen jede logische Vermittlung. Hegels spekulativer Gedanke, jede epochale Wendung als dialektische Einkehr des Logos aus dem Bezug zu Anderem in einen Selbstbezug zu begreifen, unterstellt (unvermittelt!) die unendliche Kraft stetiger Vermittlung. Existenziales Andenken dagegen setzt seit Kierkegaard auf die Entscheidungskategorie des Sprunges. Das Sein lichtet sich nicht in der Abfolge von Bewirkendem und Wirkung, es ereignet sich steil aus dem Wesen der Verborgenheit. „Das jähe Sichlichten ist das Blitzen" (TK, 43). Blitzen als aufzuckendes Leuchten nennt beide Ereignismodi der Einkehr, das Jähe des Augenblicks und das Aufleuchten, das einen verdunkelten Welthorizont aufreißt. ‚Einblick' in das, was ist, nennt demnach gar nicht den Blick unseres berechnenden Vorstellens, sondern das Aufblitzen einer Spur des Seins im geschichtlichen Dunkel der Seinsvergessenheit.

2. Der Einblick braucht die reine Angst und einen selbstlosen Entwurf. So schließen sich noch einmal daseinsanalytische und seinsgeschichtliche Voraussetzungen zusammen. Unausgesprochen gehört die Angst zur Kehre im Zeitalter der Technik. Deren ortlose Gefahr (vgl. TK, 41) erschließt sich im Aufkommen der Angst. Sie ist nicht mit der wachsenden Furcht vor den immer ungeheurer und tödlicher werdenden technischen Apparaturen zu verwechseln. In der Angst ist die unheimliche Bedrohung da, daß die Dinge der Welt in einen gegenstandslosen Bestand entgleiten. Und die ausgetragene Angst hält die Fluchtbewegung eines Verfallens an, in welcher der Mensch in den Schein flieht, Meister des Technischen und Herr des Seins zu sein. Solchem Verfallen in die Vergessenheit des Seins entkommt das angstbereite Dasein im Entwurf (vgl. TK, 45). Solcher Ent-wurf widersteht dem ‚projet'. Er entsagt aller entwerfenden Subjektivität

und wirft sich von sich weg auf das Einblitzen des Seins hin. So nimmt sich der Entwurf des Daseins in das Geschick des Seins zurück. Im sich entsagenden Entwurf wird das Denken zum eigentlichen Handeln, das dem Wesen des Seins an die Hand geht und es – im Hören, Seinlassen, Danken, Entsprechen – wartet. Warten enthält die zweifache Bedeutung, auf ein Ankommendes aus zu sein und das Zukommende zu hüten. Dabei richtet sich das Erwarten nicht intentional auf etwas, es läßt das Erwartete gerade offen. Und es plant und projiziert nichts, sondern hütet und rettet, indem es das Seiende ins Rechte, nämlich in die Unverborgenheit, zurückstellt. Öffnet sich das Dasein angstbereit der Gefahr als Gefahr und entwirft es sich auf das hin, was jäh im Zeitalter der Seinsvergessenheit aufblitzt, dann vermag es dem Zuspruch des Seins zu entsprechen.

3. Es ist die Sprache, welche das Seiende allererst ins Offene bringt; denn das Sein ist, wenn es sich lichtet, unterwegs zur Sprache und birgt sich ins Geheimnis des Wortes. Das Wesen der Sprache beruht im Walten der Unverborgenheit. „Nur wo Sprache, da ist Welt" (EH, 35). Alle Anläufe Heideggers in „Unterwegs zur Sprache", die Sprache als solche zur Sprache zu bringen, suchen diesen Einblick zu fördern: Die Sprache ist das Haus des Seins. Das ist eine Vorkehrung gegenüber einer Seinsvergessenheit, welche die Sprachvergessenheit der Metaphysik ins Äußerste treibt. Seit Plato will die Metaphysik der Beirrung der Namen entkommen und die Zauberkraft dichterischer Sprache brechen, indem sie den Gemeinnamen ‚definitiv' an das Eidos, an den Gedanken und Begriff, bindet. Seither ist das Wort der Sprache als Ausdruck (Zeichen, Symbol, Charakter) des lautlosen Denkens in der Diskussion und als die Lichtung der Welt in ihrer sprachlichen Gegebenheit vergessen. Das Zeitalter der Technik steigert die Sprachaskese der Logik zur Sprachlosigkeit. Es ersetzt die sprachgebundene Erschließung von Welt bis auf den Rest einer Metasprache durch Systeme eindeutiger Zeichen, und die Computertechnik bestellt die urtümlich dem Sein anheimgegebene Sprache als disponiblen Bestand mathematischer Symbole. Gegen eine solche logisch-positivistische Sprachverwaltung bricht eine Wort- und Seinssprache auf, die sich von den Regeln einer metaphysisch begründeten Grammatik und überhaupt von der Logik des Vorhandenen löst. Danach bildet das Element der Sprache, das Wort im Satz, nicht ein auf Natur oder Konvention beruhendes Zeichen für

ein abgrenzbares Allgemeines unter der Hinsicht einer kategorialen Seinsbedeutung. „Jegliches Wort (ist) als Wort ein Wort ‚des' Seins" (N II, 252). Unauffällig zumeist, aber dichterisch zuweilen zu-fällig jäh aufleuchtend, spiegelt sich im Wort das Grundwort ‚Sein'. Darum verwendet das Nennen der Sprache nicht Wörter, es ruft ins Wort und bringt so Welt zum Vorschein. Die Sprache als ‚Topos' des Seins bewegt sich im Spielraum gelichteter Unverborgenheit. Und weil die Nennkraft des Wortes vom Einblitzen des Seins abhängt, darum erscheint es nur dem abgrenzenden Verstande in beirrender Vieldeutigkeit. Im Wandel der Sprachbetroffenheit ist das Wort unerschöpflich. Konsequent, wie er ist, weist ein logischer Positivismus das ‚dichterische Denken', das die anfängliche Entsprechung von Sprache und Sein eigens nachvollzieht, aus dem Gebiet sinnvollen Sprechens aus. Bezeichnenderweise hat der weltweit ausgebreitete Neopositivismus kein Organ für die Worte der Dichtung und den Hervorbringungscharakter der Sprache. Dichterische Sprache spiegelt eben nicht (‚homolog') Verhältnisse des tatsächlich Seienden wider, sie weist auf das Sein. Das Wort der Dichter – „ausgesetzt den Blitzen des Gottes" (EH, 41) – ist be-wëgend. Es bahnt Wege zum Sein. Dichter stiften das Sicheinrichten der Wahrheit ins Wort der Sprache. „Dichtung ist worthafte Stiftung des Seins" (EH, 38). Wenn nun aber die Kehre eine dichterische Sprache braucht und das Dichterische jede Kunst durchwaltet, dann kommt die Kunst als das Rettende an den Tag.

10. Vom Wesen der Wahrheit im Werk der Kunst

Kants Ästhetik bestimmt die Weise, wie dem Menschen das Schöne und die Kunst zugeeignet sind, als Gunst. Heideggers postmetaphysisches Denken versteht Gunst als die Weise, wie sich die Wahrheit des Seins dem Menschen gewährt. „Die Gunst der Kehre der Vergessenheit des Seins in die Wahrheit des Seins" (TK, 42) kann nicht hoffend erwartet, technisch vorausberechnet, willenhaft erzwungen werden. Sie wird gewährt, vorzüglich im Gebilde der Kunst. Was aber ist die Kunst, daß in ihr die Kehre der Seinsvergessenheit gewährt ist? Heideggers Vorträge „Der Ursprung des Kunstwerkes" von 1935 bedenken das Werk der Kunst vom Wesen der Wahrheit als Eröffnung von Welt aus. Der Akademievortrag in der Bayerischen Akademie der Künste von 1950 „Das Ding" und der Darmstädter

Gesprächsbeitrag „Bauen, Wohnen, Denken" von 1951 nehmen diese Verbindung auf. So verknüpft sich der ‚ergologische' Ansatz beim Werk der Kunst mit den Aufweisungen des Welt-Gevierts, dem Ring der Dingheit und dem Ort menschlichen Wohnens und Bauens zu einer umstürzenden Neubegründung des Verhältnisses der Kunst zu Wahrheit und Welt. Die vielseitig erörterten Probleme im Zusammenhang mit dem Streit von Welt und Erde im Kunstwerk-Aufsatz und der Vierung des Gevierts bzw. dem Spiegel-Spiel der Welt – Entfaltungen der ‚Zweiung' von Verborgenheit und Unverborgenheit – können hier nicht konkretisiert und entfaltet werden. Lediglich drei Thesen Heideggers über Wahrheit und Kunst sollen erörtert werden.

1. Das Werkhafte der Kunst ist das Sich-ins-Werk-Setzen der Wahrheit.
2. Das ‚Wahrheiten' der Kunst ist ein Einräumen von Welt.
3. Das Einräumen von Welt ist ein Versammeln des Welt-Gevierts im Ort der Kunst.

1. Heideggers 1. Satz, das Werkhafte der Kunst sei das Sich-ins-Werk-Setzen der Wahrheit, bricht mit den überkommenen Abschätzungen unter dem Maßstab der Ideen- und Begriffswahrheit. Danach ist die Existenzweise der Kunst das Scheinen der Idee. Die sinnlichen Einzelanblicke der Kunst bringen immer nur ein getrübtes, durch sich hindurchscheinendes Vorscheinen der Wahrheit zustande. Das Werk der Kunst bleibt bloßer Vorblick der Idee. Freilich konzediert eine metaphysische Beurteilung in neuplatonischer Tradition dem Kunstwerk einen Vorrang vor allen anderen Bildern. Es ist Symbol und Allegorie. Es bringt somit indirekt zur Anschauung, was unmittelbar nicht adäquat sinnlich zu veranschaulichen ist, den Sinn der Idee und letztlich die versöhnte Vereinigung des Unvereinbaren, von Materie und Geist. Heidegger bricht mit der vielfach abgewandelten Theorie der Kunst als Symbol und Allegorie, mit der Lehre vom vermittelten Erscheinen der Wahrheit als Zusammenfall von Sinn und Bild im Sinnbilde der Kunst. Das Kunstwerk ist nicht zuerst ein stoffliches Ding, das dann noch etwas anderes, einen metaphysischen Sinngehalt, illustriert. Gegen alle Varianten der Sinnbildlehre muß ein unvermitteltes und reines Seinlassen der Wahrheit erprobt werden. Das Werk der Kunst läßt ursprünglich sehen. Es entbirgt in einem freien Gewähren alles, was ist, die Gewächse der Erde (Wiese und Fels,

Gebirge und Meer), das Zeug menschlicher Umsicht (Haus und Krug, Fabrik und Werkbank), die Gestalten des Himmels (Tag und Nacht, Licht und Zeit), die Grenzen des Daseins (Geburt und Tod). Wie und als was Seiendes uns angeht – als Vertrautes und Bedrohliches, als gedeihlich Beglückendes oder als unheimlich Beengendes – erschließt sich primär und aller Reflexion zuvor im Aufgange der Kunst.

2. Das Aufgehenlassen des Seienden geschieht so, daß Welt eröffnet wird. Das ‚Wahrheiten' des Kunstwerks ist ein Einräumen von Welt. Das ist ein Prüfstein. Nur solches kann wirklich zur Kunst zählen, was Welt aufstellt. Dieses Kriterium beinhaltet eine zweite Umwälzung der Kunst in ihrem Ursprung. Für das ästhetische Bewußtsein unter dem Diktat der Ideenschau muß das Kunstschöne zu einem weltlosen Gegenstand interesseloses Wohlgefallens schwinden. Die neukantianische Vorstellung des Kunstwerks als eines vorhandenen Dinges mit ästhetischen Werten von bloß subjektiver Geltung hat die Welthaftigkeit der Kunst schließlich zum Verschwinden gebracht. Das ist vom Primat der ‚Schau' und ästhetischen Reflexion her konsequent. Heideggers 2. Grundsatz sprengt die ästhetische Abblendung des Weltseins auf. Das wahre ‚Wirken' des Werkens besteht gerade darin, Welt aufzustellen. Es erwirkt Wahrheit, indem es die profanen Weltbezüge nicht etwa poetisch entwirklicht, sondern verwirklicht. Formelhaft gesprochen: Das Sein des Kunstwerks ist kein weltenthebendes Entgegenstehen und erst recht kein gegenstands- und geschichtsloser Bestand, sondern ein weltaufstellendes Insichstehen. Kunst fällt so wenig aus der Welt heraus, daß sie vielmehr erst ein Gepräge von Welt stiftet.

3. Was aber ist Welt, und was ist ein Ding, daß Kunstdinge Welt einzuräumen vermögen? Auch in dieser Frage ist kritisch zu scheiden. Das Werk der Kunst ist kein vorhandenes, aus Materie und Form zusammengesetztes und nach Gestalt und Gehalt vordergründig-hintergründig geschichtetes Ding. Heideggers 3. Grundsatz über die Kunst nimmt das Werk als Ding und das Ding als Versammlung des Gevierts in Anspruch. ‚Ding' ist das Übersetzungswort der deutschen Aufklärung für Seiendes (ens). Seit Descartes bedeutet Ding soviel wie körperhafte Sache (res corporea), die vorstellend berechnet und benutzt werden kann. In dieser Grundstellung droht die Sache der Kunst verdinglicht und vernutzt zu werden, wenn nicht endlich

das ursprüngliche Dingsein zur Sprache kommt. Auf die Dingheit des Dinges gibt das germanische Wort ‚thing' einen Hinweis. Es nennt eine Versammlung, in der es für alle um etwas Entscheidendes geht. Entsprechend waltet im Ding ein Versammeln zu einer entscheidenden Versammlung von Welt. Gehört nun das Kunstwerk zu den unvernutzten Dingen, dann eröffnet es Welt, indem es ein Ganzes in und aus sich versammelt. Es ‚dingt' das Geviert von Erde und Himmel, den Göttlichen und den Sterblichen. Das ist neuzeitlichen Vorstellungen fremd. In der Nähe zu Hölderlins dichterischem Bewahren der ‚Natur' als dem künftig-abkünftigen Sein aber verwandeln sich die mythisch tönenden Wörter zu strengen, aus dem Urverhältnis von Verborgenheit und Entborgenheit sprechenden, be-wëgenden Nennworten der Seinssprache. In ihnen ist die metaphysische Dreiheit Welt-Mensch-Gott gewandelt erfahren.

‚Erde' wird wieder geachtet als das von archaischer Sakralität Durchdrungene, das, sich verschließend, dienend trägt. Aber in eins lichtet sich Erde, „die nährend Fruchtende" (VA, 176). Sie breitet sich aus in Gestein und Gewässer, und sie hegt Gewächs und Getier. So währt Erde, „das Hervorkommend-Bergende" (Hw, 35), als das Aufgehen eines Sichverschließenden. ‚Himmel' wird als das lichtend Bergende sichtbar, aus dem Dämmerung und Licht des Tages, Dunkel und Helle der Nacht herableuchten. Unter dem Himmel wohnen die Sterblichen, die auf ihn achten, weil seine Wetter sich ihren Künsten entziehen. Und darum spiegelt der Himmel die Himmlischen, weil diese ebenso wie die Gegend des Himmels dem Zugriff der Sterblichen enthoben bleiben. Die ‚Sterblichen' aber werden verstehbar als Wesen, die leben, indem sie den Tod vermögen. Sie erfahren nämlich im Abgrunde ihrer Endlichkeit das ‚Gebirg des Seins'. Manche, die im Äußersten ausdauern, sind nach Trakls dichterischem Wort auf der Wanderschaft zum Tod als dem dunklen Tor, durch welches das Dasein in das Geheimnis des Seins einkehren kann. Die ‚Göttlichen' endlich kommen wieder zu Gesicht als die ‚winkenden Boten der Gottheit'. Sie melden die Ankunft eines Gottes, der sich im Wink der Göttlichen verhüllt. Das Heilige, die Göttlichen, die Gottheit, Gott sind nicht dasselbe. Sie stehen im Verhältnis wachsender Verborgenheit zueinander (vgl. Hu, 36–37). Das Heilige nennt die Gegend, in der allein Sterbliche und Göttliche einander begegnen. Die Erschlossenheit des Heiligen erhellt den Erscheinungsbereich, die Verschlossenheit des Heiligen verfinstert jegliches Leuchten der Göttlichen. Der Gott aber ist verborgener als die Göttlichen, die nur seine Boten und Winke sind. Das Heilige, die Göttlichen, Gott bilden keine Stufen für einen dialektischen Aufstieg zur absoluten Offenbarkeit des Absoluten, sie sind Näherungen der Verborgenheit. Daher kommen im Geviert nicht Gott oder die Götter zur Sprache, sondern die Göttlichen. Die bisherigen Götter sind die gewesenen, und der Gott der Philosophen ist tot. Auf die Ankunft eines Gottes aber kann nur im Hüten des Heiligen und im Warten der Göttlichen gewartet werden. Eine metaphysische Theologie indessen, aber auch nicht-metaphysische Glaubensreden über Gott verhindern eher solche Ankunft, anstatt sie zu ermöglichen.

Die ‚innigen Vier' durchdringen einander zum Geviert. In dessen Versammeltheit nimmt jedes das Wesen des anderen in unspekulativem Spiegel-Spiel klärend auf. Darin versammelt, kommt das Ding der Kunst an seinen Ort, sofern ‚Ort' wörtlich den Versammlungsort der vier menschlichen Weltgegenden und die standgebende Stelle nennt, an welcher alles Gegenwendige zusammenläuft. An seinem Ort stehend, bringt das Kunstwerk das Dasein in den Ring von Erde und Himmel, von Sterblichen und Göttlichen hinein. Und nur so ist menschliches Wohnen möglich, wenn Wohnen heißt, an verläßlichem Orte zu Hause zu sein. Der Ort des Menschen ist eben, vertraut man der Weisungskraft des Wortes, ein solches Zusammenlaufen des Gevierts, welches die vier Mächte schont.

Vom schonenden Wohnen her gewinnen Dinge der Baukunst ein beispielhaftes Ansehen. Nicht von ungefähr bieten aus der Sicht des Geviert-Prinzips das griechische Tempelwerk und die Kunstart der Architektur den klassischen Beleg für den Ding- und Ortscharakter des Kunstwerks. Der Tempelbau ahmt nichts nach. Die so weitreichende Kategorie der Mimesis und Widerspiegelung versieht sich an der ursprünglichen Weltbildung der Kunst. Ein griechischer Tempel bildet keine Welt ab, er läßt eine Welt sein. Sein Bau ruht auf dem Fels auf und bringt so die tragende, in sich undurchdringliche Wirklichkeit der ‚Erde' zum Austrag. Er stellt in der lichten Offenheit seines Raumes den Himmel als den Einblick des zentrierten Zeitlaufes her. Sein aus der unbereiteten Natur herausgeschnittener Bezirk bereitet den Göttlichen die Anwesenheit und weist die Sterblichen mit heiligem Ernst darauf hin, im Kreise der Unsterblichen nicht heimisch zu sein.

Heidegger versteht die Hochzeit der griechischen Kunstreligion – anders als Hegels geistesgeschichtliche ‚Ästhetik' – von der Gunst eines einzigartig gewährten Entbergens her. Griechische Kunst war fromm. Sie fügte sich in ein reines Verwahren der ihr zugeschickten Wahrheit und bildete ein Welt-Geviert, in welchem die Himmlischen im Glanze des Irdischen gegenwärtig und die Zwiesprache zwischen Göttlichen und Sterblichen lebendig waren. So baut der Tempelort die griechische Welt auf, und er währt in einem Welthorizont, den er selber umreißt und schützend einhält. Es ist das Ding, das an seinem Ort die Wahrheit in der Fügung des Seienden im ganzen versammelt.

Das ‚Dichterische' der Kunst scheint das anfänglich Rettende im Geschick der Seinsvergessenheit zu sein. Darauf jedenfalls zielt der Abschluß des Vortrages „Die Frage nach der Technik". Das Rettende muß dem Gefährdeten verwandt sein, sonst wäre es beziehungslos. Und es muß höher stehen, sonst wäre es gleichermaßen gefährdet. Was der Technik verwandt ist und sie doch überragt, ist die Kunst. Kunst und Technik sind verwandt. Sie trugen einst denselben Namen. (Griechisch τέχνη nennt bekanntlich handwerkliche Technik sowohl wie ‚schöne Kunst'.) Und die Kunst überragt das Technische; denn sie entbirgt Welt in dichterischer Weise. Heidegger denkt das Dichterische als reinste Entsprechung im Zuspruch des Seins. Im Dichterischen fügen sich Sprache und Welt, Wort und Ding, Sagen und Sein rein zusammen. Nur wo Sprache ist, da ist Welt. Versammelt sich das Welt-Geviert im Ding und artikuliert sich das Ding im Wort, dann bildet das Wort eben den offenen Ort der Welt. „Das Wort be-dingt das Ding zum Ding" (USpr, 232). Das dichterische Wort aber ist privilegiert. In ihm spiegelt sich das Grundwort Sein auf bislang unerhörte Weise und stiftet eine neue Welt. Weil das Dichterische alle Arten der Kunst durchzieht, überragt die Kunst jedwede Technik. Sie vermag das erste Scheinen einer Rettung – und ist so gerade nicht nach der Seite ihrer höchsten Bestimmung zu Ende und vergangen. Indem Sprache und Kunst das Dinghafte der Dinge hüten, bereiten sie Vorkehrungen der Kehre. So betrachtet, bildet eine Erörterung von Sprache und Kunst kein Nebengeschäft in der großen Frage nach dem, was in Wirklichkeit ist. In ihr vermöchte die Zeit den Absprung aus der Seinsvergessenheit in die Wahrnis des Seins zu finden. Solcher von Kierkegaards ‚subjektivem Denken' inaugurierter und von Heideggers ‚dichterischem Denken' vollbrachter Sprung aber ist noch lange nicht nachvollzogen und immer noch ungeübt.

Namenverzeichnis

Aischylos 33, 94
Allemann, B. 5
Aristoteles 17, 44, 50, 100–101, 103, 128, 176, 184, 200, 207
Augustinus 121

Bergson 5, 6
Berning, V. 5
Bloch 63
Bollnow, O. F. 4, 5
Brentano, F. 175

Cajetan 100, 172
Camus 5, 33, 42–43, 74–77, 78–92, 93
Chestov, L. 84, 85

Descartes 32, 57, 143, 145, 183, 218
Diderot 104
Dilthey 6
Dostojewski 89

Ebner, F. 55
Engels 73, 74, 76
Epikur 42, 73
Euripides 19

Feuerbach 15, 70, 74, 155
Fichte 27, 113–114, 117

Gadamer 7
Gogarten 155
van Gogh 170

Habermas 62
Hartmann, K. 5
Hegel 5, 6, 15, 17–18, 19, 21–22, 30, 40, 48, 66, 69, 73, 101–103, 123, 132, 169, 172, 200, 214, 221
Heidegger 4, 5, 6, 7, 8, 63, 66, 72, 79, 84, 105, 111–112, 115–117, 118, 131, 135, 172–222
Hesiod 33, 83
Hobbes 123
Hölderlin 5, 213, 219
Homer 88–89, 91–92
Husserl 84, 107, 118, 175–176

James, W. 6
Jaspers 63, 66, 84, 156–157, 158–171

Kafka 87–88
Kant 50, 104, 160, 169, 202, 216
Kerényi 90
Kierkegaard 5, 11–59, 60, 65, 67, 71–72, 78, 79, 84, 85–88, 93, 95, 97–98, 111–112, 115, 126, 147–148, 153, 156, 162, 163, 166, 168, 169, 171, 179, 180, 188, 211, 214
Knittermeier, H. 5
Krüger, G. 6

Leibniz 23, 160
Löwith 66, 67, 162

Malraux 115
Marcel 5, 138–157, 165
Marcuse 63
Marheineke 21
Marx 5, 15, 45, 60–77, 124, 180, 181
Marx, W. 5
Metzger, A. 5
Müller, M. 5

Nietzsche 5, 6, 37, 83, 138, 192–193, 201, 203

Pascal 5, 46–47, 54–55, 79, 84, 115, 145, 169
Plato 192, 193, 203, 214, 215

Rilke 115
Rickert 175

Sartre 4, 32–33, 62, 65, 80–81, 93–137, 138–139, 148–149, 150, 167, 172, 179, 184, 188, 194

Schelling 5
Schlegel, F. 44
Schlette, H. R. 5
Schopenhauer 5, 78
Schulz, W. 5, 164
Sophokles 92
Stirner 14, 15

Thomas von Aquin 100
Thulstrup, N. 5
Trakl 195, 219
Tugendhat, E. 5

Volkmann-Schluck, K.-H. 5
Voltaire 104

Weischedel, W. 5
Wittgenstein 142–143, 183

Xenophanes 94

Sachverzeichnis

Abständigkeit 72, 179–182
Absurde, das 33, 54–55, 77, 78–92, 81
Ästhetische, das 38, 41–47
Ärgernis (Forargelse) 35–37
Akt, ontologischer 136
Aktion/Handeln/Praxis 126–128, 184, 215
Aletheia 7, 195, 208
Andenken 212
 penser à 145–146
Andere, der 40, 117–122, 141, 180, 184
 ‚Die Hölle, das sind die Anderen' 122–126, 149
Anerkennung (reconnaissance) 122, 130, 149
Anfechtung (Anfægtelse) 20
Angst 3, 7, 21–26, 56, 72, 96, 111–117, 125, 166, 188–193, 214
 angoisse éthique 130
Anruf (invocation) 151
Anwesenheit 203–205
 bei sich (présence à soi) 131–135
Arbeit 7, 15, 45, 60, 68–69, 70–71, 75, 152, 210
Augenblick 42, 43, 214

Befindlichkeit 64, 185–187
Bestand 209, 211, 212
Bewandtnis 183–184
Bewußtsein 131–135, 158
– setzendes – nicht setzendes 132–133
– unglückliches 15, 70
– unreflektiertes 120

Blick (regard) 65, 97, 117–122, 123, 125, 149

Chiffre (bei Jaspers auch Chiffer) 7, 63, 156–157, 168
Christentum/Christus 16, 35–37, 40, 41–42, 58, 86–87, 87, 99, 104, 162, 168
cogito 6, 21, 141–142, 145
 reflexives – praereflexives 107, 133

Dasein 4, 103, 162, 173–174, 178, 184, 194, 197, 205–206
 Tilværelse 11, 16
 réalité humaine 135–137
Daseinskommunikation 165, 166
Denken,
– appellierendes 163–164, 170
– dichterisches 212, 216, 222
– historisches (pensée historique) 74–76
– mediterranes (pensée de midi) 92
– postmetaphysisches 3–8, 174
Denker, der subjektive 4, 78, 83–84, 143, 221
Destruktion 5–6, 183, 200
Dialektik 5–6, 17–18, 52–59, 65, 133–134, 152, 160, 214
Dialogik 155
Dichterische, das 216, 221–224
 Dichterexistenz 40
Differenz, ontologische 7, 156, 158, 172–173, 176

Ding   213, 218–219, 221
Du   142, 151–152, 154–155
Durchschnittlichkeit   181
dyadisch   150, 151–152

Eigentlichkeit/Uneigentlichkeit   4, 166, 176, 198, 199
Einblick   214
Einzelne, der   11–16, 76, 78–79, 161, 201
Ekel (nausée)   80–81, 131
Ekstasen   110–111, 200–201, 204–205
Ek-sistenz (Inständigkeit)   172–178, 196–197
Emanzipation   71
Engagement   150
Entfremdung   4, 66, 70–72, 89, 178–179, 182, 190, 212
 aliénation   124–126
Entschlossenheit   194
Entwurf   176–177, 197, 199, 214–215
 projet   105, 131
Erbe   201, 204
Erde   217, 219
Ereignis   176, 177, 197, 202–206
Ernst (Alvor)   14–15, 35, 79
Erschließen   183, 185–187
Ethische, das   16–21, 38–39, 49–50, 65, 130, 138
 teleologische Suspension des E.   16–21, 53
existentia   1, 100–101, 103–104, 172
Existenz   101–103, 142, 162–163
 ‚die Existenz geht der Essenz voraus'   4, 99–105
Existenzerhellung   63, 159, 162–167

Existenzialien   12, 173
Existenzialität   197, 198
Existentialismus/Essentialismus   3–4, 11, 172–173
– christlicher   3–4, 16, 154–157, 163
– atheistischer   3–4, 162
Existenzphilosophie
– als Agnostizismus   3, 61, 63
– als Anthropologie   4, 173
– als Anthropozentrik   3, 85
– als Heidegger-Marxismus   63
– als Humanismus   5, 67–71, 105, 177
– als Irrationalismus   3, 61, 64–65, 85
– als Mystik   3, 50, 61, 65
– als Quietismus   62
– als philosophischer Selbstmord   84–88
Existenzphilosophie und Idealismus   5–6, 107, 113, 114, 133–134, 158–159, 160, 162, 165, 183, 198–199
– und (roher) Kommunismus   16, 69–70
– und Lebensphilosophie   5–6
– und Marxismus   60–67
– und Metaphysik   61, 62–63, 158–159, 168–169
– und Nihilismus   6, 37, 80, 138, 154, 162, 166–167, 184
– und Positivismus   143–144, 159–160, 170–171, 174, 216
Existenzsymbole
– Abraham   19–21, 55–57, 87, 96, 168
– Adam   13, 21, 25
– Atlas   129, 137
– Don Juan   41–43, 147
– Orest   93–99, 138
– Perseus   137, 139

Sachverzeichnis

- Prometheus   33–34, 37, 77, 85
- Sisyphos   7, 37, 88–92
- Tantalos   34, 37

Existenzvergessenheit   4, 37–41

Faktizität   7, 197–198
  facticité   108–109, 119
  ‚Wir sind zur Freiheit verdammt'   129, 139, 167
Fürsorge   185–186
- einspringende   179, 180
Freiheit   7, 24–25, 49–50, 90–92, 96, 113, 116–117, 119, 126–130, 135–137, 152, 167, 190, 192, 211
Fremdheit (étrangeté)   81–82, 95
Freundschaft   44, 51
Fundamentalontologie   116, 171, 173–174, 178, 202, 205–206
Furcht   23, 188–190
- und Zittern (Frygt og Bæven)   20–21, 56, 156
- Furcht zu haben (peur d'avoir peur)   112–113

Gefahr   206–212
Gegend   188–189
Gegenwart/Gegenwärtigung   200, 204
  présence   110–111
  présence à soi   131–135
-, lebendige   175
Geheimnis   196
  mystère – problème   142–146
Geist   22–23, 95, 158
Geld/Kapital   68–69, 71
Gerede   12–13, 32, 181
Gericht   14, 166
Geschäftigkeit (Travlhed)   15
Geschichte/Weltgeschichte   5, 6, 16, 17, 51, 63, 67, 74–77, 204
Geschichtlichkeit   51–52, 63, 201

Geschick   204, 206–212
Gesellschaft   6, 72–73, 155
-, bürgerliche   17, 18, 60, 62, 66, 67, 68, 72
Gestell   206–212
Geviert   184, 217, 219, 221
Gewesenheit   103, 199–200, 204–205,
  passé   110–111, 137
Gewissen   14, 17, 121, 173
Geworfenheit   117, 187, 197
  délaissement   99, 108–109
Glauben   11–59, 152–154, 156–157, 166, 167–171
  ‚Glauben ist Sein'   21, 58–59, 168
Gott   6, 11, 13, 14, 56, 104, 136–137, 154–157, 168, 176, 219–220
  ‚Gott ist tot'   83, 93–94, 138
Grenze   159, 160–161, 164, 167
Grenzerfahrung   158–172
Grenzsituation   7, 157, 164–167
Gunst   216

Haben   69–71
  avoir/être   139–142
Habsucht   68–69, 71
Heilige, das   219–220
Hoffnung   91, 153–154, 156–157

Innerlichkeit (Inderlighed)   38–40
Individuum/Gattung   72–74, 75, 155
Intentionalität   107, 175
Interessante, das   147–148
Interesse   40, 78–79
Interesselosigkeit   38, 39, 71, 78
Isolation/Kontinuation   50–51, 52, 53, 65

Don Juanismus   43

Kampf/Konflikt 123–124, 125, 147, 148–149, 165
Kehre 173–174, 197, 202–203, 212–216
Kommunikation 150–152, 156, 165–166
Konkurrenz 68–69, 124
Krankheit zum Tode (Sygdommen til Døden) 5, 26–30, 126
Kunst 169–170, 185, 208, 216–222

Langeweile 190
  Kjedsommelighed 43–47
  ennui 46–47
Leben 5–6, 116, 143–144
Leere (vide) 79–80
Leib/Leiblichkeit 108, 109, 119, 140, 141
Leid 164
Liebe (Eros) 7, 42, 43, 138–157, 165
  amour possessif/oblatif 146–154

Man 71, 72, 150, 152, 178–182, 194
Mediation 5, 18, 58, 87
Menge (Mængde) 11–13, 15, 31, 71
Mensch 33, 45, 51, 54, 70–71, 105, 137
– als Zwischenwesen 22–23
– als gegenständliches Gattungswesen 60, 72–74
– als Arbeiter 67, 210
– als Hirt des Seins 177, 197
– als Platzhalter des Nichts 190–193
Mitsein 117, 146, 178
  être ensemble/coexistence 150–152
Mitteilung, indirekte 3, 19, 163–164, 170
Mißgunst 36, 69, 180

Neid 67, 69, 71, 123, 180
  Misundelse 36
Neugier 46, 181–182
Negiertheiten (négatités) 135–136
Nichts/néant 106, 111, 134–135, 191–192, 196
Nivellierung/Einebnung 12, 15, 67, 69–70, 74, 181

Öffentlichkeit 181, 182
Ort 220

Paradox 7, 18–19, 35–37, 54–57, 86
Person 150, 151, 178
Phantasie/Einbildungskraft 27–28, 169, 171, 198
Privateigentum 70–71
Presse 12–13, 67
Publikum 12–13, 67

Rede 64
Redlichkeit (honnêteté) 90
Reduktion, phänomenologische 107, 175
Reflexion 132, 133, 141–142, 144–145, 163–164
Regression (régression analytique) 107, 117
Resignation 52–53, 56, 93
Reue 43, 93–98, 138
Revolte/Revolution 15–16, 62–63, 67, 75, 90, 92
– historische 77, 84–85
– metaphysische 83

Sachverhalt 203
Scham (honte) 65, 120–122
Scheitern 3, 63, 159, 161, 167, 170
Schuld/Sünde 25–26, 34, 87, 157, 164–165, 199, 201, 207–208

Sachverzeichnis

Sein   103, 156, 202, 203–204
- an sich (en soi)   109, 119, 121–122, 131–132
- für andere (pour autrui)   109, 117–122
- für sich (pour soi)   109, 131–135
- zum Tode   14, 66, 172, 193–197

Seinsfrage   7, 8, 158, 173, 202
Seinsgeschichte   204, 213–214
Seinsvergessenheit   4, 178, 206, 211–214
Seinsverlangen (exigence ontologique)   156
Selbst, das   30–34, 153
–, das theologische   34–37
–, das bürgerliche   71
Selbstmord   78–79, 84, 90, 151, 156
–, der philosophische   84–88, 156
Situation   108, 119, 164
Solipsismus   3, 61–62, 65–66, 117, 121–122
Sorge   172, 177, 179, 197–202, 205–206
Sprache   7, 29, 143, 155, 212, 215–216, 221–222
Sprung   22, 25, 58, 85–87, 167, 214
Stadium/Sphäre   37–41, 41–47, 49
Sterblichen, die   116–117, 219
Stoizismus   33–34
Subjektivität/Intersubjektivität   3, 5, 17–18, 105, 118–122, 142, 174

Technik   7, 140, 206–212
Temporalität   212
Terror   75–77, 94
Theorie   64, 185, 187
Tragizismus   3

Tragödie   19, 93, 95, 125, 138
Transzendenz   5, 7, 108–109, 159, 167–171, 192
   Urtranszendenz   175
Tod   7, 14–15, 47, 72–76, 78, 153, 165–166, 177–178, 194–197

Überdruß (lassitude)   79–80
Überflüssigsein (de trop)   81, 131, 149
Unschuld   21–22, 41, 147
Unverborgenheit   205, 206–207, 209–210, 217
Unwahrhaftigkeit (mauvaise foi)   106–111, 119–120, 122, 123

Veranlassen   207–208
Verantwortung (responsabilité)   13, 129–130
Verfallen   182, 198, 206
Verfügbarkeit (disponibilité)   150–151
Versammlung (recueillement)   145
Verstehen   6, 64, 89–90, 180
Verweigerung (refus)   151
Verzweiflung   26–37, 55, 79, 87–88, 93, 99, 166–167
Vorlaufen   7, 193–194, 201

Wahl   43–44, 47–51, 65, 129, 162, 190
Wahrheit   4, 7, 58, 72, 82–84, 182, 206–210
Ware   68–69, 75
Warten   215
Wechselwirtschaft (Vexeldrift)   43–47
Wert (valeur)   129–130
Welt   66, 68, 110, 118–119, 124–125, 135, 159, 183–184, 217
   In-der-Welt-Sein   7, 183–187
Weltorientierung   63, 159–160

Wette, Pascalsche 54–55
Wirklichkeit 38–39, 103, 162, 209, 212
Wiederholung 67

Zeit 42, 80, 110–111, 177, 200–201, 203–205
Zeitspielraum 205

Zerstreuung (Adspredelse, divertissement) 15, 45–47, 84, 145, 181
Zeug, Zuhandenes 118–119, 181, 183–184, 185
– Vorhandenes 64, 185, 187
Zugehören (appartenance) 150–151
Zukunft 24, 110–111, 119, 128, 204–205
Zweideutigkeit 182

Verzeichnis von Bibliographien und Literaturbesprechungen (Auswahl)

Jolivet, R.: Französische Existenzphilosophie. Bern 1948
Douglas, K.: A critical bibliography of existentialism. (The Paris school). New Haven/Conn. 1950
L'existentialisme en Italie. In: Revue internationale de philosophie 3 (1949) 348–359, 502–506
Bollnow, O. F.: Deutsche Existenzphilosophie. Bibliographische Einführungen in das Studium der Philosophie, hrsg. von I. M. Bochenski, Nr. 23. Bern 1953
Zimmermann, F.: Einführung in die Existenzphilosophie. Darmstadt 1977
Orr, L.: Existentialism and phenomenology. A guide for research. Troy. N. Y. 1978

Himmelstrup, J.: S. Kierkegaard. International bibliography. Kopenhagen 1962
Jørgensen, Aa.: S. Kierkegaard-litteratur 1961–1970. Aarhus 1971
Thulstrup, N.: Theological and philosophical Kierkegaardian Studies in Scandinavia, 1945–1953. In: Theology Today XII, 3 (Okt. 1955), 297–311
Theunissen, M.: Das Kierkegaardbild in der neueren Forschung und Deutung (1945–1957). In: DVfLG 32 (1958) 576–612. Neugedruckt in: Wege der Forschung. Sören Kierkegaard, hrsg. von H.-H. Schrey. Darmstadt 1971
Anz, W.: Fragen der Kierkegaardinterpretation. In: Theologische Rundschau N. F. 20 (1952) 26–72 und 26 (1960) 44–79, 168–205
Fahrenbach, H.: Die gegenwärtige Kierkegaard-Auslegung in der deutschsprachigen Literatur von 1948–1962. In: Philosophische Rundschau, Beiheft 3 (1962)
Søe, N. H.: Neuere dänische Kierkegaard-Forschung. In: Theologische Literaturzeitung 96 (1971) Sp. 1–18
Perkins, R. L.: Always Himself: A Survey of Recent Kierkegaard Literature. In: Southern Journal of Philosophy 12 (1974) 539–551
Theunissen, M./Greve, W.: Materialien zur Philosophie Sören Kierkegaards. (Suhrkamp stw 241) Frankfurt a. M. 1979

Neubauer, F.: Marx-Engels-Bibliographie. Boppard am Rhein 1979

Dévi, Miklósne: As egzisztentializmus marxista bibliografiája. Budapest 1967
Blumenberg, W.: Karl Marx (Rowohlts Monographien 76) Reinbek 1962, S. 159–175
Habermas, J.: Zur philosophischen Diskussion über Marx und den Marxismus. In: Philosophische Rundschau V, Heft 3/4 (1957) 165 ff.
Thier, E.: Etappen der Marxinterpretation. In: Marxismusstudien 1 (1964) 1–38
Buhr, M.: Entfremdungsphilosophie. Anthropologische Marx-Kritik. In: Deutsche Zeitschrift für Philosophie 14 (1966) 806–834
Gedö, A.: Der entfremdete Marx. Zur existenzialistisch-humanistischen Marxismus-Deutung. Berlin-Ost und Frankfurt a. M. 1971
Marcuse, H./Schmidt, A.: Existenzialistische Marx-Interpretation. Frankfurt a. M. 1973

Bollinger, R.: Albert Camus. Eine Bibliographie über ihn und sein Werk. Köln 1957
Lebesque, M.: Albert Camus (Rowohlts Monographien 50) Reinbek 1960, S. 170–182
Roeming, R. F.: Camus. A Bibliography. Madison/London 1968
Fitch, B./Hoy, P. C.: Essai de bibliographie des études en langue française consacrées à Albert Camus (1937–1970), Paris 1972
Luppé, R.: Camus. Bibliographie. (Classiques du XXe siècle). Paris 1976
Wege der deutschen Camus-Rezeption, hrsg. von H. R. Schlette. Darmstadt 1975. (Darin: *Schlette, H. R.,* Veröffentlichungen über Albert Camus in deutscher Sprache, S. 387–398)
Gay-Crosier, R.: Camus (Erträge der Forschung 60). Darmstadt 1976

Biemel, W.: Jean-Paul Sartre (Rowohlts Monographien 87) Reinbek 1965, S. 172–184
Contat, M./Rybalka, M.: Les écrits de Sartre. Chronologie. Bibliographie commentée. Paris 1970
Belkind, A.: Sartre und existentialism in English. A bibliographical Guide. Kent Ohio 1970
Lapointe, F., und Cl.: Jean-Paul Sartre and his critics. An international bibliography 1938–1975. Bowling Green State University (Ohio) 1975
Wilcocks, R.: Jean-Paul Sartre. A bibliography of international criticism. Edmonton, Canada 1975

Lapointe, F.: Bibliography of Gabriel Marcel. In: Modern Schoolman (St. Louis, Mo.) 49 (1971) 23–49
Blásquez, F.: Gabriel Marcel. Ensayo bibliográphico (1914–1972). Crisis 22 (1975) 29–76

Troisfontaines, R.: De l'existence à l'être. La philosophie de Gabriel Marcel, 2 Bde. Namur, 1953, 2. Aufl. 1968, S. 381–425

Berning, V.: Das Wagnis der Treue. Freiburg/München 1973, S. 386–394

Christlicher Existentialismus: Gabriel Marcel. Einführung von E. Gilson. Warendorf 1951

Gefken, G.: Karl Jaspers, eine Bibliographie. Bd. 1: die Primärbibliographie. Oldenburg 1978

Piper, K. (Hrsg.): Karl Jaspers. Werk und Wirkung. München 1963, S. 173–216

Saner, H.: Karl Jaspers (Rowohlts Monographien 169). Reinbek 1970, S. 169–179

Schneiders, W.: Karl Jaspers in der Kritik. Bonn 1965

Saner, H. (Hrsg.): Karl Jaspers in der Diskussion. München 1973

Sass, H. M.: Heidegger-Bibliographie. 2. erweiterte Aufl. Meisenheim am Glan 1968

Sass, H. M. (Hrsg.): Materialien zur Heidegger-Bibliographie 1917–1972. Meisenheim am Glan 1975

Emad, P.: Über den gegewärtigen Stand der Interpretation des Denkens Heideggers in englischer Sprache. In: Zeitschrift für philosophische Forschung 27 (1973) 284–301

Franzen, W.: Martin Heidegger (Sammlung Metzler 141). Stuttgart 1976

Neske, G. (Hrsg.): Martin Heidegger. 70. Geburtstag. Pfullingen 1959

Pöggeler, O. (Hrsg.): Heidegger. Perspektiven zur Deutung seines Werks. Köln–Berlin 1969

Klostermann, V. (Hrsg.): Durchblicke. Frankfurt a. M. 1970

Sinn, D.: Heideggers Spätphilosophie. In: Philosophische Rundschau 15 (1967) 81–182

Ballard, E. G./Scott, C. E. (Hrsg.): Martin Heidegger in Europe and America. Den Haag 1973

Biemel, W.: Martin Heidegger (Rowohlts Monographien 200) Reinbek 1973, S. 159–174

Abkürzungsverzeichnis

I Sören Kierkegaard

1.–36. Abt.	Gesammelte Werke, übersetzt und kommentiert von E. Hirsch, H. Gerdes, H. M. Junghans. 36 Abteilungen in 26 Bdn. Düsseldorf/Köln 1950–1966
SV I–XV	Samlede Værker, udg. af A. B. Drachmann, J. L. Heiberg, og H. O. Lange. 2. Aufl., 15 Bde., Kopenhagen 1920–1936
Pap. I–XX	Papirer, udg. af P. A. Heiberg, V. Kuhr, og E. Torsting. 20 Bde. Kopenhagen 1909–1948

II Karl Marx

MEW 1–39	Karl Marx/Friedrich Engels, Werke 1–39. Dietz-Verlag, Berlin 1964–1973
MEW Erg. 1–2	Ergänzungsband (Schriften, Manuskripte, Briefe bis 1844) 1. und 2. Teil. Dietz-Verlag Berlin. 1973
GdÖ	Grundrisse der Kritik der politischen Ökonomie. 2. Aufl. Berlin 1974

III Albert Camus

MCh	Métaphysique chrétienne et Néoplatonisme, 1936, in: Es
Es	Essais, hrsg. von R. Quilliot u. L. Faucon (Bibliothèque de la Pléiade 138) Paris 1965
mS	Le mythe de Sisyphe. Paris (Gallimard) 1942
MS	Der Mythos von Sisyphos. Übertragen von H. G. Brenner und W. Rasch · Neuausgabe Hamburg (Rowohlt) 1959
P	Die Pest (1947). Übers. von Guido G. Meister. Neuausgabe Hamburg (Rowohlt) 1959
HR	L'homme révolté. Paris (Gallimard) 1951
MR	Der Mensch in der Revolte. Übers. von Justus Streller. Neubearbeitet von G. Schlocker unter Mitarbeit von F. Bondy. Neuausgabe Reinbek (Rowohlt) 1969

IV Jean-Paul Sartre

E	Der Ekel (La nausée 1938). Übers. von H. Wallfisch. Neuausg. Reinbek (Rowohlt) 1977
EN	L'être et le néant. Essai d'ontologie phénoménologique. Paris (Gallimard) 1943
SN	Dt.: Das Sein und das Nichts. Versuch einer phänomenologischen Ontologie. Neuausgabe: Übers. von J. Streller, K. A. Ott und Alexa Wagner. Reinbek (Rowohlt) 1962
M	Les mouches. Paris (Gallimard) 1943. Wiederabdruck in: Théâtre. Paris (Gallimard) 1947. Dt.: Die Fliegen. Übers. von G. Baerlocher. In: Gesammelte Dramen. Reinbek (Rowohlt) 1979
HC	Huis clos. Paris (Gallimard) 1945. Wiederabdruck in: Théâtre. Paris (Gallimard) 1947
BgT	Dt.: Bei geschlossenen Türen. Übers. von H. Kahn. In: Gesammelte Dramen, Reinbek (Rowohlt) 1979
eh	L'existentialisme est un humanisme. Paris (Nagel) 1946. 1970
EH	Dt.: Ist der Existentialismus ein Humanismus? In: Drei Essays. Frankfurt a. M. (Ullstein) 1960

V Gabriel Marcel

JM	Journal métaphysique (geschrieben: 1914–1923), Paris 1927
MT	Dt.: Metaphysisches Tagebuch. Übers. von H. von Winter, Wien/München 1955
EA	Être et avoir (geschrieben: 1928–1934), Paris 1935
SH	Dt.: Sein und Haben. Übers. von E. Behler, 2. Aufl., Paderborn 1968
PA	Position et approches concrètes du mystère ontologique. 2. Aufl. Louvain/Paris 1949
OG	Dt.: Das ontologische Geheimnis. Drei Essays. Übers. von Konietzny-Crond, Stuttgart 1961
ST	Schöpferische Treue. Du refus à l'invocation (Paris 1940). Übers. von U. Behler, München/Paderborn/Wien 1961
HV	Homo Viator. Prolégomènes à une métaphysique de l'ésperance (Paris 1944). Übers. von W. Rüttenauer, Düsseldorf 1949

MP	Der Mensch als Problem. L'homme problématique (Paris 1955). Übers. von H. P. Schaad, Frankfurt a. M. 1956
GU	Gegenwart und Unsterblichkeit. Présence et immortalité (Paris 1959). Übers. von H. P. Schaad, Frankfurt a. M. 1961
HT	L'heure théâtrale, Paris 1959
STh	Dt.: Die Stunde des Theaters. Übers. von S. Kaiser und L. Kornell. München 1961

VI Karl Jaspers

Ps.W	Psychologie der Weltanschauungen 1919, 2. Aufl. Berlin 1922
SdZ	Die geistige Situation der Zeit. Berlin 1931 (Sammlung Göschen)
Ph I–III	Philosophie. 3 Bde. 1932, 3. Aufl. Berlin/Göttingen/Heidelberg 1956
Exph	Existenzphilosophie. 3 Vorlesungen, gehalten am Freien Deutschen Hochstift 1937. Berlin und Leipzig 1938
VdW	Von der Wahrheit. Philosophische Logik. 1. Bd. 1947. 2. Aufl. München 1958
G	Der philosophische Glaube. Gastvorlesungen Zürich 1948. Neuausgabe München 1963
GO	Der philosophische Glaube angesichts der Offenbarung. München 1962

VII Martin Heidegger

SuZ	Sein und Zeit 1927. 6. Aufl. Tübingen 1949
WiM	Was ist Metaphysik? 1929. 8. Aufl. Frankfurt a. M. 1960
Hu	Über den Humanismus. Frankfurt a. M. 1947
EH	Erläuterungen zu Hölderlins Dichtung 1944. Zweite, vermehrte Aufl. Frankfurt a. M. 1951
Hw	Holzwege 1950. Zweite, unveränderte Aufl. 1952
VA	Vorträge und Aufsätze 1954. Zweite, unveränderte Aufl. Pfullingen 1959
SvGr	Der Satz vom Grund 1957. Zweite, unveränderte Aufl. Pfullingen 1958

USpr	Unterwegs zur Sprache 1959. Zweite, unveränderte Aufl. 1960
Nietzsche	Nietzsche, 2. Bde., Pfullingen 1961
TK	Die Technik und die Kehre. Pfullingen 1962
ZuS	Zeit und Sein, Vortrag 1962, in: Zur Sache des Denkens. Tübingen 1969

SAMMLUNG GÖSCHEN

Hans Leisegang
Einführung in die Philosophie
8. Auflage
Klein-Oktav. 146 Seiten. 1973. Kartoniert DM 10,80
ISBN 3 11 004626 1 (Band 4281)

Max Apel
Philosophisches Wörterbuch
Bearbeitet von Peter Ludz
6., unveränderte Auflage
Klein-Oktav. 315 Seiten. 1976. Kartoniert DM 12,80
ISBN 3 11 006729 3 (Band 2202)

Michael Landmann
Philosophische Anthropologie
Menschliche Selbstdeutung in Geschichte und Gegenwart
4., überarbeitete und erweiterte Auflage
Klein-Oktav. 225 Seiten. 1976. Kartoniert DM 14,80
ISBN 3 11 002739 9 (Band 2201)

Bernulf Kanitscheider
Wissenschaftstheorie der Naturwissenschaft
Klein-Oktav. 284 Seiten. 1981. DM 19,80 (Band 2216)

Preisänderungen vorbehalten

Walter de Gruyter Berlin · New York